吉野作造選集
6

大戦後の国際政治

岩波書店

編集
松尾尊兊
三谷太一郎
飯田泰三

凡　例

一　本巻には、一九一九年一月から一九三二年一一月に至る国際政治に関する論文を収録した。
排列は発表年代順とし、初出の雑誌を底本とした。

二　底本を可能な限り尊重したが、次の諸点については整理をおこなった。
1　漢字は原則として新字体を用い、異体字等はおおむね通行の字体に改めた。
2　合字は通行の字体に改めた。
3　句読点、中黒などについては基本的に底本のあり方を尊重したが、特に必要と認められる箇所に限り補正した。行間に付された傍点等については極端に多用されているものは省いた。
4　底本の明らかな誤字・誤植は正した。
5　振りがなについては、原文(原ルビ)を尊重しながら、編者によって新かなで付した。
6　底本にある引用符は慣用に従って整理したが(引用文や論文名などは「　」、書名・雑誌名などは『　』)、引用符が原文にない場合はそのままとした。

三　編者による注記は次の原則によりおこなった。
誤記等によって文意が通じ難い箇所には、行間に〔　〕を用いて注記を加えた。また、脱字及び特に注記が必要な場合は、本文中に〔　〕を付して補った。印刷上のかすれなどによる判読不能の文字には□をあてた。

目　次

大戦後の国際政治

国際聯盟は可能なり

一

国際聯盟の実現の可能なりや又は不可能なりやの問題はこれまで随分論ぜられた。予輩はこゝにこの問題の内容を研究して、これに対する解答を与へたいと思ふ。此度の大戦の結果として、世界人類は著しく平和熱が昂つたことは覆ふべからざる事実である。戦争は実に悲惨事である。莫大な人命と国費を蕩尽《とうじん》してさて得るところのものは如何と冷静に顧みれば、国運を賭《と》して殺戮戦を行ふのは実に馬鹿々々しい。それ故戦争は避け得らるべきものならば、成るべく避けたい。何んとかして戦争と云ふ悲惨事を人類の生活から芟除《せんじょ》したいと云ふことがこの大戦の結果として痛切に感ぜられたのである。

ところが一方に於ては、戦争を是認するものがある。戦争に依りて世界が進歩するのである、世界文明は戦争のある度に更新するのである、文明を改造するのは戦争に依らねばならぬと云ふものもある。然れども、戦争を是認するのは、例へば世の中に掏摸《すり》や泥棒があるから、社会が進歩するのである、掏摸や泥棒がなかつたならば一般に人々が懶《なま》けて、少しも警戒心がなくなる、泥棒の刺戟がないから、社会の進歩も発達もないと云ふ論と同一の愚論で、毫も採るに足らぬ論である。然しこの社会から泥棒を絶滅したい、人間の大切な勢力を単に掏摸や泥棒を用心する為めに浪費したくはない、もつと有意義な事業にその勢力を用ゐたいと云ふのが一般の人々の考であらう。それと同様に、人類生活から不生産的な悲惨な戦争は何んとかして再び起らぬ様にしたいと云ふのが、今日では世界全般の要求となつたのである。この要求が、今回国際聯盟と云ふ問題で具現されたのである。軍国主義の本家本元の独逸《ドイツ》に於てすらも、この度の革命に依つて、戦争は影をひそめて、平和熱が熾《さか》んになつたのである。

世界人類の衷心の要求として、国際聯盟その物の性質上何人《なんぴと》も異論はないが、たゞ、それが実現の方法如何は問題である。平和確保其物の可否は問題ではないが、その実現の方法が異論百出する困難なる問題である。

哲学者カントは『永久世界平和論』と云ふ著述を発表して、永久的世界の平和を希望したのであるが、永久の世界平和は古来学者の屢々《しばしば》説いたところで、問題その物は決して新しいものではない。然し、これは多くは学者の学究的な理想論で、実際の政治に立脚して論を立てたものではない。学者の思索攻究からなつた単に抽象的な理想説に過ぎないのである。勿論実際の政治的見地から多くの政治家も永久的なる世界平和論を唱へたるものも尠《すくな》くはない。然し今迄これを唱へた政治家は多くは、小弱国の政治家である。瑞西《スイス》、和蘭《オランダ》、ルクセンベルグ、埃及《エジプト》、印度《インド》、又はシヤム等の強大国間に介在して常に圧迫不安を蒙つてゐる弱国の政治家が、自国の安定保全を維持せんが為めに唱へた論である。弱国の政治家は正義、公道、国際法を楯に取つて強国に訴へ、強国の圧迫より脱せんとするのである。正義公道又は国際法の厳守は弱国の独立保全の最も大切な武器である。然し乍《なが》ら、大国の政治家は弱国の政治家の主義その物には勿論賛成であるが、遽《にわ》かにその要求に応ずる訳には行かぬ。プリンシプルとしては賛成であらうが、弱国の主張通りにやれば、強国の利益は全然打破せらるゝことゝなる。英国は埃及や印度を放棄して、独立国とせねばならぬ。日本は朝鮮も台湾も棄てねばならぬと云ふ論になる。

それ故大国の政治家も、真に正義公道に熱中してゐるもの以外には、小国の主義主張に耳を傾けずに、なるべく敬遠主義を採つて来たのである。一八九九年露国皇帝が提議した万国平和会議は別問題として、これまで、年々平和会議、国際法研究会が小国に開催されたのである。ところがその平和会議を主催するものはいつも、丁抹《デンマーク》、和蘭、白耳義《ベルギー》、瑞西と云ふ様な弱国の政治家である。平和会議や国際法会議の時などはこれら小国の一流の政治家が出て堂々と意見を述べる。強国からは第三流四流の政治家がほんの義理合に出席して、無言のま、隅の方に控へてゐるに過ぎぬのである。か、る時には強国の言論はいつも振はぬのである。

小国の政治家が如何に力んでも大国の政治家は真面目に之を援助しない中には、その主張には毫も権威はない。実際問題としては少しも威力がない。平和保障の為めに国際的原則を作らねばならぬと云ふ主張は、素《もと》より大国の政治家の是認するところなるも、自国の利害問題よりいつも、之れに触る、を避けたるが故に、今迄実際問題とはならなかつたのである。平和論はこれまで、一種の空想、又は弱国の言草として軽蔑されたのは之が為めである。

万国平和論、国際会議は必ず真面目に討究さるべき問題であるが、憾《うら》むらくはこの問題の提唱者はこれまで常に弱国の政治家であつたので、その価値を低下《アンダー・イスチメート》されたのは誠に残念である。万国平和論や国際的正義は独逸などでは痴人の夢として相手にしなかつた。独逸に取つてはこの問題はその国是に全然反してゐるのであるから、敬遠してゐたのは無理もないことである。それ故にこの説を権威あらしむる強国は一国もなかつたのである。

ところがこの度の大戦争の結果、弱国の政治家がその独立安全を保たんが為めに利用し来つた問題は、強国の政治家に依りて真面目に論議されたのである。これ今回の大戦の生みたる最も重大にして価値ある問題である。

即ちウイルソン大統領やタフト氏に依つて唱へられた「平和強制同盟」、又は英国の前外務大臣グレー卿の唱導せる「国際聯盟」は強国は率先して国際的正義を確立して、永久世界平和を実現せんとする努力を実際的に表はしたものである。今回のヴエルサイユ講和会議に於ても講和その物の本質はさして重大なる問題に非ざれ共、国際聯盟問題即ち世界改造の根本問題に就ては幾多の難点もあり又議論もあるであらう。然しこの問題の詳細なる案件は今日まで発表されないのであるが、国際聯盟は如何なる条件に依りて確立されるか、又はこの条件は今日の国際関係より見て可能なりや否やをこゝに聊《いささ》か研究して見たいと思ふ。

二

予輩は国際聯盟の確立の原則として三箇の主要条件が必要であると思ふ。第一は、国際聯盟の規約を完全にすること、第二は、国際法を強行せしむる法律を制定せしむること、第三は国際的制裁権を確立することである。国際法は文明の進歩するに従つて今日まで大に発達した。然かも独逸軍国主義に依つて一度は蹂躙《じゆうりん》せられたる国際法も戦後はその権威を恢興して益々発達する運命を有してゐることは予輩の予言し得るところである。国際法其物の発達は敢て疑ふところないのであるが、世界平和の最も重要なる国際法強制組織の成否が問題である。

或る一部の論者は仮令《たとい》国際同盟が組織さるゝとも、表面は国際法は公平であらうが、実際に於ては、大国の利益を得る様に国際法を行使するであらうと説くものがある。つまり大国は権力を以つて独逸の様に国際法を勝手に解釈して、小国の利益を無視して、小国は依然として圧制を蒙つてゐるのであるから、真の世界平和などは実現さるゝ由はないと云ふのである。然しこれは国際法の権威を認めぬ論で真に国際法が列強承認のもとに確定されたならば、国際法は実際に権威ある制度として国際的正義を実現することが出来るのである。法の命ずるところ大国も小国もないのである。国際法より見れば諸国平等であるべきだ。然るに国際法の強制組織を設けると云ふ問題は、議論のあるところで、果して、今日の世界の状態より観て国際法の強制組織を実現することを得ざるものなりや。

これに就て説をなすもの〔が〕ある。と云ふのは一国内、即ち単一なる主権を有する国家に於ては強制組織は成立し得る。然るに多数の独立国即ち多くの主権者が各自割拠せる国際間には強制組織の実行は不可能である。一国と国際関係とはその本質を異にしてゐるのであるから、国際間には、一国内の如く、法則、道徳を以て制束することが出来ないのである。国の内部には主権者の制裁があるが、国際間には之がない。国際間に超越して絶対の主権者がなく、単に列国が便宜上約束した法則であるから、一国が之を蹂躙してもその国を制裁する絶対の主権者又は権力はないのである。

開戦当初独逸は白耳義の中立を蹂躙したのであるが、国際上の絶対的主権者がないから、已《や》むを得ず、蹂躙された国家が武力に訴へて自国の自由独立を保全せねばならぬ。それ故つまるところは何時《いつ》も戦争となるのである。正邪の争ひを解決するには戦争あるのみであると云ふ説を立てるのであるが、然しこの議論は余りに法律論に囚《とら》われてゐると思ふ。一体国内に統一的制裁力が実質的に発揮されたのは極めて最近のことである。封建時代には統一的な制裁力と云ふものがなかつた。地方に依りて制裁力が異なるのである。例へば仙台藩と熊本藩とでその制度法律は異なるのである。それ故仙台藩で当然制裁を加へらるべき者が、熊本藩に於ては何等制裁をなすことなくその儘放任する例もある。罪科その物に対する法律的見解は藩に依つて異にしてゐるのである。即ち仙台藩で悪いことをした人間が熊本藩に飛び出せば別に所罰されないこともある。他藩に行つて悪事をなしても自分の藩に帰れば、その所罰を蒙ることがない。これは利害関係が藩々に依りて異にしてゐるからである。ところが自分の藩内に悪人があれば之を制裁し様と思ふのは、直接利害関係があつて、悪人に制裁を加へて置かなければ、その団体の生活の安全が脅かさるゝからである。自分の生活の安全が脅かさるゝところに初めて之が制裁の必要を覚《さと》るのである。即ち制裁の如何は、その人の生活に、密接に関係《インター・デペンド》することに依つて定まるのである。

ところが文明の進歩に伴つて、社会は段々有機的になり、個人の生活範囲が拡大し、個人生活の影響は相互的になるに従つて、利害関係も段々拡大した。

封建時代には、多くは個人的利害又は藩の利害に基いて制裁を下したのであるが、今日では個人生活の安固は、その村、郡、県、或は国の安固と密接な関係がある。文明の進歩に伴つて社会に一つの統一力が出来たのである。而してこの利害関係に基きたる制裁力は国際的に拡大したのである。勿論国際上の制裁力はまだ国内の制裁力の如く権威がなく又徹底せぬのは事実である。然し制裁力は漸進的のものであるといふことを心得ねばならぬ。

例へば一国が実に専横を極める。国際法に違反しても、自国の利益を計らんとして、他国に迷惑をかける。それでは他国は困る。自国の存在さへも脅かされることになる。初めの中は列国は黙視してゐても、一国が不法行為を重ねると、仏の顔も三度にて、列国間に不知不識《しらずしらず》の中に制裁力が段々力を得て来るのである。独逸の如きも余りに横暴を極めたので、列国の義憤が合一してこゝに独逸膺懲《ようちょう》の制裁力が発現したのである。これ今回の大戦の原因である。

支那に於ても、袁世凱《えんせいがい》や段祺瑞《だんきずい》の様な、圧制主義者や武断派がクーデターをやつて国会を蹂躪することを反覆してゐる中《うち》に、これではいかぬ、どうかせねばならぬと云ふ決心が国民間に益々力を得て来る。正義の力は正義を蹂躪さる度に益々反撥的にその力を得てくるのである。而して遂には正義は国民の輿論となつて、到底之を蹂躙することが出来ない様に厳然たる制裁力となるのである。即ち制裁力は一種の社会的勢力となるのである。利害関係を共通にした一種の国際法の原則である。それ故社会的には国際的制裁力は社会全体の確信がなければ行はれぬ。確信が制裁の根本である。

封建時代の制裁はその制裁は自己のインター・デペンドされる範囲《リミット》に限られてゐたのであるが、今日は個人の生活は著しく拡張された。個人の生活は社会のあらゆる方面の影響感化を受けてゐる。今日は交通頻繁、経済上に於ても相依り相助け、個人生活から社会的勢力を分つことが絶対に出来なくなつたのである。昔の様に、生れ故郷に死ぬるまで居る人も段々尠くなり、必要に依つては諸方に転々して生活を営まねばならぬ時代となつたのであるから、個人の考へも勢ひ社会的、国際的にならざるを得ない。それ故、民衆の幸福安寧を破らんとするものがある時には、何人にも共通的にその影響を蒙るのであるから、全体を通じたる即ち共通的制裁力に訴へて、邪悪を懲《こら》さねばならぬ。国際的制裁力も国民が国際的道義を自覚する時に、必ず実現せらるべきものである。それ故、国際的強制が今日の世界に成立することを得ぬと云ふ議論は甚だ根拠がないものと見ねばならぬ。

三

由来人間には同類意識と云ふものがある。人間は社会的動物であると云ふが、個人の生活そのものが既に小なる社会を形作つてゐるのである。相頼り相助けると云ふ傾向が一面人間の本能とも云ふべきもので、その範囲が漸次発達して、国境を越えて国際的に拡大さるゝ時にはこゝに人類共同の意志が生ずるのである。国際的正義に対する各国民共通の意志があれば、これを打破せんとするものに対する共通的制裁がなければならぬ。又経済上に於ても、世界各国密接なる関係がある。今回の大戦に於て我国の蒙つた経済上の影響は実に甚大なものである。善悪ともに痛切なる影響を受けてゐるのである。

欧米の経済界が動揺すれば直接に我国民の経済生活に動揺を来たすのである。それ故に、精神的の同類意識と、物質的生活の相互影響をよく研究すれば、国際聯盟は必ず実現せらるべき運命にあると思ふ。

ところが幸に欧米人は一般に国際的正義に対する精神的の基礎が確立してゐる。日本では門を出づれば七人の敵ありとか人を見たら泥棒と思へ等と云ふ実に怪《けし》からぬ言草があるが、これは封建時代の偏狭なる家族主義の生じたる欠点で、同類意識即ち社会意識の教養がない証拠である。今日欧米では東洋人に対しては人種的僻見は余りない様だ。人種上の差別からいがみ合ふのは野蛮人のみである。日米問題の根本は人種問題であるとは屢々説かれたことであるが、然しこれは通俗の人間の云ふことで、日米間の紛議は決して単に人種問題からではない。厳密に云へば全く経済上の問題であると思ふ。ただ人種の差は、風俗、習慣の差を伴ふのである。それ故相違の点を互に理解せぬ時には甚だ面白くない事件も生ずるのである。その誤解を一掃するにはどうしても国際的教育を国民に施す必要がある。即ち同類意識を訓練せねばならぬ。

経済上に於ても前述の如く、各国民は割拠してゐるのではない。今日の経済組織は単位を個人又は一の団体にのみ置く事が出来なくなつたのである。経済組織は全く世界的となり国際的となつた。経済組織は一単位であるから、他国の経済界の動揺は直接に自国の経済界に影響する今日の世界文明は経済上に於ては一単位であるから、国際間の戦争は不可能であると云つたノルマン・エンゼルの説は依然として正しいと思ふ。

国際平和の主張は十九世紀後半期より次第に旺《さか》んになつて、一八九九年露帝の提議に依て万国平和会議を開催するに至るまで発展し軍備制限問題も同会議で討究されたが、独り独逸が反対したる為めに軍備制限問題は直に葬られた。軍備制限問題はその物の性質上各国一致せねば実行することが出来ないのである。丁度商売人の組合と同様で満場一致して規約を定めなければ、組合制度が成立する訳には行かぬ。一八九九年の万国平和会議に於ける軍備制限問題も独逸の反対に会つて直に頓挫し、独逸が軍備を拡張すれば、勢力の均衡上他国も亦軍備を拡張せねばならぬことになる。一八九九年以後列強が国力を傾到して軍備拡張に腐心したのはこの点であつて、軍備拡張の競争其物の為めに軍備を拡張したのではない。全く他国との均衡上行はれたることである。年々競争的に軍備を拡張すれば国民の負担は益々重くならざるを得ない。各国ともに国費の三分の一は不生産的なる軍備拡張に消費して仕舞ふのである。それ故軍備拡張の経済的大負担に堪へ切れぬ国家は已むを得ず、間諜や秘密探偵を仮想敵国に放つて、その機会を探らんとする。それ故国際間は百鬼夜行の姿である。国際平和は如奈《どこ》で保つことが出来よう。これが極端になつて遂にこの度の大戦が開始されたのである。

それ故国際間の放任主義の不可なることはこの度の大戦争に依りて痛感された。一国が専擅《せんせん》なる行為をなすことが出来ない様に、国際間の統一的制裁力は益々必要になつたことを証明された。諸強国の戦後の決心は、国際的制裁力を確立することでなければならぬ。

四

統一的制裁力を国際間に確立せんとするは世界一般の要求であるが、これが、此度の大戦に米国が参戦せることに依りて明かに証明された。英仏は自由、正義を呼号して独逸と戦争したのであるが、英仏の自由正義も幾分割引せねばならぬ。と云ふのは英仏は独逸とは経済上、政治上其他の方面に利害が相反してゐるのであるから、独逸を倒さねば自国の存立さへも危いのである。それ故聯合国が戦争をしたのは経済上又は政治上の扞格《かんかく》から来てゐるのである。然るに米国は独逸と戦争をしても領土的又は経済上には何等得るところがないのみならず戦争に参加すれば、中立を保つて得たる経済上の好況が影をひそめて仕舞ふのである。

戦争に依つて利益したる富を莫大な軍費に徒消するのは結局損である。損であることを知りつゝも米国は奮起して参戦したのは、損得に超越した崇高なる国際的正義を自覚したからだ。即ち神聖なる国際的制裁力に訴へて、世界の平和を確立したいと云ふ理想から奮起したのであつた。米国の参戦は野心を伴はざる正義公道の自覚からであつたことを知らねばならぬ。

予輩は初め、米国は先づ聯合国側に立つて参戦することはあるまい。米国は自ら進んで左様な損をする国ではない。米国大統領は羅馬《ローマ》法王と共に戦争を調停して大戦乱終結者の名誉を得るのであらうと信じてゐた。然し独逸の兇暴を長く座視するに忍びず、正義人道の為めに奮起して、済世極難の責に膺《あた》つたのである。米国が参戦したのは単にルシタニア号やサセックス号が独逸潜航艇に撃沈された為めではない。苟《いや》しくも一国の参戦は汽船が一二隻撃沈された位で決行さるべきものではない。それ故米国の参戦は人類幸福の根本なる崇高なる原則の為めである。近代に於て政治上や経済上の争ひを外にして、純然たる主義又は理想の為めに国運を賭して戦争したのはたゞ米国あるのみである。即ち米国は戦争に対して、新紀元を劃したものである。一国家の横暴に対する国際的制裁を実行したのである。それ故国際法の強制はこの度の大戦に依りて可能であると断言する事が出来ようと思ふ。既に国際法の強制にして可能ならば、国際聯盟も亦、世界の大勢上必ず可能なるものと見ねばならぬ。国際聯盟を実現せしむるあらゆる要素が益々多分に国際間に生ずる新時代は既に到来したのである。

翻《ひるがへ》つて国際聯盟問題に対する我国の態度は如何。日本が聯盟に加入するの可否を論議するものが多いが、予輩は可否は最早や問題にならず、聯盟に処する国民の準備が肝要であると思ふ。我国はその位置欧米とは遠く距《へだた》つてゐるから、聯盟に加入する必要はないと云ふ者もあるが、これは採るに足らん愚論で、日本は依然封建時代の鎖国主義のもとにあると考へてゐる眼窩豆の如き過去の人間の云ふことである。政治上、経済上、精神上世界人類は相依り相助けてゐる時代に、距離の遠いも近いもない。世界は一つのオルガナイズされた有機体である。殊に戦後は支那を中心として、我国は経済上に於て、欧米と極めて密接なる関係を結ばざるを得ない。支那問題に於て、日本は精神上物質上欧米と融合する機運に進んでゐる。講和会議に於て日本は東洋に於て優越権を求むる代り西洋の方は譲歩せよと云ふ者もあるが、日本は地中海に艦隊を派して、聯合軍と手を携へて共同の目的と戦〔ママ〕つたではないか。我国は大いに英米仏と世界改造の大事業に参与して、永久世界平和を実現する権利がある。（文責在記者）

〔『六合雑誌』一九一九年一月〕

世界の大主潮と其順応策及び対応策

（一）

此問題を考ふるに当り先づ念頭に置かねばならぬ事は、我日本は今や完全に世界の一国となつたといふ事である。今俄《にわ》かに世界の一国となつたといふ訳では無いけれども、従来は世界一般が日本の行動に余り関心もせなかつたし、又日本自身も世界の大勢に対しては専ら受け身の地位に立つて居つた。而して我から積極的に世界の経営に与《あずか》らうと云ふやうな、所謂《いわゆる》世界的意識が朧《おぼろ》げ乍《なが》ら国民の心頭に浮び初めたのは、今度の戦争からの事と見なければならない。而して世界も亦戦争の遂行上の自然の必要から、西欧の問題に日本の力を籍《か》りたのを手初めとして、段々世界の問題に日本の発言を認めるといふ端緒を開いた。して見れば日本は最近漸《よう》やく完全に世界の一国となつたといつて差支ない。而して此事の結果我々の是非共考へねばならぬ事は、今や日本は世界の大勢に孤立して進むことは到底許されないといふ事である。少くとも我々は将来の帝国経営に於て世界の大勢と没交渉に国運を指導すべからざるの明白なる覚悟を要するといふ事である。我々は我国の益々富強の域に進まんことを欲する。併し乍ら剛慾な守銭奴の富を増す事が一村一郷の繁栄と何等の関係なきが如く、帝国の富強が世界の大勢と没交渉たらしめたくない。世界の進歩が日本の進歩を促すと共に、日本の開発が又同時に世界の開発であり、且つ世界の開発を促すものでなければならない。

斯う云ふ見地から、世界の大勢に対する我国の立場を考へると、大勢の趨向に従つて国運を指導すべき方面と、大勢の進歩に関する我国の特別なる使命を主張すべき方面、換言すれば大勢に順応して行く方面と、大勢に対応して行く方面と二つあると云はねばならない。

（二）

帝国の将来に於ける健全なる発達を期するには、先づ第一に世界の大勢に順応して行くことを怠るべからざるは極めて明白の事理である。少くとも今日の時勢に於て、此事に一点の疑あるべきでない。昔は必ずしもさうではなかつた。何故なれば所謂世界の大勢なるものは、其頃強大なる二三国の協定によつて作らるゝを常としたからである。併し乍ら今日はさうではない。尤《もつと》も大勢となつて居る主なる思潮の内容は、多くは英とか米とか仏とかの二三有力なる政治家の言説に淵源する。けれども此等の言説の国際間に重きをなして、忽《たちま》ち大勢を作るに至るのは、必ずや世界各国一般の共鳴と後援とを得て居るからである。随つて此等政治家の言説は今や彼等一人の私論と見るべからず、又彼等の属する一国の偏私的国論を代表するものに非ずして、大体に於て世界全人類の代弁者たるの地位に立つ言論と見ていゝ。されば所謂今日の国際的輿論なるものは其外観は如何《いか》様《よう》にあれ、其根柢に於ては決して二三強国の私意に出づるものに非ざること、恰《あたか》も国内の輿論が貴族階級より出づるに非ず、平民的泉源より出づると同様である。随つて今日大勢をなす所の世界的大主潮は、若《も》し各自国家の利己的立場を離れて冷静に観察する時は案外に公平なものである。随つて我々は之に順応することを以て世界的立国の基礎を堅むる第一の方策でなければならぬと主張するものである。

何が今日世界の大勢をなす所の大主潮であるか。姑《しばら》く政治の方面について云ふならば、内政にあつては民本主義の徹底である。外政に在つては国際的平等主義の確立である。若し前者を社会的正義の徹底と云ふべくんば、後者は即ち国際的正義の確立に外ならない。共に正義公平を国の内外に布《し》かんとするものであつて、之れ実に人類共通の大理想に基ゐするものたるや論を俟《ま》たない。之には何処までも順応して行かなければならない。日本には日本の特色があるとか、又は世界の進歩に対して特殊の使命があると云つても、先づ第一に正義を内外に布くの国となつて居なければ、此等は初めから問題となり得ない。善良なる国民となるには、先づ善良なる人間となつてゐなければならない。尤も世間には善良なる国民たる事によつて初めて善良なる人となるを得べしと論ずるものもある。善良なる国民たる事が先か、善良なる人間たる事が先かの、時の先後は姑く茲《ここ》に問題としない。少くとも論理上普遍的基礎を堅むるといふ事が、特殊的方面を大いに発揮する先決問題ではあるまいか。此点に於て予は日本が世界の一国として其生存発達の特別なる権利を主張する前に、先づ民本主義の国となり、正義を以て国際交通の基本とするの国たらねばならぬ事を要求するものである。

此意味に於て世界の大勢に順応すべきの必要は、独逸《ドイツ》帝国崩壊以来益々明白になつた。正義を内外に布くを立国の理想とすべきの考は極めて陳腐な説にして、何時の世如何なる時代にも唱へられない事はない。而も実際に於て此の考の蹂躙《じゆうりん》せられた事、又此考の疑はれた事近世の如きは珍らしい。殊《こと》に陽に之を尊重しつゝ陰に之を蹂躙して兎も角も目前の成功を収めた独逸帝国最近の大発達は、世界の多くの後進国をして正義の権威に対し大いなる疑惑を抱かしめた。我国に於ても口に正義を唱へ乍ら、事実陰謀譎詐《けつさ》を事として巧に利己的目的を十分に達せんとするが内外政治の常則であると得意気に主張する者も少からずあつた。否、今日尚此謬妄《びゆうもう》より醒《さ》め切らないものがあるに相違ない。無論世界は黄金時代でないから、陰謀譎詐の行はれ得る余地はある。今後と雖《いえど》もかゝる旧式の政治的活動は決して跡を絶たないだらう。併し乍ら結局に於てかゝるもの、蒙る批判は如何、又かかるもの、陥るべき運命如何を考ふる時、我々は殊に最近内外政治に於ける正義の権威著しく鮮明を加へつゝあることを思はざるを得ない。此時に方《あた》つて国家経営の方針を世界の大勢に順応せしむるを躊躇《ちゆうちよ》するが如きは、実に国を謬《あやま》るの甚だしきものである。

（三）

吾人の生活に先づ一個の人間として努力完成すべき普遍的方面あると共に、特殊の一国の一員として又は其国民中の特殊の一個人としての特別なる能力品格を発揮すべき他の一面がある。之と同様に大勢に順応して普遍的基礎に於て面目を整へた国家は、更に其の国家の特別の存在の理由を世界に向つて発揮せねばならぬ方面がある。之れ実に各国家の世界の進歩に対する特別の使命であつて、之れ有るが故に彼等は他の国家と共に、又他の国家に対して生存発達を主張要求し得べき権利を有するのである。此方面に於て我々は更に世界の大勢に対応して特別の要請をなし、又此要請をなす事によつて更に世界の大勢を向上発展せしめ、其内容をなす思潮を醇化豊富ならしむることが出来る。其向上発展、醇化豊富を遂げ得る所に、各国家の世界の進歩に対する使命が存するのである。又向上発展せしむる程度又醇化豊富ならしむる所以《ゆえん》の性質等によつて、各国家の道徳的品位も定まると云ひ得べきである。

只此方面を主張して世界に対応するに方つては、我々は特に次の諸点に注意する事を必要とする。(一)各国家が各特殊の存在をなす以上、世界全体の進歩に対して各其分担講究すべき特殊の使命がある。各国家は此使命の何たるかを発見し、之によつて自ら向上し且つ世界を進歩発達せしめなければならない。(二)但し此特殊的方面を高調するの余り、世界の大勢に順応すべき方面を閑却してはならない。之れ動《やや》もすれば陥り易き弊害なるが故に特に注意することを要する。(三)さればと云つて大勢に順応する方面のみに熱中して自国特殊の使命を忘却し、甚だしきは大勢順応の意義を誤つて利弊共に先進国の為す所に模倣するが如き態度に出てはいけない。

（四）

何よりも大事なのは何が世界の大勢に対応すべき特徴であるかを発見することである。外国に無くして独り我国にあるものがすべて我国の特徴にして、以て世界に対応し得べしとするならば大いなる誤りである。所謂日本特有の文物にして、世界に持ち出すべからざるは無論の事、我々日本人の間に於てすら、今日三文の価値も無くなつたものが少からずある。所謂国粋保存論者の間に此種半文の価値なきものを担ぎ廻つて、以て世界に対応すべき我国の特色なりとするものがある。此等の行動に対して我々は単に憫笑《びんしょう》に値するなど丶いふて他所《よそ》事のやうに考へて居ることは出来ない。我々は此等日本特殊の文物に対し精細鋭利なる合理的批判を加へ、周到なる注意を以つて取捨選択するを怠つてはならない。

然らば何が世界に対応すべき我国の特色であるかといふ問題になるが、之については今玆に一々挙げて論ずるの遑《いとま》がない。只一つ最近日本の国体の万国に冠絶する所以を説いて世界に教ふべしとするの説に対して一言するに止めて置く。最近一部の国学者が日本の国体を世界に教ふるの目的を以て、代表的国学者を講和大使に附随せしむべしといふ説を発表したものあることは、読者の已《すで》に知らる丶所であらう。当時論壇では之を一笑に附したやうだけれども、併し之は或意味に於て余程真面目に考ふべき問題であると思ふ。何となれば西洋には確かに近頃共和思想が横溢して居る。此事は十九世紀前半の歴史に比較して最も著しく感ぜらる丶。十九世紀前半に於ては土耳古《トルコ》の羈絆を脱して巴爾幹《バルカン》半島にいろ〳〵の国が起つた。西欧諸国に於ても例へば白耳義《ベルギー》の和蘭《オランダ》から独立する如きものもあつた。其外政変の結果所謂国名を革《あらた》めるといふやうなものも少からずあつたが、其結果として現はれた新政治組織に於ては、立国の基礎は概して全然人民主権でありながら、殆んど例外なく中欧名門の王室から聡明なる王族を迎へて立憲君主の政体を定めた。中には斯くして暗に大国の後援を得やうとか、或は又名門の王族を擁立することによつて国の品位をつけやうとか、又は斯くして速かに諸外国の承認を得るの便宜に供しやうとか云ふ考もあつたらう。けれども兎も角国家には君主が必要だといふ考で一貫して居つたのであるが、最近は全然之に反し、何か一騒動あれば必ず国王を廃して共和にする。従来の行掛り上俄かに廃《や》める訳に行かないから、国王を其儘置くが、何か事があつたら之を廃して共和国にするのがいゝといふのが現今の大勢のやうになつた。斯くして葡萄牙《ポルトガル》は共和国になつた、露西亜《ロシア》も共和国になつた、独逸までが今や将《まさ》に共和国として堅まらんとしつつある。予輩の研究する所によれば、西洋に於て最近の政変を指導する思潮の本質は必ずしも共和思想ではないと思ふ。王政を廃しさへすればいゝといふのなら、英国・白耳義・伊太利《イタリア》王室の今日依然安泰なるを得るの道理なく、又初めから共和制たる瑞西《スイス》に動揺を見るの謂《いわ》れがない。彼等の求むる所は少くとも内政に於ける社会的正義の確立である。換言すれば民本主義の徹底を求むるに外ならない。而して露西亜・独逸に於ける王政の倒されたのは、王政が民本主義の徹底に障害を与へたからであらう。英吉利《イギリス》・白耳義等にあつては民本主義の徹底に何等障害となつてゐないから王室は安泰なるを得る。それでも此等の国はもと〳〵立国の基礎が民主国なるが故に、王政の存否については間々不当なる議論の横行するを避け難い。西洋の政治学でも共和国体よりも君主国体の方が吾人の国家的生活の鞏固《きようこ》を期する上に適当であるといふ議論があるに拘《かかわ》らず、万民の完全なる精神的尊崇の中心となる皇室が無い為めに、君主国に対する本当の諒解は西洋人には出来難い。独り此間にあつて本当の君主国体の味を体験し、而して之を世界に発揮し得べき地位にあるものは我日本のみである。此点に於て我々は此特殊の国体を以て世界の文明に貢献し得べき何物かを持つて居るに相違ないが、併し其前に我々は先づ以て民本主義に徹底した国となつて居なければならない。日本のやうな国体は何故い丶か。民本主義を徹底するに都合がい丶からである。さういふ理窟で貫いて居る今日の世界に向つて、如何に日本の君主国体が世界に誇るべしとは云へ、未だ民本主義に徹底しない形で出て行つたのでは、世界は成程《なるほど》と納得して呉れないだらう。否、西洋の学者の中には日本があれ丈《だ》け立派な国体を持つて居りながら、其れを実際の政治に十分活用し得ないとは何と云ふ先輩政治家の蒙昧《もうまい》ぞと酷評して居るものがある。して見れば我々は此立派なる特色を有《も》つて世界に対応する前に、先づ以て世界の大勢に順応して民本主義に徹底するの必要があるやうにも考へらるる。

〔『中央公論』一九一九年一月〕

講和会議に提言すべき我国の南洋諸島処分案

今度の講和会議に我日本は如何なる問題を提げて出る積りであらうか。此会議に於て主として論ぜらるべき各種の問題は、已《すで》に欧米諸国の政治家によつてあらかた公にされてゐる。従来の国際的諸会合に於けるが如く、問題は何時でも先方から出され、こちらは全然受け身になつて諾否《イエスノー》の返答を聞かれる丈《だ》けでは大国の面目として余りに肩身が狭い。何か一つ位は欧米諸国の政治家を成程と感心せしむるやうな問題を出したいものだ。然るに今日我国政治家の講和会議に対する実際の態度を見るに、彼等の見識が欧米諸国の政治家のそれに比して余りに低い為めでもあらう。どんな問題がどう云ふ風に説き出されるかの見当が丸でつかずして、恰度《ちようど》怠惰学生が厳粛な試験官の前に出たやうに、戦々兢々たる態度を示して居るのは余りに見つともないではないか。其癖蔭では随分大きい事をいふものがある。或は東洋の問題に関しては我に於て優越の発言権を収めざるべからずとか、独逸《ドイツ》に取て代つた諸占領地の領有は既定の事として一言も異議を挟ましむべからずと云ふが如き是である。然し乍《なが》ら彼等は講和会議の席上に於て果して真にかう云ふ景気の好い提議をなし得べしとするの確信ありや否や。

此点から観て予輩がこゝに特に読者と共に研究して見たいのは、南洋に於ける占領諸島の処分問題である。之に関する今日の普通の俗論(敢て予は俗論と云ふ)は、之が領有を既定の事実として認めしむべしと云ふのである。日本の立場から云へば、云ふまでもなく洵《まこと》に結構な立論である。無条件に之を日本の領有に帰するに何の妨げもないなら、我々は勿論之に大賛成を表する。併し乍ら我々は此等諸島の処分は講和会議の決定によつて初めて極《き》まるものなることを忘れてはならない。然らば我々が此等諸島を確定的に領有せんとならば、相当の根拠に立つて之を講和会議に主張しなければならない。然らば何の根拠によつて之を主張するか。若《も》し之を我国が力争して取つたからといふならば、同じやうな口実で他の与国は尚一層の大なる利益を主張しないとも限らない。又之を日本国防上の理由から主張するなら、同じ理由で米国が一層の利権の確立を主張し得ないと限らない。我が一の利益を得るが為めに、他国をして又之に伴つて二三の利益を得しむることは果して得策であらうか。且つ夫れさう云つたやうな根拠で敵国の領土を掠《かす》め取ると云ふ事は、今日の大勢たる非併合の原則と相容れない。今や欧米諸国は今日現在の戦争を終止し、更に将来の平和を確保するの新事業を完成せんが為めに、各多少の犠牲は忍ばうとして居る際である。何を苦んで少しばかりの離れ島の領有を争つて此大方針の進行を紛更するが如き事があらうか。故に聯合国の一として我が国は与国が悉《ことごと》く独逸植民地の分割に与《あずか》らうといふ事になつた場合に限り、南洋諸島の確実なる領有を主張し得べき正当の根拠がある。然らざる以上は玆に帝国の主権を確立し得べしとするの迷夢より一日も早く醒《さ》めて居るの必要がなからうか。

尤も他の諸国が一般に植民地の処分に対してどう云ふ態度に出でようとも、我国は常に必ず之に拘束さるべしといふのではない。併し乍ら聯合与国の輿論に反して我が国が独立の主張をなさんとせば、与国の政治家をして成程と納得せしむる丈けの特別の理由がなければならない。此等特別の理由がない以上は、与国の輿論に従ふのは日本にとつて何等不面目な事ではない。吾人の希望を卒直に述べしむるならば、予輩は寧《むし》ろ我国の政治家が此世界の大勢に乗じ、更に一歩踏み進んで積極的に大勢を指導するの地位を取られんことである。外交上常に受け身の地位を脱したことのない我国も、千載一遇の此好機に当り、一度位は一人並《なみ》の発言をして見てもいゝではないか。

聯合与国の占領にかゝる独領植民地を如何に処分すべきやに就いては、講和会議の開催の日の迫るにつれ、いろ〳〵の細目の問題がいろ〳〵の人によつて説かれて居るに拘《かかわ》らず、割合に論じられてない。此点に関して聯合与国の間に略《ほ》ぼ纏《まとま》つて居る議論とも見るべきは、昨年一月のロイド・ジヨーヂ及びウイルソンの言明に現れたものである。当時予輩は之に本誌上に於て評論を加へて居つたから〔本選集第五巻所収「米国大統領及び英国首相の宣言を読む」〕重ねて玆に詳しく論ずるを避けるが、あの要点は矢張り民族自決主義を原則とし、更に所領国の主張と在住民の希望利益とを参酌《さんしゃく》して講和会議に於て極めようと云ふのであつた。併し之は只大綱を掲げたものであつて細目の点には更に触れてゐない。けれども我々は之れ丈の原則に基ゐて植民地問題が結局如何に取扱はるゝであらうかを、今日略ぼ推測し得ない事はない。

要するに今度の講和会議に於て所謂民族の問題に関しては、民族自決主義を以て解決の根本原則とすることは疑を容れない。而して民族自決主義は露西亜《ロシア》の過激派の主張するが如く、世界中の総べての民族問題に例外なく適用するといふのではなく、ウイルソンも已に明言して居るが如く、今度の戦争に直接関係ある民族問題にのみ適用すると云ふことになるのであらうから、具体的にいへば同盟側諸国の支配の下にあつた異民族に主として適用せらるゝのである。然るに其の適用を受くべき民族には明白に二つの種類を区別せねばならない。一つはフインランド人とかポーランド人とか又はチエツク・スロヴアツク人とか、それ〴〵欧羅巴《ヨーロッパ》の真中にあつて既に相当の文明を持つて居る民族である。他は土耳古《トルコ》の支配の下にあつた未開の民族、又は独逸の植民地たる亜弗利加《アフリカ》南洋諸島の未開の土民である(此等土民の中には若干の開明民族もあるけれども)。而して前者に今日直ちに相当の設備を設け、周到なる注意の下に民族自決主義を行ふは妨げが無いけれども、後者には今日直ちに之を行ふ事は出来ない。未開なる彼等には自己の政治的運命を如何に決すべきやの判断力を欠くのみならず、今急いで之を決定せしむるのは彼等の真の希望利益に反するものと見なければならない。然らば之を如何に処分するかと云ふに、領有国の恐らく主張すべきが如く、之を元通りに返すといふ事には聯合与国の承認を得難かるべく、さればとて聯合与国が之をその儘占領すると云ふにも理論上並に実際上多くの困難があらう。して見れば結局どうなるかと云ふに、恐らく此等の地方は一括して講和会議参列諸国の責任として其の開明を計るの義務を負担し、一定の程度に達するを待つて自決主義を行ふと云ふことになるだらう。列国の保護の下に彼等が教育せらるゝ間の彼等の国際法上の地位如何の如きは、会議の席上細目の協定に伴つて自《おのずか》ら定まる所があらう。而して開明に導くの任務を負担した列国は、更に各々其方面を分ち其便宜とする所に従つて、或る特別の国に教育の任務を委托することゝなるだらう。さうなると外の方面の事は暫《しばら》く措《お》き、少くとも我が国の現に占領して居る南洋諸島に就き教育の任務を引き受くるといふ事にならざるを得ない。

以上は講和に関する当今の大勢より推測して植民地処分に関する我輩の予想である。黙つて居つても結局此辺に落ち着かねばならぬと思ふものであるが、理に於て正々堂々たり、又実際に於て極めて穏当の処分と信ずるが故に、或は日本の提案として之を発議するも亦妙ならんと考へて居るのである。此辺にでも問題を探さなくては、我国が積極的に大勢を率ゐて乗り出すべき問題はない。

仮りに植民地処分問題が上述の如く所決せらるゝと其の結果は如何なるであらうか。之は講和会議の研究に直接の関係はないけれども、極めて大事なことであるから特に一言するの必要を認める。

第一に疑のないのは之によつて土民の幸福が著しく増進せらるゝと云ふことである。或国が土民の教育を引受けると云ふことは、土民から観れば或国の領有に帰して其国の支配を受くると大差なきも、而も其国は列国の依託の下に又列国の精神的監督を受けつゝ土民を世話せねばならぬから、植民政策の動機が全然変つて来なければならない。殊に其植民政策に成功すれば他日民族自決権行使の際、土民は其国に合併せられんことを希望して来るかも知れない。少くとも其処まで行かなければ列国の依托に背かず教育の義務を完全に尽したと云ふ事は出来ない。従つて各国は一日も早く自決権を行使し得る程度に土民の教育を高め、而かも土民を全然心の底から服せしむることを競争するといふ事になるから、之に依つて土民の幸福の増進せらるるは疑を容れないのである。之れ迄のやうな母国対植民地の関係ではどんな善良な植民政策でも、右申すやうな効果を土民の幸福の上にあらはし得なかつた。

右の当然の結果として第二に我々は我国の植民政策に及ぼす重大なる影響をも考へなければならない。従来我国の植民政策が如何なる批判を受けて居つたか、又如何なる評価を受くべきものであつたかは今茲に贅説《ぜいせつ》しない。只日本が他の諸国と共に列国の名を以て土民の教育を托せらるゝと云ふ事の結果、茲に全然従来とは違つた全く新な植民政策を打ち建てねばならぬ必要に迫らるべきを見逃す事は出来ない。而して之が必ずや従来の植民政策を根柢から動揺せしむるものである事も疑を容れない。其利害得失に就ては人に依つて各観る所を異にするだらうけれども従来の植民政策に甚だ慊厭《けんえん》たりし我々は、此の動揺を以て最も喜ぶべき現象と認むるに躊躇《ちゅうちょ》しない。願くは我国の政治家が之に依つて大いに其蒙を啓《ひら》き、我国の植民政策史上に一新紀元を劃するに到らんことを希望して止まない。

十二月九日桑港《サンフランシスコ》発電として十四日の東京日々新聞に見ゆる所によれば、米国前大統領タフト氏は独逸殖民地を国際聯盟の管理の下に置くべきの説を公にせりといふ。果して然らば是れ恐らくは植民地処分問題に関し予輩と同一の結論に到るものではあるまいか。記して以て後報を待つ。

〔『中央公論』一九一九年一月〕

人種的差別撤廃運動者に与ふ

此頃民間一部の有志の間に人種的差別撤廃運動なるものが起り、或は其決議に基いて宣言書を仏国講和会議の各国委員に送つたり、或は諸所方々に演説会を開いて輿論の誘導作興に努めて居る。今日世界の各方面に於て不幸にして人種的差別の忌むべき事実あるに鑑《かんが》み、殊に我々日本民族が或は濠洲に於て或は北米合衆国に於て排斥せられて居るの不快なる事実に鑑み、右の如き運動が我同胞の間に起つた事は自然でもあり、又喜ぶべき現象でもある。要するに講和会議を中心として道義的精神の最潑溂と動いて居る今日の世界に向つて此運動を開始したのは、少くとも極めて時宜に適したものと言はなければならない。

併し乍《なが》ら斯の如き運動を起すに方《あた》つて我々日本国民は少くとも此問題に於ける当の被害者たるの地位に鑑み、無用の誤解を避くる為に余程慎重の態度を執る事が必要である。何故なれば従来此種の運動を被害者の側から起す場合は、真に理義に徹底しての結果たるよりも、自分が被害者であるといふ地位に附着する利己的動機から発することが稀《まれ》でなかつたからである。例へば先生が生徒に向つて嘘言《うそ》を吐《つ》くなと戒むる。すると生徒は先生も嘘言を吐いた事があるではないかと逆襲する。嘘言を吐く勿《なか》れと云ふ教訓を楯に取つて対手方《あいて》に逆襲する態度は、仮令《たとい》自ら其教訓に服するに決心した場合でも、自ら其主張に権威が無い。況《いわ》んや多くの場合に於て此種の人は敵の武器によつて敵を苦むるの術あつて、而も自らは依然嘘言を吐くことを改めざるを常とするに於てをや。而して斯う云つたやうな利己的動機に基く対欧米逆襲術は従来我国に於て決して稀ではなかつた。

今最も適切な最近の一例を挙げよう。言ふまでもなく例のモルヒネ問題である。日本の商人が法律上並びに道徳上の禁令を犯してモルヒネを盛に支那に密輸入し、盛に内外の道義的神経を悩まして居る事は公然の秘密である。甚しきに至つては一部の官憲すら之に関する嫌疑を免かれなかつたと云ふものすらあつた。昨今之を取締るの必要が盛んに唱へらるるやうになつて、事実我国官民の態度が大に改善せられつゝあるが、併し日本国民は未だ此点について十分反省して居るとは思はない。而して此点に関して事実上改善の実の挙つて居るのは在支外国宣教師等の批難が少くとも重大なる原因の一つである事は疑を容れない。然るに支那にモルヒネを密輸入をするものは一々数へ挙ぐれば素より日本人にのみ限るのではない。西洋人の中にも多少はある。すると二三の新聞はモルヒネの密輸入は英米人もやつて居るといふ風に、宛然《まる》で鬼の首でも取つたやうに言ひ触らす。之も不義を責むる道理の声としてならば大いに尊重すべきであるけれども、自己の反省を欠く、而して利己的動機に基く怨言としては何の道徳的権威を認め難いではないか。自己に反省せざるものは兎角責任を他人に嫁する。支那に於ける排日思想の結局の根本は官僚軍閥の政治家の侵略的膨脹主義——少くとも支那人並びに在支外人から斯く見られたる——に在ることは疑なき事実である。故に支那が我々に反感を有《も》つたといふ事実があるならば先づ自ら反省し、誤解あらば其誤解を解くべきである。之を努めずして直ちに或は支那人を不信不義となし、或は排日的英米人に誤られたりなどと罵倒するのは、少くとも客観的に見て醜陋《しゅうろう》を極めたる態度と云はなければならない。我々は支那等に対する我国一部の議論に此意味で少からぬ不快を感じて居る。而して排日思想などの起る根本の原因は寧ろ我に在るを信じ、常に対支政策の根本的廓清を主張して已《や》まない。而して我国の大陸発展の理想は今日までどれだけ改善されたか分らない。東洋に於ては優秀なる武力を有つて居る結果として多少の無理は云へたにしろ、一旦世界の真中に一切の秘密を暴露されては、或は十分弁解の出来ない事が無いとも限るまい。巴里《パリ》の講和会議に於て支那代表者の逆襲に逢つて、我国の特使がシドロモドロの態を示すのは、願くば内拡りの外窄《すぼ》みの類でなかれかしと祈るものである。

南北抗争に於て本来旗色の悪かつた段祺瑞の一派が、外に頼る所なくして日本に頼つたのは戦時中の事である。之によつて支那は吾人の意のまゝに経営するを得べしと図に乗るの大いに誤りなる事、否却《かえ》つて国民の反感を招ぐに終るべき事は予輩の屢々《しばしば》警告する所であつた。戦争の終結と共にいろ〱彼に反噬《はんぜい》の色あるを見て彼の不信を責むるのは已《すで》に遅い。我々は再び第一頁に復《かえ》り、日本国民の大陸発展の理想を立て直すの必要がなからうか。

何にしても人に向つて嘘言を吐くなと責むる以上は、先づ自分で嘘言を言はないといふ決心を定むる必要がある。人種的差別撤廃運動の如きも、理義に徹底した立場から、全然利己的動機を離れて民族関係に於ける正義の真の要求として之を唱へるでなければ権威がない。のみならず又恐らく仏蘭西《フランス》の講和会議に於ても熱心なる共鳴を得る事が出来ないだらう。

講和会議を中心とする今日の世界に最も著しく流れて居る考は、理義を正して各種の紛争を解決せんとする事である。従来国際間の問題は表面は何であつても、真の解決の主義は銘々の国の利害であつた。利害の妥協調節といふ事の外に事実上の解決の途は見出され得なかつた。其処で国際紛議は常に頗《すこぶ》る解決の困難なものとされたのである。若《も》し之が単純なる一片の原理原則で、恰《あたか》も裁判官が訴訟事件を断ずるが如く明快なる裁断に任せ得るものならば、どれ丈《だ》け世界の平和が保たれたか分らない。之が出来なかつたから今日までの世界の雲行《くもゆき》が険悪であつた。又此険悪なる雲行に困り切つたから戦後の世界は此苦しみを繰返すまいと骨折つて居る。斯くして今日の世界には原理原則を以て国際間の問題を解決しよう、原理原則の徹底による多少の不便、多少の犠牲はお互に我慢しようと云ふ事になつたのである。之が今日の傾向であるとすれば、此傾向に合する範囲に於て我々の要求は力強いものとなる。又此傾向と共通の基礎の上に立つものとして吾々の運動に一種の世界的権威がつく。我人種的差別撤廃運動の如きも、願はくは濠洲、北米に於て排斥せられて居る民族の悲鳴としてゞなく、民族関係の正義の声として堂々と叫ぶものたらしめ度い。

尤も濠洲に於ける排日、北米に於ける排日は、単純なる人種的差別の問題と観る可きや否や。人種的差別の不可なる意義が明かになつても尚ほ濠洲、北米に排日を主張し得る根拠は残らないかどうか。之を他の一面から言へば、排日の事実を全然消滅せしめんが為めには人種的差別の不都合なる事を彼等に悟らしむる事の外に、吾々自身に於て亦大いに反省且つ覚醒するを要するものなきや否や等に付いて予輩に多少の意見がある。併し今之等を一々論じて居る暇が無い。只人種的差別の不可を説く事が兎に角各方面に於ける排日問題を解決するの一助たるを失はざるのみならず、又正義の問題として極めて理義の明白なるものなるが故に、吾々は正しき理想の此の世に於ける実現の為めに大いに之を主張すべきである。而して此の見地に立つて正々堂々の主張を世界に向つて宣言するに方り、吾々は又常に自己反省を怠つてならない事は言ふを俟《ま》たない所である。

此立場から吾々は昨今の人種的差別撤廃運動者に向つて朝鮮統治策の理否に注目を怠らざらんことを希望せざるを得ない。今日我国の法制が朝鮮人に与ふるに著しき差別的待遇を以てせる事は隠れもない事実である。無論中には差別する事が朝鮮人の利益であり、又その希望であるものもあらう。政治上其他いろ〳〵の理由で到底同様に取扱ふ事の出来ないものもあるに相違ない、けれども単に人種が違ふといふ事の外に何等の根拠を求め難き種類の差別的待遇が全然無いと何人が断言し得るか。一例を採れば朝鮮人の子弟は全然日本人児童の学校から除外されて居る。怎《ど》んな山間僻邑《へきゆう》でも日本人の児童十人を数ふる所には総督府の補助によつて日本人の為めの独立の学校を作る事が出来る。朝鮮人は断じて内地人と共同に教育さるる機会を有し得ない。表向の理由として怎んな事が挙げられやうとも、斯くの如きは学童問題を以て桑港《サンフランシスコ》当局者の非を鳴らした日本民族の公然と誇示し得べき出来事ではない。予輩は民族的正義の問題としては言ふまでも無く、朝鮮に永住する国民を教育する手段としては、早くから朝鮮人と机を列べて相親しむの訓練を与へた方がいゝと信ずる。利害の打算から云つても斯くあるべき教育問題を全然差別的に処置するのを適当の道理なるかの如くに考ふるのは、人種的差別観以外に何所《どこ》に真実の根拠を認むることが出来るか。

其他いろ〳〵の問題に就いて対朝鮮策の根本に立ち入り、人種的差別撤廃の趣意からしていろ〳〵の議論が出て来ねばならぬと考へる。之を朝鮮人自身が民族的利己動機に立つて兎や角論ずる時我々は多少の不快を感ずるが、之に対して内地人が同じく又利己的動機に立つて其の向ふを張る時に著しく反感を催さしめらるる。我々は朝鮮人の待遇の問題に就ては朝鮮人とか内地人とか云ふ差別を超越して、彼我両国を抱擁する全体に亘《わた》る正義の樹立の問題として、も少し冷静公平に考へ直す必要があるまいか。

之と同じ事は台湾人に就いても、又日本の勢力下に於ける満洲方面の支那人に就ても言へる事は繰り返すまでもない。

吾人が従来常に此立場を採つて公平なる同胞国民に訴ふるを怠らざりしは読者の詳知する所であらうと思ふ。今や人種的差別撤廃の運動が起る。従来此種の運動を起すものは、甲に向つては正義と公平とを求めて、乙に向つては非義横道を逞《たくまし》うする輩《やから》であつた。今度の運動丈けは斯くの如き連中の利己的運動で無い事を期待し、又斯くの如きものたらしめてはならないと考へる。然らざれば道義的創造力の大いに活躍せる今日の時勢に、此種の運動の勃興した意味が分らない。我日本の国論が極端に世界の大勢に逆行するものに非ざる限り、人種的差別撤廃の運動は断じて吾人と同一の立場を採るものでなければならない。

〔『中央公論』一九一九年三月〕

講和会議に対する国民の態度

今仏蘭西《フランス》で開かれて居る講和会議――講和予備会議といつた方が正当かも知れないが――は単に大乱の後始末をするばかりではない。更に世界の根本的改造を企てんとするものであることは云ふを俟《ま》たない。単純なる講和会議でも世界の人の悉《ことごと》く之に注目するは怪むを須《もち》ゐないけれども、殊に今度のは世界改造といふ大問題を控へて居る所から、世界の人の注目の程度は又実に意想外に大なるものがある。そこで我国でも官民を問はず各方面からいろ〳〵の人が競うて彼の地に出掛けるといふ有様であるが、勿論《もちろん》中には之を機会に単純な見物をする積りで行くものもあらうが、併し大体に於ては今行つて彼の地の形勢を視察して、以て戦後の経営に資せんとするのが主要なる目的と云はなければならない。併し乍《なが》ら翻《ひるがえ》つて斯くして派遣さるる人々、又自ら出掛ける人々の顔触れを観ると、予輩は今更ながら其貧弱なるに驚かざるを得ない。蓋《けだ》し此等の連中の筆頭に来るものは講和特使を初めとして錚々《そうそう》たる政治家の一団であり、次には操觚《そうこ》界の名士といふやうな所謂准政治家の一団であり、之に次ぐものは実業方面の歴々である。何《いず》れも我国選り抜きの人材であるけれども、併し悉く政治経済の方面の専門家であつて、教育家思想家即ち概して言はゞ思想家といふ方面からは殆ど一人も派遣されて居ない。此方面から観て私は顔触れの余りに貧弱なるを遺憾とするものである。

今度の会議の一番顕著な主要問題は、何と云つても世界改造の事業である。之に関しては世界の人類の何人《なんぴと》も、亦世界の国家の何国も等しく大に利害を感ずる所であるから、我々は其成行について全然受働的の立場に居ることは出来ない。換言すれば我々は人類の一人としても、又一個の国民としても此重大問題の決定に対して積極的に参与する所なければならない。今や我々は吾人の意の儘に世界を改造するの、否世界の大勢を我から進んで創造するの権利を認められて居る。而して莫大な金を使つて態々《わざわざ》仏蘭西三界《さんがい》まで行く程のものは、政府の役人であれ、又一私人であれ、よしんば新世界創造の事業に積極的に参与しないまでも、少くとも此新風潮を十分に理解する底の覚悟と能力とを有するものでなければならない。之が出来なくては何を以て戦後経営の大策を極めることが出来ようか。而して斯くの如き覚悟と能力とを彼の所謂歴々の政治家実業家に求むる事が出来ようか。あの連中の中には長く外国に滞在して其事情に精通して居るものはあらう。けれども今日に於て特に必要とせらるものは、彼地の社会の底の底を流るる思潮其物に対する理解である。否、今日現に世界の全体に横溢して居る所の偉大なる道徳的創造力に対する共鳴である。

斯くして吾々日本国民は今日此際、此重要な問題の討議者若《も》しくは研究者として、僅《わず》かに政治家と実業家のみを送つて満足した訳になる。之れ日本国民の世界改造の事業に対する積極的分担を正当に代表せしめ得る所以《ゆえん》であらうか。予輩は窃《ひそか》に恐る。斯くの如き現象の現はれたのも、畢竟《ひっきょう》我国今日の社会が今次の戦争並に戦後の世界に関する精神的意義の不理解に基くものでないかと。換言すれば今度の戦争の跡始末の主として関係する方面は依然として政治経済であり、又戦後の経営として我々の関心すべき問題も専ら政治と経済との方面であると考へて居るのではあるまいか。政治と経済の上《うわ》つ面《つら》の問題を処理した丈《だ》けで戦後経営の大事業は終ると考ふるならば之れ程お芽出度《めでた》い事はない。

今度の戦争が暫《しば》らく皮相なる観察者の往々にして説くが如く、専ら政治経済の方面から起つたにしても、講和会議に於て論ぜらる問題が政治論経済論のみに限らない事は明白ではないか。況《いわ》んや世界改造の大問題に於ておや。然らば細目の問題は何であれ、今度の会議に於て主として論ぜらるゝ所は常に深奥なる思想上の問題に触れざるを得ない。此方面から見て如何なる人材の果して我国を代表し得るものあるかも一個の問題たるを失はないが、我々国民が一海老名弾正師、一新渡戸博士を送つた丈けで満足し、或は送つても之に殆んど何等の重きを置かざるが如き風あるは寔《まこと》に概嘆に堪へない。

〔『中央公論』一九一九年三月〕

帝国主義より国際民主主義へ

一

予《あらかじ》め文字の意味を一寸申上げて置きますが、帝国主義と云ふ文字は余程前から使ひ古されて居るのでありますから、誤解が無いと思ひますけれども、最近実は同じ問題で或処で演説をした時に帝国主義は皇帝を戴《いただ》く主義である、帝国主義に反対と云へば共和主義でも云ふのかと云ふ質問を受けたのでありますから、相違ない分り切つた事でありますが帝国主義は侵略主義の意味であると云ふことを一言御断りして置きます、随つて仏蘭西《フランス》のやうな共和国にも帝国主義といふことが問題になり得る、亜米利加《アメリカ》が比律賓《フィリピン》を取つたとか、或は玖馬《キューバ》を保護国にしたとか、或は墨西哥《メキシコ》をどうかすると云ふやうな事から、亜米利加の帝国主義と云ふことが問題になる、尤《もっと》も此帝国と云ふ意味は、此帝国主義と申す時の帝国と云ふ意味は皇帝を戴いて居る国と云ふ意味ではない、

西洋でも「カイゼル」とか「エンペローア」とか云ふ言葉の本当の起りは、私の記憶する所に依れば天主教会の理窟から来て居りまして、世界を支配する君と云ふことなのです、或は神に代つて世界を支配する君と云ふ意味であります、唯或独立の政治団体の君主と云ふのであれば王なのであります、尤も封建時代の言慣はしに従つて王と云つたり大公国と云つたりしたともありますが、今日独逸《ドイツ》にも大公国と云ふのがありますが、今頃は無論廃《や》めたかも知れませぬけれども、大公国と云ふのがある、或は公国と云ふのがある、墺太利《オーストリア》の方に行くと伯国だの男国だのと云ふ公侯伯子男、アレが国君の称号になつて居る処があります、さういふ処では王から以下は同じ

く国君ではあるけれども、其間に上下の区別が自から付いて居るのでありまするが、帝と云へば全く別であります、吾々日本人の考から云ふと王と云ふよりも帝と云ふのが一般地位が高いやうに考へて、日本を王国とは言ひたくない、帝国と云ひたいと云ふ所から、日本帝国と言つたと思ふのでありまするが、西洋の言葉の帝はさういふ意味ではありませぬ、独立の政治団体の国君は総て王で、王以下公とか大公とか云ふもので、夫れ全体を総て神に代つて万国を統治《おさ》める者が帝なのであります、随つて昔の慣習に依りますると帝となる者は天主教会の教理から申せば、神に代つて此世の中を治めた基督《キリスト》、基督の名代たる羅馬《ローマ》法王の遺言に依る、羅馬法王が即ち天下を治める権利がありまして、而して羅馬法王が教会の事に専心一意俗界の事に手が及ばぬと云ふ所から羅馬法王が頼む、羅馬法王の委託を受けて誰か何処かの国の王が特に帝となる、随つて皇帝となる時には羅馬まで行つて羅馬法王から戴冠式をして——冠を被《かぶ》せて貰つて帝となる、さういう所から起つて居りますから帝と云ふ言葉の意味は本来は羅馬法王に代つて世界を統治すると云ふ意味であります、

それから段々変る、さうして即ち一国の君主即ち王であつた者が羅馬法王の依頼を受けて、自分が君臨して居つた国以外に支配権を及ぼすと云ふことに段々に変りまして、後には此羅馬法王の遺言無しと雖《いえど》も或は羅馬法王と無関係に、自分のモト〳〵統国して居つた国以外の国を、或は以外の民族を支配すると云ふことが此帝と云ふ意味に段々に変つて来るのであります、でありますから世界全体を支配すると云ふことから段々に変つて、自分の国以外を支配することになりますから同時に世界に三つも四つも帝があり得る、けれどもどんなに大きい国でもモト〳〵唯一つの独立の政国〔ママ〕団体であつたものの君主は決して王〔帝〕とは言はない、英吉利《イギリス》はどんなに大きい国であつても、英国の君主としては今日尚ほ何時《いつ》までも矢張《やはり》王であります、英吉利の皇帝は帝と云ふときには海外の植民地を眼中に置くのです、独逸のホーヘンツオルレン家は滅びましたけれども、是でも普魯士《プロシア》の王としては

「キング」です、独逸帝国を統治するときに初めて帝と申します、さういふのでありますからして此日本なども今日は朝鮮なり満洲なり台湾なり、色々な方面に統治権を及ぼして居るから、或は帝と云つても宜いけれども、本来は矢張王であります、西洋諸国に於ては今日でも往々或は稀な例ではありませぬが「キング・オブ・ヂヤパン」、帝とどうしても言ひたがらない――言ひたがらないのぢやない、自然と日本帝国と云ふ風には感じない、独逸の新聞などを御覧になりまするとと殆ど例外なく日本の議会を書くときには帝国議会とは決して書かない、殆ど私は一の例外を見たことがありませぬ、詰《つま》り独逸の帝国議会に当る文字を使はないで、普魯士一国の議会、「バヴリヤ」の一国の議会、小さい一国の議会を現す所の文字を使ふ、さういふやうな意味でありますからして、吾々の考へるやうに王と云ふよりも帝と申した方が一段と位が高いのだと云ふやうな考でありませぬ、

そこで今日でも此帝国主義などと申すときには、或一国の支配権が他の民族なり或は他の国に及ぶ、是も昔は羅馬法王の依頼と云ふのであつたけれども、今度は依頼の有無に拘《かか》はらず或は自分の武力に訴へて、さうして自国の権力を外に拡げることになりますから、随つて今日では侵略主義と云ふ意味になる、本来はさういふ意味でなかつたのでありますけれども、今日盛んに使ふ所の帝国主義或は軍国的帝国主義、或は帝国主義的の軍国主義さう云ふ場合に吾々の意味する所のものは侵略主義と云ふことであります。

二

私の此題を掲げて申上げんとする要点は、十九世紀の帝国主義的の時代から、今や講和会議を経て新しい国際民主主義の時代に移ると云ふことを、歴史的に殊《こと》に極《ご》く最近の歴史に依つて不完全ながら証明致したいと思ふのであります、所が又此国際民主主義と云ふ文字にも誤解がある、国際民主主義といふ文字に依つて私の言現はさ

んとする所は「デモクラシー」――「デモクラシー」の精神が此国際間にも或は国と国との間の関係にも及ぶと云ふ意味なのであります、今日まで「デモクラシー」と云ふときには、主として国内の此個人と個人との間の関係の事を申して居ります、尤も最近は「デモクラシー」と云ふ文字が非常に広い意味に使はれまして、単に政治上の事ばかりではないけれども、元は政治上の事から起つた、其政治上に於ける「デモクラシー」と云ふのは、即ち国内の人と人との間に少くとも人為的の階級の差別を認めずして、自由平等の関係を立てやうと云ふのであります、此自由平等の関係を立てやうと云ふ主義は不完全ながら十九世紀の此百年間を通して一つの国の中に個人と個人との間には余程立つて居る、又余程発達して居つたけれども、国と国との間の関係には全然立つて居らなかつた、国と国との間の自由平等の関係と云ふものが殆ど蹂躙《じゆうりん》され――殆ど見る影もなく蹂躙されて居つたのでありまして、それが是からの世界に於て段々に認めらるると云ふ端緒が少くとも今度の戦争の結果として付くであらう、端緒が付いたと云ふことは即ち是等の世界に於ては此国際民主主義と云ふものが充分に発展して、而して之に依つて国の内外に於て、国内の関係に於ても或は国際の関係に於ても自由平等の精神が徹底してさういふ世の中になるであら〔う〕と云ふ考であります、

国際民〔主〕々義と云ふのは所謂此共和主義と云ふやうな意味の民主主義、或は民主共和主義を甲の国ばかりではない乙の国にも丙の国にも世界中に弘めると云ふ意味ではない、此頃国際と云ふ文字を冠する言葉の中に国際〔社会〕主義といふ文字があります、国際社会主義と云ふ文字にも色々の使ひ方があるのでありますが、最近の一つの使ひ方は詰り社会主義の殊に露西亜《ロシア》などに行はれて居りまする所の過激派の思想であります、過激な社会主義の世の中を世界中に弘める、さう云ふ意味で此国際社会主義と云ふ文字を使ふ用例が最近にあるやうでありまするが、若《も》しもさういふ風に国際と云ふ文字を甲から乙、乙から丙と伝染的に広く皆此或主義を弘めると云ふ文

字に使ふ、さういふ用例であるならば、此処に書いた国際民主主義と云ふのは、私の考へて居ることを現はすに適当な言葉ではない、文字が色々に解釈せらるる処がありますけれども、私のは民主主義を国際的に弘めると云ふ意味ではなくして、国と国との交際の上に「デモクラシー」の趣意が段々に徹《とお》るやうにしたいのである、さういふ主義を現はすのだと云ふことに御了解を願ひたいのであります。

十九世紀の此百年の歴史の上には国際間の自由平等の精神が更に通つて居なかつたと云ふことは、今更詳しく申上げるまでもない、一体此自由平等と云ふことは、十八世紀の末から十九世紀の初めに掛けて余程明かになつた、此自由平等の精神が明かになつたと云ふことが十九世紀百年間の特色であり、且又十九世紀から吾々が全然新しい時代に入つて非常な幸福であると申す所以《ゆえん》であります、前には色々人為的の階級が吾々の能力の充分なる発達を妨げて、此自由平等と云ふことは即ち吾々の此能力の無限の発達の可能なることを信じてさうしてさういふ時代に吾々の能力を発展せしめやうと云ふ所に根本の原理があるのでありますからして、而して従来は其吾々の能力を無限に発達させると云ふことを色々の制度に依つて妨げて居ります、それを切離して行かうと云ふ其新しい運動が始まつたのでありますからして、而してそれが段々に此長い奮闘努力を経て段々に発展することの上に、十九世紀の文明と云ふものが築かれた、けれども茲に考へねばならぬことは、其自由平等の精神と云ふものが、国内には段々に発展するの端緒に就きましたけれども、国と国との交際の上には此十九世紀を通じて殆ど其端緒にだも就いて居ない、尤も十九世紀の初めの歴史の上には此民族的自由とか或は民族的独立と云ふことを欧羅巴《ヨーロッパ》の人が大に賛成をして或は大に之に熱中すると云ふ形に於て、国際的民主主義と云ふものの発達の端緒が開かれないのではなかつたのでありますけれども、是が直ちに蹂躙された、一方の国内に於ては自由平等と云ふことが段々其間には幾多の変遷があり、幾多の障碍《しょうがい》があつて、非常な努力奮闘を要したのでありますけれども、兎も角も端緒に就いて其歩を進めつつあつたのでありますけれども、国際間の方になると漸《ようや》く開けかけたかと思ふと、直に蹂躙されて其後殆ど此方面は発達して居なかつたのであります。

三

其原因は何処に在るかといふことを考へて見ると、無論是には色々複雑な関係がありますけれども、其最も大なる、最も著しい原因を自身は産業革命、所謂産業組織の急激なる変化にありと信じて居るのであります、或意味に於ては仏蘭西に起つた政治革命にも勝る程の重大なる意味を有する所の産業革命此産業革命に依て吾々の経済生活といふものを全然一変して、其急激なる変化に当時の欧羅巴の人心は静に考て、之に応ずる所の方策を講究するの暇がなかつたと私は思ふのであります、どんな大変動でも徐々に参りまするならば、其間に之に応ずる所の準備がありますけれども、産業革命だけは殆ど何等の準備の無い所に突如としてやつて来た、仏蘭西に於て始まりました所の政治革命の如きも、彼《あ》れも突如として来たやうでありますけれども、併《しか》しながら彼れには精神的準備と云ふものが少くとも文芸復興以来二三百年間の準備はあるものと見なければなりませぬ、けれどもワットが蒸気機関を発明したと云ふやうな事からして、色々の機械を以て此吾々の生活に必要なるものを作ると云ふ、さういふ事の起りましたまでは極めて短時間でありまして、さうして非常な大仕掛の工場組織で物を生産する、ドン〳〵物を沢山造ればそれを汎《あまね》く天下に売弘めて、さうして物の廃らぬやうにしなければならぬ、さうすれば同じやうなことを単に東京でばかりやるのでなしに、大阪でやる者もある、神戸でやる者もあれば其間に競争が起る、所が其競争は激烈で、競争に敗ける〔と〕非常な損をしますから非常に激烈である、其激烈なる競争に勝たうと云ふ為めには殆ど手段を選ぶことが出来ない、迂《う》つかり公明正大の方法で其競争に勝たうなどとすれば、所謂宋襄〔の〕仁に陥りますからして、殆ど手段を考へるの暇がない、而も其変化は非常に急激に参りましたるが故に、其当時の人心は非常に狼狽《ろうばい》しました、而して昏迷すると云ふ所から、此国内に於ては自由平等と云ふことを唱へて居りながら、国と国との関係に於ては非常な殺伐なる競争にならざるを得なかつたのであります、

即ち、武力を以て互に競争して勢力範囲でもチヤンと拡めて〔い〕かうと云ふことでなければ、「マーケツト」の安全といふことが期せられない、単に市場ばかりではない、原料を得ると云ふことにも色々差支を生じまするので、原料を得るといふ方面から見ても、直ぐ造つた物を売捌《うりさば》くといふ方面から見ても、早く行つてチヤンと縄張を定めて、夫れ丈《だけ》の物が要らうが要るまいが、兎に角に率先して世界中の色々購買力の有る処を探して歩いて縄張を広く定めることが必要である、それを互に各国が相競争することになれば、玆にどうしても殺伐なる競争にならざるを得ない、さういふ所からして此十九世紀の国際関係といふものが非常な殺伐なる競争、所謂侵略的の帝国主義の時代であつたと言はなければならぬと思ふので、無論其間には十九世紀の心有の者の腹の中には大なる煩悶がありました、何故ならば国内に於ては自由平等、外へ行つて見れば手段を選ばずして競争すると云ふ、自分の子供に教ゆる時には兄弟は仲睦《むつまじ》くせよ、兄と弟とは喧嘩なにかをしないやうにしろ、けれどもお隣に行つて坊つちやんの頭は殴つても宜いと云ふ、さういふ風で教へねばならぬと云ふことであれば――さういふ風に教へねばならぬと云ふ必要があつたとすれば、是は父兄の上に非常な煩悶がなき〔を〕得ないのであります、最近の国際関係の益々激烈を極むる世の中になりますると、国内に於ては悪い事をするな、商売をやつても正直にやれ、けれども支那に行くとか朝鮮に行くとか或は西伯利《シベリア》に行くとか、大にドン〳〵海外に発展する時には殆ど手段を選ばないでも、之に依つて国威国光が海外に発展するならば宜いと云ふ、

殊にさういふ方面に最も著しいものは軍事探偵であります、是は各国共に御互に皆他国に沢山の人数を派遣し

て居ります、軍事探偵などといふものは中々危険な職務であります、迂つかり素性が分るとどんな酷《ひど》い〔目〕に遇《あ》ふか分らぬ、戦時には最も危険なものでありまするが、平時に於ても是は余程危険な職務であります、故に偶々《たまたま》之に成功すると云ふことになれば愛国の志士として非常に之を賞讃するのであるけれども、他の一方から考へて見まするとこ軍事探偵は是は普通の個人道徳に於て許されるだけの事をして居つては断じて成功するものではない、外国に行つて外国の陸軍省の役人を買収する、それを瞞着《まんちゃく》する、酒にでも酔はして本性を失くする、時に依つては向ふの役所なり何なりに行つて密《ひそか》に抽斗《ひきだし》でも開けて何か軍機に関する物でも盗む、或は行つてはならぬと云ふ処へこつそり行つて見る、此処は写真を撮つてはいけないといふ処を写真を撮る、詰り法律なり道徳なりを犯すことなしには断じて成功するものぢやない、さうしてそれを一方に於てはさういふ危険な事をやつて、さうして帰つて来た者を吾々は之を愛国者憂国の志士として大に尊敬しますけれども、尚ほ他の一方に於きましてさういふ人がどういふ方法で彼れ丈の成功を贏得《かち》て来たかと云ふことを考へる時に、私共は之を賞めて宜いのか或は罵《ののし》るべきものであるかと云ふことに、大に迷はざるを得ない、

此処に此十九世紀の文明といふものは非常な煩悶がある、さういふ矛盾したことを構はずに調和せずに其儘でズツと押進めて行かなければならなかつただけに、最近他の一方に於ては欧米に少くとも国家に関する所の道徳の観念に於て非常な動揺、又或意味に於ては非常な堕落があつたと言はなければならぬのであります、是が非常に欧米の人の鋭敏なる道徳心其ものを煩悶せしめたけれども、他の一方には矢張神経の麻痺する者もありまして、どうせ今日の世の中に於てはそんな立派な事を言つて居れない、国家の発展の為めには虚《うそ》を言はうが泥棒をしようが、詐欺をしようが当り前、それでなければ国は立行かぬと〔いふ〕所から立つて、総て皆今日の世の中は詰り国際競争、殆ど手段を選ばないで競争して、少しでも余計に踏込んで置くのが国の為めになるのだ、それで宜い

のだと云ふことに、チヤンと覚悟を決めてしまつた、それで段々国民を指導して行かうと云ふ、吾々の所謂悪い意味の軍国主義の者もありました、是は神経の麻痺した方であります、それが国際関係の「ノルマール」の形である、当前の形であると云ふ風に見て、それで何処までも進んで行くべきであると云ふ風の説もあつたのであります。

四

併ながら多数の欧米の識者は今日の斯の如き状態に対して非常なる煩悶を感じて居つたと云ふことを見遁《みのが》すことは出来ない、けれども今日の国際関係といふものは互に競争といふことを以て成立つて居りますからどんなに現在の状態に煩悶があつても、自分一人で止める訳には往かない、恰度《ちようど》商売人が無用の競争を避ける為めに同業組合を設けて値段の協定をやつたときの如きものであります、理髪業者が皆理髪業組合を設けて、散髪を二十五銭でやると、さういふ風に皆定めても、一人でも之に反《そむ》く者があるといふと、自分だけ黙つて居る訳に往かない、是は皆斯ういふやうな約束は満場一致で、一人も之に異議を挟まないと云ふのでないと行はれないものでありま す、一人でも之に反く者があつては困る、どうもお互に困る〳〵と云ふことを腹に考へつつ、矢張自分も二十五銭でやらぬ、二十三銭か二十二銭でやらうと云ふことになります、然るに今日の国際競争は非常に殺伐なる或は悪辣《あくらつ》なる方法を以て競争して居るのでありますから、まだ何処でも破つた者の無い中から、誰が破るだらうと先づ自分からお互に競争して破るものであります、条約も当にならぬ、国際道徳もイザと云ふ時には必しも守らなくとも宜い、是も今度の戦争で独逸は条約は紙屑に等しいと云ふやうなことを言つて居る、随分独逸は乱暴だと云ふことを言つて居りますけれども、独逸に限つたことではありませぬ、他の国でもやつて居ります、是は自分だけ正直なことをするといふ訳には往きませぬからしまして、且又さういふやうな説明といふものは戦争になつて愈々《いよいよ》と云ふ場合に条約などは守らなくとも宜いと云ふことを申すのでなくして、平時に於ても独逸の――殊に独逸です――殊に独逸の国際法学者は言つて居る、国際法を折角《せっかく》作りましても、之を国家の必要の前には場合に依つて破つても宜い、独逸の学者は独逸語で申す「クリーグスノート」と云ふ一章を設けて、前の方に何百頁も規則を書いて、最後の「戦争の必要」と云ふ章に於て、前にズツと述べたやうな規則は戦争の必要があつた時には破つても宜いと云ふことを書いて居りますから、是は折角国際法を論じても何もならぬ訳になる、さういふ風に一人でも正直に或は国際法なり其他約束を守つて行く者が或は約束を破る者があると云ふことになると、他の人が皆正直にやる訳に往かぬのであります、でありますから誰も守らない、併ながら誰も守らないで、さういふ御互に殺伐なる競争を以て行くことであつては、鋭敏なる道徳心が煩悶があるばかりではなしに、それではどうしても旨く往かない、玆に非常なる苦痛が十九世紀全体を通じてあつたのであります、さういふ事が非常な他の一方に煩悶がありましたけれども、併し全体が皆さういふ風であつて、全体が悉く《ことごとく》満場一致で約束を守ると云ふ、さういふ新しい世の中になりませぬ間は此間にチヤンと一定の規律を以て国際関係をチヤンと取締つて行くと云ふことにはどうしてもなり得ない、そこで各国の間に利害の衝突でもあると云ふことになれば戦争、最後に物を言ふものは理窟ではない、腕力で行かうと云ふことにならざるを得ないと考へます、

けれども此最近の欧羅巴の関係を申しますと、御互にイザと云ふ場合を考へて、非常な、武力を養つて居りますからして、是が最後の破裂になると、どういふ惨禍を欧羅巴全体の上に来たすかと云ふことを、一方に憂へて居りますから、何か外交関係が険悪になつて戦争にでもならうと云ふことになると、出来る丈戦争はないやうにと努めて居る――努めては居りますけれども、ど〔う〕しても戦争にならざるを得ないやうに、十九世紀の関係は

段々〳〵導いてやつたのであります、さうして愈々今度の戦争になつて見ると非常な大事件、是は申すまでもないのであります、そこで戦争の以前から一方には非常に殺伐なる外交関係で進んで参りますけれども、他の一方には非常な煩悶がありますからして、どうしても一旦戦争となつた以上は、戦後の世界は戦前の儘或は戦前と同様の状態に放任して置くことはどうしても出来ないと云ふ考が此欧米の人の間に浮ぶと云ふことは当然であります、唯今日までの実況を観て、どうすれば戦後に於て玆に新《あたらし》い関係が開かれるかと云ふことになると、具体的の案はない、又具体的の案〔の〕ありやうはない、何故ならば御互に皆疑つて、向ふがどうするか分らぬと云ふことに疑を懐いて居る以上は、自分一人宋襄〔の〕仁をやる訳に往かない、個人関係なら宜いかも知らぬけれども、国家の関係になると自分が油断をして居れば、ドン〳〵向ふから切込まれますから、どうしても純然たる信用を以て立つ訳に往かない、そこでさういふ国際関係が根本的に変ると云ふことになるには、玆に何等か非常なる一大変動を促す所の或ものがなければならぬのであります、そこで今度の戦争となつたのでありまするが今度の戦争になつて斯ういふ方面の考が段々〳〵に他の一方に於て起らざるを得ない、さういふ訳でありますからして今戦争が済んでさうして愈々講和会議と云ふことになれば、其方野〔面〕の思想が非常に強く起ると云ふことは言ふまでもなく、随つて又十九世紀百年間を通じて非常な煩悶があつたと云ふことの当然の結論として、戦後の世界は国際間に自由平等の主義を認める、所謂国際民主主義にならねばならぬと云ふことに、どうして〔も〕ならねばならぬと思ふのでありますが、さういふ風に進む所の傾向は、私は実に今度の講和になりまする前の一二年間の歴史或は戦争が始まりましてから一年か二年前からして、今度の講和になりまする迄の間に、此短い歴史の上に明白に現れて居ると思ふのであります、そこで極く簡単に今度の愈々講和になりまするまでの一二年間の歴史に現れた事件を順序を追ふて二三申上げまして、どういふ風にして、此国際民主主義といふものが是からの世の中を樹立する所の主義として成立たんとして居るかと云ふことを申して見たいと思ふのであります。

五

今度の戦争の後の始末をして、戦後に於ては戦前よりも別な国際社会といふものを造りたいと云ふ、さういふ考は是は欧米の人の誰しも持つて居る所でありまするけれども、其誰も有《も》つて居る所の其感情を有力なる実際の政治家で以て一番先きに代表的に現した者は、私の今日まで気を付けて見て居る所ではウイルソンが初まりであらうと思ふ、多分諸君も御記憶であると思ひますが、一昨々年十二月頃であつたと思ひますが、ウイルソンが未だ米国が戦争に参加しない前であります、米国の戦争参加は一昨年四月六日でありますが、其約半年ばかり前に此両方の交戦国の間に調停者として現はれて参つた時に、「勝利なき平和」と云ふことを提唱したことがあります、ウイルソンは戦争の初から屢《しばしば》々此調停者たらんとして大に努力したのでありますが、其最後の努力のときには、彼は「勝利なき平和」と云ふことを提言した、英仏の側の方にもさういふことを申しました、独逸にもさういふことを申して遣つた、所が彼の時には吾々が一生懸命勝たんが為めで戦争をして居る――勝たんが為めに戦争をして居る者に向つて、勝たないで止めてしまへ、勝つた敗けたといふことを言はぬで戦争を止めてしまへと云ふことを申したのでありますから、ウイルソンは頗《すこぶ》る迂遠なことを言ふと云ふので、殆ど英仏側からも独逸側からも、嘲笑を以て之を葬られた、日本の新聞でもウイルソンは飛んでもない馬鹿なことを言ふと云ふやうな意味で、大に論評を加へたと云ふことは、或は諸君の御記憶のことであらうと思ふのであります、けれども是には非常な信念がある、彼の時のウイルソンの提言の長い文句を読んでも明瞭に現れて居りますが、是には非常な真理がある、ウイルソンの考では従来のやうな戦争の止め方では是は世界の平和と云ふことから見て争の根本的の

解決ではないと云ふ、

従来の戦争は一体どうして止まるかと云へば、先づ最も普通なる形は一方が他の一方を最後の二進《にっち》も三進《さっち》も往かぬ所まで押へ付けると云ふこと、一方が他の一方を全然屈伏すると云ふのならば、是で戦争はもう根本的に解決が出来る、さうでなくんば例へば日本と露西亜の戦争のやうに両方とも極端なる所まで行つて取疲れて、まだ勝敗は付かないが、此上一歩も踏進むことが出来ないと云ふ所に行く、最後の勝敗を見るまでに、もう両方とも取疲れてしまつたと云ふことでありました時に、第三者が行つてどうだ好い加減にして止したら宜い、どうだと云ふときは不得要領に止める、さう云ふことで戦争が止むか、此二つの方法の外にはない、日露戦争のときに日本が、〔奉〕天戦争以後非常に色々の点に於て困難を感じました、彼《あ》の上戦争を継続することが殆ど出来なかつたと云ふことは、今日となれば諸君の耳目にも既に明白な事であらうと思ふのであります、彼の時に露西亜でも非常な革命が起つて、さうして今から見ると露西亜でも到底戦争を継続することが出来なかつたのでありますけれども、彼の当時は彼《あ》れ程の革命とはまだ思はなかつた、そこで一寸革命が起り掛けて居りますから、彼れを熾《さか》んにしてやらぬと日本が立行かぬと云ふので、日本で露西亜の革命を煽動せんことを試みたと云ふ事実もある、兎に角彼の時には両方共取疲れて、此上戦争を継続することが出来ないと云ふ事情が双方にあつて不得要領に終つた——不得要領に終れば是が為めに世界の平和を脅かす所の禍《わざわい》の源が根本的に取去られたと云ふものではない、禍の源が根本的に取去られないと云ふことならば、戦争は平和と云ふ長い歴史から見ると無意義であります、それならば他の一方が他の一方を全然屈伏するといふことが根本的の解決かと云ふと、暫《しばら》くはそれが根本的の解決たり得る、或場合に於て他の一方が全然屈伏し得ると云ふことならば、是亦一種の根本的解決たり得る、或は独逸が例の普仏戦争で仏蘭西を苦めたやうに、彼の時には仏蘭西に殆ど致命傷と見るべきものを与へて屈伏し得たとしても、其仏蘭西が相当の有為なる国民である以上は、所謂臥薪嘗胆《がしんしょうたん》さうして他日の復讐を考へるから、是は決して根本的の解決ではない、

其処をウイルソンが捉へて参つたのであります、一方が他の一方を全然屈伏することは是は戦争の目前の解決であつて、世界の平和から見れば決して根本的の解決ではないから、勝利ある平和は断じて本当の平和ではない、此に於て彼は世界の平和を永遠に確保すると云ふ著眼点から勝利なき平和と云ふことを唱へたもので、而も一生懸命戦争をして居る際に、到底容れられないやうな勝利なき平和と云ふことを唱へたのは、確に或意味に於ては非常な欠点と言はねばならぬのであります、唯彼の時にウイルソンが勝利なき平和と云ふことを唱へるならば、それならば之に代るにどの主義を以て此戦争を止めるか、どういふ方法を以て此戦争を止めるかと云ふ事に付ての具体的の案は出さなかつた、唯ウイルソンは申しました、今迄のやうに此競争に競争、殆ど手段方法を選ばないで競争して居ると云ふことであれば、是は最後に戦争に訴へると云ふことになるのでありますが、それが即ち最後に於て力をして世界を支配せしむる、若しも力を以て最後の世界の支配者ではないと云ふことに、吾々が銘々覚醒すればさうすれば勝利なき平和と云ふ問題を解決することが出来ると云ふ、それがウイルソンの根本的の考であります、即ちウイルソンは互に殺伐なる競争をして最後の判定を力に訴へると云ふ過去の世界に飽きて、過去の世界に愛想を尽して、さうして道理を以て世界の争の最後の判定者たらしめた〔い〕と云ふ欧米の多数の識者の感情を彼の時に言現した、唯其多数の感情でありますけれども、其多数の感情は其時にまだ欧米の諸国の有力なる実際の勢力の後援を得て居なかつたのでありますから、それは問題にならないけれども、兎も角もウイルソンが先づ以てさういふ思想を第一著に具体的に言現した点は今度の戦争の終結を見るに付て吾々の最も注目しなければならない点であると思ふのであります、それが第一。

六

それから第二に此思想を段々進めて具体的に致しまする所の第二の出来事が露西亜の革命であります、一体此世界の争の最後の支配を武力に置かないで他の道理に置かう、此道理を以て世界の争の最後の支配者たらしめんとする所の思想は――さう云ふ者は是は最近に始まつたのではない、昔からある、昔から哲学者なり宗教家などは此世界の永久の平和と云ふことを常に考へて居りますけれども、斯ういふ人々の世界の平和を永久に保障するが為めの案として、吾々に示したものは是れ悉く道理をして世界の争の最後の判定者たらしめんとする所の考であります、最近日本でも何と云ふ方であつたか、今名前を記憶して居りませぬがカントの『永久平和論』と云ふものの翻訳があります、カントの『永久平和論』の如きも結局に於きましては四ケ条か五ケ条かの条項を掲げて居りますが、即ち彼は結局に於て矢張道理を以て此世界の最後の判定者たらしめやうと云ふ、道理をして最後に物を言はしむると云ふことに妨《さまたげ》になるからと云ふて之を止める、常備軍を廃めると色々な条項を掲げて居るのであります、故に一の考として現在のやうな武力を以て国際関係を最後に決著するといふ方法を止めて、斯ういふ案で以て国際関係を始末したら宜いではないかと云ふさういふ考はある、唯さういふ考は所謂机上の空論たるに止まつて、実際の勢力とはなつて居ない、世界の輿論の後援をまだ充分に得て居らず、随つて是は所謂テーブル論に止まつて居つたのであります、けれども十九世紀を通じて此従来の殺伐なる帝国主義と云ふものには非常なる煩悶がありますからして、他の一方に又少くとも議論として此戦争を永久になからしむるやうな方法如何と云ふ問題が段々に起つて来た、カントも之を唱へたのでありますが、而して最近殊に此十九世紀の後半期に於てさういふ方面の具体的の案を唯思想としてではありますけれども、其具体的の案文を一番能《よ》く吾々に説明したもの

は社会主義であります、社会主義が其点を最も能く吾々に教へた、

社会主義の此世界平和論、或は社会主義の此戦争観、最も段々社会主義其ものの発展と伴つて有力なるものにはなりましたけれども、尚ほ未だ今日の実際の世界を支配することには至らなかつた、矢張机上の空論であつたのです、それを学者の手から取つて来て、或は思想家の手から取つて来て実際の政界に於ての、或は世界の輿論の後援を得る所の実際の勢力の有るものと為さしめたものは革命後の露西亜であります、或は露西亜の革命が之を実際の勢力に為さしめたのであります、それはどう云ふ訳かと申しますると、詰り此革命後の露西亜の全体を初めからズツト一貫して支配して居る所のものは、今日の所謂過激派の思想であります、尤も露西亜に革命が始まつてから今日までの表面上の政治上の変動を見ますと三度変つて居ります、一昨年三月の中旬に革命が起つてから、差当り中央の政権を握つて居つたものは、中産階級を代表する自由党それから下層階級を代表する社会党、此社会主義の派と自由主義の派との聯合内閣であります、此聯合内閣が一ケ年半ばかり〔二ケ年ばかり前〕丁度二〔四〕ケ月ばかりで以て倒れました、五〔七〕月の中旬に倒れて、其次に出た者は例のケレンスキーの牛耳を取つて居つた穏健の社会党であります、此穏健の社会党が十一月の初に又倒されて、さうして今日尚ほ依然として全国にズツと勢力を拡げて居る訳ではないやうでありますけれども、今日尚ほ露西亜の矢張最大の勢力である所のレーニン、トロツキーの派であります、それで露西亜は表面上自由党と社会党との聯合内閣の時代、穏健の社会党の時代、過激派の社会党の時代と三代変遷がありましたけれども、唯是は表面の変動に止まつて、其三代の変動を通じて初めから露西亜を支配して居つたものは過激派の思想であります、第一の自由党と社会党の聯合内閣が何故に倒れたか、過激派の言ふことを肯《き》かないから倒れた、第二のケレンスキーの政府は何が為に倒れたか、是も過激派の言ふことを肯かないから倒れた、さうして遂に第三番目に過激派が天下を取つて、諸君も御承知の通り随分乱暴狼藉を働いて居

るやうだけれども、今日尚ほ依然として中央に権力ある所以のものは、是は露西亜の過激派は御承知の通り殆ど吾々から見ると空想的と見なければならぬと云ふやうなことを其通りに従来の歴史にも頓著無く、実際の状況がどうであるか頓著無く一本調子に実行せんことを以て特色として居るものであります、先刻安部先生の御話に社会主義者の天下になれば非常な思想的活動をする者も手足の労働を以て活動をして居る者も報酬は大抵同じ位で宜いと言はれましたが、全然同じでない点はレーニン、トルツキーの政府は徹底して居らないか知れませぬけれども、まだ精密なる事は能く分りませぬけれども、今日迄私の調査して居る所に依ると、給料の如きも日給〔の〕一番安いのが一留《ルーブル》十五「ペツク」一番高いのが二留廿「ペツク」と定めて居るやうでありまして、レーニンやトルツキーは決してそれ以上には取つて居ないことは明白であります、故に能く西洋の新聞などに大臣と玄関番と給料は余り変らないと云ふことが出て居りますが、月給も一番安いのは三十三円、一番高いのが六十六円でありますから変らない筈であります、レーニンやトルツキーは大臣や官吏と云ふ名前はいけない、皆委員として何も彼も委員と云ふさういふ風に此平等主義を行つて居る点は一本調子にズツと行つて、少しも実際の状況に妥協するとか譲歩する点はないようであります。

七

それから他の一方に於ては資本家の財産などをドン〳〵略奪して居ると云ふけれども、併ながら露西亜の過激派は強盗のやうな極めて乱暴な風に言はれて居りますけれども、銀行へドン〳〵行つて財産や有ゆる物を占領しますけれども、少額の貯金は決して手を著けて居らない、今日まで私の読んだ物では百円と書いてあるものがあるし、二百円と書いてあるものがありますが、まだ此点は正確に私は調査して居りませぬけれども、百円とか二百円とか標準を定めて、夫れ以下の貯金は労働者の腕に汗を流して貯へて居るものであると云ふので、高い利息を付けて保護して居るが、夫れ以上のものはドン〳〵取つて宜いと云ふてやつて居ります、取られる方から見ると非常に乱暴だけれども、さういふ風にチヤンと極りを付けて正しくやつて居る事は、彼等の極めて一本調子であることを吾々に示すものであります、資本家の物はドン〳〵略奪する、是も過激派の思想から云ふと当り前、吾々は之を許すのではありませぬけれども、過激派の思想から云ふと当然であります、彼等の思想から云ふと天下の富は誰が造る、殆ど労働者が造る、一体道理から言つて富を造る者が富を有《もつ》て之を使ふのが当り前である、所が今日は富を造つた者が富を有たない、富を造らない唯遊んで居る者が富を有つて居るから不都合である、さうして今日の経済組織に於ては富を造る者は労働者として極く僅の賃金を与へられ、偶々資本家の階級が労働者の一生懸命造つた富を悉く壟断《ろうだん》して、彼等は労働者の造つた富を壟断する、労働者にどれ丈の賃金を与へるか、是は漸く食ふ丈しかやらない、

丁度今日の労働者と資本家の賃金の定め方は例へて申しますると此頃のやうなポカ〳〵と気持の好い暖い日に私などが市中へ散歩に出る、散歩に出ると後から俥夫が来て、旦那乗らないかと云ふ、其時に此方は散歩に出たのだから俥《くるま》に乗る積りはない、けれども非常に廉《やす》ければ乗つても宜い、十銭か二十五銭なら乗つても宜い、けれども乗らなくても宜い、さういふ人間同志の間の賃金がどう定まるかと云ふと、一番廉い所のドン底の所で定まる、詰り私の方では乗つても乗らなくとも宜い、乗らない方が宜い、さうして天気が好いから成たけ歩きたい、俥屋の方から云ふと吾々の一番好い天気は俥屋に取つては悪い天気であります、斯んな時にはお客が無いから一人でも弱さうな者を見付けると全力を尽して捉へやうとする、此方は免れたいと思ふが、何処までもやつて来る、余り五月蝿《うるさい》から乗つても宜いと云ふ、さういふ時に賃金はどの位で定まるかと云ふと、廉いドン底で定まる、

丁度労働者と資本家の関係もそんなものである、資本家は労働者を働かして、富を造ることは得だけれども、甲が怠けるなら乙を雇つても宜い、天下に労働者で職を求めて居る者が幾らもあるから、必ずそれを雇はなくても宜いと云ふ、労働者の方は雇つて貰はなければ飯が食へぬと云ふ、そこで労働者は其人の働きがどんなにあらうが、其人の賃金は安い〳〵ドン底で定まる、さうすればどんな所で定まるかと云ふと、漸く今日を過すことの出来る所で定まると云ふ、必しもさうではありませぬけれども、さういふ理窟を申す、ドン底と云ふとどの位かと云ふと、資本家の方でも今日は一日働かしたけども、明日は飯の食ひ方が足りなくて三時間でヘト〳〵になつたと云ふては資本家が損でありますから、今日は十時間働けば、明日も十時間働けると云ふものでなければならない、して見れば労働者の賃金は最低の生活費で定まる、最低の生活費で定まることになれば、病気したときに貯蓄も無い、イザと云ふ時になると、其時には詐欺をしたり泥棒をする、詐欺をしたり泥棒をしても当り前だと云ふ所まで進んで行くのであります、でありますから資本家は本人は御承知はない、今の社界の組織が悪いから本人は御承知がないけれども、労働者の造つたものを自分で取つて居るのでありますから、資本家は泥棒なりと云ふことをプルードンは申して居りますが、さういふことを資本家御当人は御承知ないが、労働者の所有に帰すべきものを資本家が有つて居る理窟でありますからして、過激派の方から云へば、ドン〳〵略奪するのは当然であります、

さうしてドン〳〵略奪をして居つて――又田舎の方に行くと略奪専門にやるが弥次馬もありますけれども、少くともレーニン、トルツキーも資本家の物は略奪するけれども、労働者の所有と認むべき物には手を付けて居らない、さういふ所は一本調子にやる所が最も明白に現はれて居る、考は間違つて居るでせう――考は間違つて居るでありませうけれども、其考を何等妥協する所もなしに、脇目も触《ふ》らずに一本調子に進んで行く所に彼等の特

色があることを認めなければならぬ、戦争に就ても彼等の考はさういふ風に一本調子に持つて行く、其戦争に就ての彼等の考は何かと云ふと、戦争は労働者の天下になれば無意義である、戦争は資本家の慾の為めにやるのである、予《か》ねぐ社会主義者の間には戦争を否認して居る故、其戦争否認論を一本調子でやらうと云ふのであります。

〔以上、『六合雑誌』一九一九年六月〕

八

露西亜《ロシア》の革命が成功して、直ぐに露西亜の民心を代表すべきと認むべき労兵会の唱へたものは戦争の目的如何と云ふことでありますゝ、戦争は何の為にするか、是までの戦争は是は慾の為にやつたけれども、吾々には慾は無い、然らば此戦争を何の目的で継続するか、此戦争の目的如何と云ふことは、即ち戦争を止めろと云ふことである、さうして他の一方に於て彼等は社会主義の多年の戦争観を今度の戦争の上に具体的に現してさうして三つの主義を掲げて――実は初めは二つ丈《だけ》掲げたのでありますが、後からもう一つ附加へて三つの主義になりました、それは御承知の通り第一は非併合主義、第二は無賠償主義、第三は民族自決主義即ち戦争をして勝つても敵の土地を一寸も併合しない、縦令《たとい》、戦争に勝つても一文も賠償金は取らない、さういふことになれば戦争は止まる、そこで此二つの主義を掲げて最後に民族自決主義、民族自決と云ふ主義を掲げれば世界の平和を脅かす原因が止まつてしまふ、さう云ふ所で此三大主義を掲げて今度の戦争の終を著ける、此三大主義を皆が銘々承認するならば戦争が止まる、且又三つの主義を承認することになるならば、将来の世界に戦争は無くなるだらうと云ふことで、此三つの主義を一本調子に主張した、さうして露西亜の方では前に申します通りに自分の考へる事を一本調子にやりますから、彼の際に君だけさういふことを言つても対手《あいて》がどうするか分らぬぞと云ふことの斯ういふ有様が露西亜と独逸《ドイツ》の単独講和の時に現れて居ります、彼の時に露西亜が独逸に向つて休戦と云ふことを申しました時に、休戦は独逸と露西亜の国境のみに休戦するのではない、英吉利《イギリス》、仏蘭西《フランス》の方面にも休戦せねばならぬと云ふことを露西亜が独逸に向つて要求した、其時独逸に於ては馬鹿なことを言ふ、君との休戦の約束に英吉利の方まで休戦することは出来ぬと言つたときに、露西亜の方ではお前がそんな事を言ふから何時までも戦争が止まぬ、敵がどうしやうと構はぬから自分は止めてしまふ、随分無鉄砲でありますけれども、露西亜では明白にさう云ふことを要求した、単独講和の時もさうです、講和の問題が起つて英吉利や仏蘭西に愈々《いよいよ》講和談判に入らないかと申しました、実は非併合主義、無賠償主義、民族自決、此三つの主義を掲げて戦争を止めてしまへと云ふことを英仏に要求した所が、英仏では俺の方で止めた所が独逸で止めるかどうか分らぬぞと云ふ、そこで露西亜では自分だけ先づ武器を棄て丶赤裸体になつて来いと云へば、恐らく敵も来ないだらう、来ても構はない、自分に気が付くと目が覚めると云ふて敗北主義まで唱へる連中でありますから、一本調子でそれをズツと行けば構はぬと云ふでありますから、後がどうなると云ふやうな事も考へずに、此三つの主義を掲げて、さうして英吉利仏蘭西に迫つた、露西亜のやうなア、云ふ空想的の国民でありますから、それはやつたけれども、それでも英吉利や仏蘭西は承知しませぬ、独逸は素より承知しませぬ、随つて露西亜が其三大主義を掲げて戦争を一挙に終結すべしと云ふことを唱へましても、それ丈では是がまだ実際の問題にはならない、

唯此英吉利や仏蘭西に向つて露西亜が一本調子に之をズツと主張しますからして、さうして一本調子に之を主張するの極、若しも英仏が此露西亜の言分に承認を与へないならば、仲間から脱退すると云ふことを露西亜が言

ひ出した、其処に英吉利、仏蘭西の苦痛があります、尤も此時に露西亜の方では英仏に愛想を尽して仲間から脱けて、諸君も御承知の通り昨年一月になつてから遂に此単独講和と云ふことに愈々なるのでありますからして、初めから露西亜が単独講和に仲間を外れると云ふことが分つたならば、英吉利、仏蘭西の方でも覚悟があつた、さうすれば又世界の形勢は今日とは幾分異つた方面に発展したかも知れませぬけれども、何分彼の時に英吉利、仏蘭西の方では今露西亜に退かれては困る、今露西亜に脱退されては、どうしても独逸に急に勝つ見込がないと云ふ所からして、何とかして露西亜を自分の手に附けて置かうと云ふことに苦心を致しました、けれども露西亜を自分の手に附けるが為めにお前の言ふ通り民族自決主義が宜いとか、或は無賠償主義でも宜い、非併合主義でも宜いと云ふ、さういふ露西亜の言分を通すのでは何も戦争をした甲斐がない、銘々慾の為めにやつて居りますから、戦争をした甲斐がない。

九

そこで英吉利、仏蘭西の方では露西亜の言分を立てたやうな顔をしながら、戦争本来の目的を達しやうと云ふのでありますから、其処に英仏の方には矛盾がある、其矛盾を矛盾でない形に於て強ひて露西亜を捉へやうとするには、玆に外交的の活動が要ります、そこで亜米利加《アメリカ》の大統領なども或点までは相当に露西亜の言分に跋《ばつ》を合せて居る、露西亜の方で戦争の目的如何と云ふことを唱へましてからは、ロイド・ヂヨージでもポアンカレーでも、或はウイルソンでも皆之に応じて戦争の目的を談《かた》る、一昨年の春から夏に掛けて戦争の目的と云ふことが頻《しき》りに新聞の好題目になりましたが、彼の時には英仏米皆露西亜の言分に跋を合した、非併合主義、無賠償主義、民族自決、必しも異議は無いと云ふことを言つて居りました、唯其時に少し宛の抜路を拵《こしら》へた、非併合主義は素より吾々の本来取る所ではあるけれども、但し独逸が兼ね〳〵不当に占領して居つた所を今度恢復をすることは、非併合の原則に背くものではないから宜いだらう、無賠償主義は吾々の素より取る所だけれども独逸が不当の損害を加へた所の其損害を償はしむる為に多少の金を取ることは戦争の賠償とは違ふから宜いだらうと云ふて、抜路は出来て居る、露西亜はそれを承認致しませぬ、露西亜は全然現状恢復であつて、何条の名義を以てしても一文も金を取つては往かぬ、一寸も土地を取つては往かぬと云ふのでありますから、露西亜と英仏の主張には大変な相違がありますけれども、それでも英仏の方は何とかして露西亜を味方に附けたい為に、原則としては露西亜の言分を通して、其間に多少の例外を求めやうとする、

其例外を露西亜の承認を得んが為に、一昨年夏になると、英吉利からはヘンダーソン仏蘭西からはアルバート・トーマーと云ふ人が行つて居ります、白耳義《ベルギー》も有名なヴアンダーベルトと云ふ人を遣つて、世界に社会主義の政治家として、世界的に名声のある人を態々《わざわざ》露西亜に遣つて露西亜の人を頻りに説いた、彼《あ》の頃は夏の真つ先で戦場の戦闘は無かつたけれども、戦場の戦闘よりも英吉利、仏蘭西其他から行つた人々の思想上の戦闘の方が寧ろ《むし》非常な見物でありました、夫程《それほど》此世界的偉人がドン〳〵と行つて説いても露西亜の方では頑として聴かない、さうして矢張依然として絶対的非併合主義、無賠償主義、民族自決主義を唱へて、一歩も譲歩しないのでありますから、遂に英吉利の方でも露西亜の言ふ通りにもなりませぬから、愚図々々やつて居る間に到頭十一月の革命になつた、彼の時に実はケレンスキーの方では英吉利、仏蘭西に巻込まれた、愈《いよいよ》戦備を整へやうと云ふことになりましたから、レーニン、トルツキーが革命を起してケレンスキーを倒して、前々通り非併合主義、無賠償主義で一本調子で行かうと云ふ態度を決めた、それで愈々英仏も諦めを付けたのでありますけれども、兎に角其間約半年の間何とかして英吉利、仏蘭西では露西亜を手懐《てなず》けやうとした為に、余程露西亜の言分に趺を合せた、さ

うやつて露西亜を手懐けんが為にドン〳〵やつて居る間に、英吉利なり仏蘭西なり或は敵国の独逸に於てまでも、非併合主義、無賠償主義、民族自決主義の論者が殖えた、英吉利、仏蘭西の間にも社会党が何〔か〕だと新聞で唱へ、演説でも唱へると云ふ間に、是が自然と国民の輿論となり、さうして英吉利、仏蘭西のやうに原則として之を認めても、多少の例外は又之を許すと云ふやうな附けたりの条項があるにしても、さうやつて露西亜を手〔懐〕けやうとして政治家が苦心をして居る間に、此三大主義はどの途《みち》今度の戦争を収める為の根本の原則であると云ふ大勢が自然と何時の間に〔か〕作られてしまつた、詰り英吉利や仏蘭西が露西亜を手懐けやうとして、外交的術策を尽して居る間に、是が虚《うそ》から出た真、是が世界の大勢となつて、今度の戦争はどんな形で講和談判になるにしても、戦争を終結に〔す〕ると云ふ場合の主義は三大主義の外にはない、三大主義の適用に依つて戦争を収むべきものであると云ふことが、欧米の人の輿論になつてしまつた、そこで初め空想であつたものが実際上の政治社会の実力のある勢力のある主義となつてしまつたのであります、

露西亜の革命がさういふ風にさういふ空論を実際の勢力の有るものとする為に起したとは言へませぬけれども、此露西亜に於て三大主義を頑強に主張した結果として遂に識《し》らず知らずの間に三大主義を以て戦争終結の原則とすべしと云ふ一の勢力が実際上に現れて参つた、さうするとどうなるかと云ふと今日までの戦争は不得要領で途中で止める、一方が他の一方を全然屈伏するまでやらなければ結〔末〕が著かないと云ふのに、茲に戦争の終結を或主義を以て纏《まとま》りをつけると云ふ新しい現象が起つて来た、従来は要するに慾と慾との戦争、慾と慾と云ふと汚いやうでありますが、利害の衝突が原因であります、殊に今度の戦争のやうな何十箇国と云ふ国の戦争でありますときには、利害の関係は極めて複雑であります、彼処で彼の利害をどう始末をする、個々の利害を悉《ことごと》く調節すると云ふことであつては、非常な大事件でありますけれども、それを暫く眼をつぶつてさういふ利害の衝突は扨措《さてお》

いて、何かの主義で行かうと云ふ、さう云ふことになると、戦争の結果は案外に早いものであります、今迄は主義では往かない、対手方に或物を要求することでは余り露骨な自分の利害の主張は汚いから或主義を持つて行かぬ〔う〕、所が或主義を持つて行くと其主義を以て自分が逆襲される、さうなると自分が逃げる、例へば人種差別撤廃を亜米利加に迫るときには是で宜いが、朝鮮に迫るとそれは往けない、主義で行かうと云ふことになると俺の方でも廃《や》める、朝鮮でも同時〔等〕に取扱ふから、亜米利加でも同等に取扱つて呉れと云ふて、何処までも徹底した主義を以て行く時には強いです、何処でも国を強くして行かうと云ふ時代には主義で以て自分に利益をするときには宜いけれども、其主義の貫徹の結果多少の犠牲を払ふときには考へる、何か彼にか文句を言ふのでありますから結局主義を以て争ふことが出来ないのでありますのに、今度は主義を以て収めやうと云ふのが、世界の一の輿論の後援を得ることになつた、

　そこで一昨年の暮頃の形勢は戦争の結果がまだ〳〵分らぬ、何時戦争が済むかと云ふことが容易に今日断定が出来ないけれども、唯彼の時に断定の出来るのは、今度の戦争の結末を付くるには、前よりは余程雑作なくなる、主義で行かうと云ふのであるから、結末が余程簡単に付くと云ふことだけが分つた、斯ういふことは其当時の戦争批評家或は政治上の批評家の殆ど一致する所の定論であつたのであります、所がさういふ風に作られた所の其大勢を利用して更に此機運を一歩進めた所の即ち第三に現れて来る所の現象は、昨年一月八日に発表されました所のウイルソンの講和条件第十四ケ条と云ふもの、此三大主義といふものを露西亜の説くが如き単純な形で以て行くと云ふと、まだ是は実際的の形にはなつて居らない、大体に於て此主義で以て今度の戦争の結末を付けやうと云ふことに決つて居りますけれども、之を更に具体的に色々の問題に応用して実行し得べき形に之を書直す必要がある、其役目をウイルソンが務めたのであります、即ちウイルソンが前にも申上げました通りに十九世紀の

百年間を通じて煩悶に煩悶を重ねた欧米の人心の大部分を代表して、今度の戦争の結末は従来とは変つた形に於て付けて行かうと云ふ其考を持つて居ります、唯此具体的の案が無い、初めからさう云ふ事に考がありますから、今や此露西亜の頑強なる三大主義の主張の結果、今度の戦争は此主義で行かうと云ふやうな輿論が起ると、之を逸早く捉へてそれを実行し得べき形に書直したのであります、それが昨年一月八日の講和条件十四ケ条と云ふものになつて居ります、是は今度の戦争に初めて起つた所の戦争の歴史、或は平和の歴史或は又広く世界の歴史と云ふても宜いのでありますが、歴史上に於て非常に特筆大書すべき所の大事件であると云はなければならぬのであります。

十

それは何故かと云ふと此大勢を利用してウイルソンが十四ケ条の条件を掲げたことは、戦争を終結すべき所の講和条件を予《あらか》じめ実現したと云ふ、さういふ空前の事実を語るものであります、戦争の結末を付けるべき所の講和条件といふものは、一体従来の戦争の歴史では予じめチヤンと決めることは出来ない、戦争は何の為に戦ふか、是れ〳〵の目的の為に戦ふと云ふことは先づ紙の上では各国の宣戦の布告の上に現れて居る、尤も宣戦の布告は善言美辞を列べて居るけれども、世界の正義公道の為めとか、自分の国の利害に付ては余り書いてありませぬ、其本当の目的は其裏に隠れて居る、けれども其裏に隠れて居る所の本当の利害の主張は、一旦戦争が始まると、其始めた戦争に依つて達せんとする目的の全部でありませぬ。例へば初め戦争を起した時には百円損したから百円丈還されたら戦争は止めるかと云ふと、さうではない、種々の賠償を当込んで千円位取らなければならぬことになりますが、更にもう一歩進めて勝つても敵に恨を遺されることになると近き将来に復讐されるかも知れぬからもう少し取りたい、もつと取つてやれと云ふことになると際限が無い、愈々戦争を止める時に其瞬間に於て彼の主張し得べき所の最大限の所を主張すると云ふのが講和条件であります、予じめ是丈のものを取れば戦争は何時でも止めると云ふことを、少くも勝つて居る方ではさう云ふことを言へるものではない、イザと云ふ時に少しでも文句を余計言ふ為に此処へも余計取つて置かうと云ふのであつて、予じめ講和条件はハツキリ言へるものではない、講和条件を予じめ言ふことの出来ないものであります、そこで講和条件は商売に譬《たと》へるならば骨董でも買ふやうなもので、此方で欲しいやうな顔をすると何処までも値段を競《せり》上げる、戦争の勝負には予じめ値段が無い、此方が欲しさうな顔をすると値段が無限に高くなります、向ふが困れば値段が安くなる、買手があると、此頃のやうに成金が出ると骨董が馬鹿に値が出る、骨董でありますれば正札が付いて居らない、

戦争の勝敗に正札を付けたのはウイルソンであります、戦争の勝敗に正札の付いたことは空前のことでありま す、尤も今度の戦争でも正札を言出した者はウイルソンよりも前に独逸皇帝がある、独逸皇帝は一昨々年の暮に講和条件といふものを羅馬《ローマ》法王をして明かにせしめたことがありますが、彼の時には正札は正札のやうだけれども、世界が信じない、独逸皇帝の言ふことでありますからこれは信用するに足らぬ、迂闊《うつか》り彼れに乗るとどんな風に競上げるか分らぬと云ふ、彼れは信用されない、侵略上の正札であつて本当の正札でありませぬから信用されませぬけれども、幸にしてウイルソンは余程人望のある人でありますから悉く承認される、そこでウイルソンが一遍正札を出すと、殆ど之を疑ふものがない、そこで英吉利でも仏蘭西でも正式にはこれ位で戦争を止めても宜いとは言つては居りませぬけれども、何となく今度の戦争はこの位なものだらうと云ふので、大体の標準が決つた、何分今度は初めてのことでありますから、折角ア、いふ正札を付けても、愈々講和会議になると英吉利でも仏蘭西でも伊太利《イタリア》でも我日本でも各々従来の歴史的の立場を主張して、もう少し掛引があるだらうと云ふて色

々思案して居りますから、講和談判にも偉い人を遣つて駈引《かけひき》に負けないやうにして居りますけれども、ア、いふ風に正札を付けて行くことになると、講和談判は極めて楽なものであります、買物でも骨董屋に物を買ひに行くときには、吾々のやうな者では往けませぬけれども、三越に買ひに行くなら女中を遣つても宜い、将来講和談判はア、云ふものだと決つてしまふと、西園寺さんが行かなくても、お花さんが行つても決つてしまふだらうと思ひます、要するに講和条件に正札を付けたことは空前のことでありまして、そこで以てどうしても彼れ丈の値段を払はなければ戦争は止めぬが、彼れ丈の値段を払ふならば戦争は何時でも止める、其講和条件の基礎になるものは三大主義の適用であります、三大主義を実際に適用したものであります、全然武力の要素が加はつて居らないと言はないけれども、要するに此戦争の結末を付ける其最後の力は武力ではない、道理を以て最後の判定をしやうと云ふことで以て通つて行つたと云ふことに非常な意味があると思ふのであります。

十一

さうなると此第四にウイルソンの講和条件の宣言と殆ど同時に起つた——或は其前から起つたと云ふても宜いのでありますが、順序としては第四と考へますが、独逸自身の反省であります、独逸自身がウイルソンの十四ケ条の講和条件の提議に非常に影響されて居ると云ふ事実を殊に段々最近に参ります独逸の材料に依つて私共が之を見ることが出来る、それは対手が英吉利や仏蘭西であるときには対手が骨董屋の親爺みたやうなものでありますから、此方で欲しいやうな顔をすると、何処まで踏込んで来るか分らぬ、対手が英吉利や仏蘭西になると何処までも自分の国に突進して来るのであるからして、どうしても最後の一人になるまで戦ふと云ふ決心を固めなければならぬ、戦争を途中で止めることが出来ないけれども、対手がウイルソンである、対手が三越のやうな正札附の商売人であると云ふことになれば、何処まで談判をしたつて値段を負けて呉れるものではないと云ふのでありますから国民が反省をする、戦争を継続すべきや否やと云ふことに付て反省することが当然であります、対手が英吉利や仏蘭西のときには最後の一人になるまで戦ふと云ふ決心は翻《ひるがえ》さない、対手がウイルソンとなつて初めて扠《さ》て戦争を継続する必要があるかどうかと云ふことに反省をして来た、是が最近段々独逸の材料に依つて見まするとウイルソンの此主義に共鳴する者が独逸の国民の中に余程少くないやうであります、

尤も其反省を助くるものは他に色々の原因があります、段々に食物に困つて来る、生活の圧迫と云ふことから、戦争を此上何時までやるものかと云ふ考が起つて来る、武器弾薬の欠乏からどうも戦争を此上余り永く続けられぬと云ふ、さう云ふ物質上の圧迫が段々加はつて参つて居ります、さういふ風に色々の点から反省を助けるものがありますけれども、もう一つ見遁《みのが》してならぬことは独逸国民の精神上の反省であります、是は能《よ》く日本にもあることでありまするが、日本でも時々斯ういふことを言ふ、支那の留学生が日本に来て一生懸命日本の恩沢に依つて勉強して、さうして帰つて行くと皆排日思想になる、どういふ訳であらう、怪《けし》からんと云ふことを時々言ふです、怪からんと云ふて之を罵《のの》しつたり、或は是はどういふ訳かと云ふて怪しむ、其裏面には日本に来て日本の恩恵を受けて勉強した者は親日派になるのが当然だと云ふ考がある、それと同じやうに独逸は世界の各国から独逸に勉強にやつて来ますからして、そこで世界中の人が英吉利と戦争でもするときは先づ概して自分に味方をするもの、自分に同情するものと考へて居る、さうして初めからさう云ふ考で四年半をズツと経過して見ると、扠て味方には誰がなる、墺地利《オーストリア》は最初からの味方であります、中頃附いて来たものは土耳古《トルコ》とブルガリヤであります、其他には殆ど独逸の味方をする者が無い、偶々《たまたま》多少の同情を寄する者は露西亜と非常に仲の悪い瑞典《スウェーデン》位なもの、和蘭《オランダ》と雖《いえど》も心から独逸に同情して居るのではないと云ふ事実が明かになつて来ますから、ズツと長い間戦

争して見ると、誰も自分に附いて来ないと云ふ、国民に非常な煩悶がある、其事を初め独逸は国民に教へて居らない、所が段々長い間〔に〕戦争で解つて来たのと、もう一つは最近此事に気が付いたのであります、英吉利が飛行機から檄文《げきぶん》を撒《ま》いたことも一つの理由でありませうが、四年半程世界中に於て殆ど自分に味方をする者が無いと云ふことが、段々国民の精神を動かしたものと見える、さうして色々新聞や雑誌などの論文にもチヨイ〳〵表はして居りますが弱音を吐出して居る、今日まで四年半の長きに亘《わた》つて世界の総ての国が皆敵国に味方をして居る、世界の十四億の人間が彼等の間に平和的に生存して居る、我が六千何百万の独逸国民を而も文明の名に於て蹂躙《じゆうりん》せんとするのはどう云ふ訳かと云ふて、随分不平を列べて居る、其処に吾々は独逸国民の反省を見る、今迄は己惚《うぬぼ》れて居る、今迄は金持の若様のやうに相当に悧巧《りこう》だと思つて居つた、所が何方《どつち》へ行つて見ても悧巧の扱ひをしない、何方へ行つても時には馬鹿と言はれる、それが四年半も続くとやつと反省する、そこで独逸の世界に向つて誇つて居つた過去の文明、それに余程独逸国が反省して参つたやうであります、

其独逸が今度独逸自身過去の文明に反省したと云ふ所の証拠になるものは私は去年の暮に到著した雑誌に於て読んだのでありますが、独逸国民が独逸民族の文明で世界に貢献したと云ふことを説くときに、最近には軍人と政治家を言はなくなつた、私が去年の暮に読んだ物でも独逸は過去に於てグーテンベルグを以て世界の文明に貢献したと云ふ、グーテンベルグは御承知の通り印刷機械の発明家であります、ゲーテを出した、カントを出した、ルーテルを出した、ベートーベンを出した、リチヤード・ワグナーを出した、或は一番新しい時に於てはロバート・コツホを出した、北里先生の先生たるコツホまで書いて居る、印刷機械の発明家、詩人、宗教家、哲学者、音楽家、医学者を列べて居りますけれども、モルトケ将軍を出したとは言はない、ビスマルクを出したとは言はない、ベートーベンの銅像もルーテルの銅像もあれば、ゲーテの銅像もありますけれども、併ながら全国到る処

にあるものはビスマルクの記念塔であります、従来はビスマルクもモルトケ将軍もウヰルアム一世も説いたのに、最近に於ては夫等の政治家や軍人を薩張《さつぱり》言はないで、他の文学者芸術家を挙げると云ふことに此独逸国民の大なる反省の跡を認めるのであります、もう是からは独逸文明の華、独逸文明が世界の文明に貢献したことに就て暫くモルトケ、ビスマルクは高閣に束ねて言はぬことにしやうと云ふことに段々なりつつある其一面を之に依つて窺《うかが》ふことが出来る、それがウヰルソンの十四ケ条の提議と伴つて独逸国民を大に反省せしめた。

十二

それにもう一つ考へなければなりませぬことは、独逸には戦争以前から非戦論者が非常に多い、最近丸善に到著した本でも『戦争中に於ける独逸の社会党』と云ふ本があります、それなどを見ましても戦争の瞬間まで社会党は熱心に戦争に反対して居つた、それがある名誉の為めに戦争になると云ふことになると、直に政府を援けて非常に戦争をすることになりますけれども、併し独逸には社会党並《ならび》に自由党の一派に初めから戦争には多少の異議を有《も》つて居つた者も少からずあることを認めなければならない、それならば茲に問題になるのは、夫程戦争に反対であつた社会党や自由党が何故戦争の愈々始まると云ふ瞬間まで反対して居つたのに、一旦戦争になると直に態度を翻へして政府を援けて戦争に従事したか、さう云ふ事実があるものでありますから、是は英吉利、仏蘭西でも罵倒をしたが、日本の論客の間にも罵倒があります、独逸の社会党は当にならぬ、矢張独逸人は社会党でも何でも帝国主義者だ、侵略主義者だと申しましたけれども、それは私は観察が違ふと思ひます、

是は独逸国民に特有のものがあります、独逸国民には独逸の文明が世界を支配する運命を有つて居る、詰り独逸の文化の非常に優秀なることを説いて、此優秀なる文明を以て世界を導くと云ふことが、独逸国民の存在の原

理の根拠である、独逸国民の世界的使命は優秀なる独逸文化を世界に拡張するにある、斯ういふことを考へて居ります、最近四五十年の教育の上に非常に此点に対して努めて居る、之を余り努めた結果、少し己惚になつた、外の国民には文明がない、独逸国民が文明だと云ふ風に考へるやうになつた、又それを急いでさういふやうな思想で民心を統一する為に、独逸の当局者は外国の事などは余り教へない、自国の事のみを教へたと云ふ傾がありましたから、独逸の学校の教科書を見ても分りますが、其極何か世界に偉いものがあると皆独逸にしてしまふ、シエーキスピヤも独逸の胤《たね》だと云ふことは独逸にのみ聞かれることであります、日露戦争の時の乃木とか黒木は彼れもヂヤーマンの子孫だと云ふ、ポーランド人にはキ、キと云ふ人が沢山あります、乃木でも黒木でも独逸のポーランド人の子孫だと云ふ、吾々が独逸に行つて居る時に時々神経衰弱になつて眠られぬことがあると、向ふの相当な教育のある者でも神経衰弱は日本にもあるかと云ふ、無論沢山あると云ふと、神経衰弱は文明国にだけあるものだと思つたと言つた人がありましたので、非常に日本を野蛮扱をしたものだと憤慨して居ると、神経衰弱は独逸国民の特有の病気だと云ふことでありますから、独逸ばかり文明〔国〕と考へて居る者が割合に多い、私は独逸にも長い間居つて親友がありますが、此頃は文通をして居りませぬけれども、大体に於て独逸は大嫌ひ、其嫌ひは何処から来るかと云ふと、今言つたやうなことを時々やられるからであります、兎に角さう云ふ風に自分の国のみが偉くして、他の国は皆偉くないと云ふ態度を私は非常に憤慨するのでありますが、それは教育の薬の利き過ぎた結果であります、独逸の文明は非常に優れて居る、他の国にはそんな偉いものはないと教へて民心を統一した、そこで独逸の文明は恰度《ちょうど》日本の桜の花のやうなもので、日本の桜を日本の政府で亜米利加に寄附したと云ふので紐育《ニューヨーク》に植えて居りますけれども一向花を咲かない、支那に於ても是が花を咲かない、桜の樹は日本の国土に於てのみ花を咲く、独逸人も独逸と云ふ国土に置けばこそ独逸文化を造るけれども他の国に持つて行つては駄目であります、そこで独逸文化の擁護から転ずれば、独逸の祖国愛護と云ふことに移つて、独逸人の愛国心を其処で養成して民心を統一して居るのであります、

故に其点に非常な力を注いで相当の成功を収めて居りますからして、愈々戦争を始めると云ふ時には、極力反対をしても扨て一旦戦争になると、其対手が英吉利、仏蘭西である、英吉利、仏蘭西が対手であつて、此方《こっち》で弱味を見せると、何処までも突進して独逸を蹂躪することになれば、独逸の文化が茲に消滅をする、さうなると堪らない、独逸民族の存在の権利がない、そこで祖国擁護と云ふことで、対手が英仏である以上は、最後の一人になるまで戦ふのでありますからして戦争の始まるまでは極力戦争に反対したけれども、一旦戦争となつたと云ふことであれば、是は最後の一人になるまで祖国を擁護するまで戦ふと云ふ気分になるのは当然の順序でありますのでありますから戦争に従事したけれども、戦争に従事したからと云ふて、彼等は一から十まで官僚軍閥の裏書をする者と思ふのは誤りであります、官僚軍閥と見解を同じくして居る間は最後まで戦ふ、対手がウイルソンが出て戦争の勝敗に正札を付けたものがあれば、戦争を継続するや否やに付て官僚軍閥と意見を異にすることになる、ビスマルクとモルトケを抜きにしたカントやゲーテを持出す所の其特色を独逸が認めるならば、ウイルソンの言ふ通りで講和したならば、却て独逸の文化を将来に発達する所以《ゆえん》であると云ふ風に考へたと云ふことは、又有り得ることであります。

十三

さう云ふ所から詰り独逸の民心の間に非常な反省がありまして、それが又他の物質上の原因から段々と勢を助長して、さうして昨年の正月頃から独逸人の間に非常に平和論が起つた、先づ議論として起るよりも、もう一つ

著しい現象は、兵員を募集するときに従来はスラ〳〵往つたものが中々往かなくなつた、何だ彼だと云ふて文句を言つて出手がなくなつた、そこで独逸の政府でも非常に苦しんだ、それが去年の春の大攻撃の原因であります、去年の春非常な勢を以て大攻撃をやつたのは、一遍で戦争の結末を付けやう、一挙に戦争の結末を付ないと、後でどうなるか分らぬ、今の中に最後の打撃を敵に加へて、早く結末を付けやうと云ふので非常な勢でやつたのでありますから、去年の春の戦争の勢は非常な勢であつて、彼の勢には流石《さすが》のロイド・ヂヨージも辟易《へきえき》して、去年五月の議会に於ける演説は非常な弱音を吐いた、どれだけ、英吉利なども去年の春の大攻撃には閉口したか分らぬ、亜米利加に向つても盛んに援兵を求めたけれども、まだ捗々《はかばか》しくない、さうして非常な大攻撃で、戦闘では独逸は非常な勝利を得たのでありますけれども、併しながら独逸は従来のやうに非常な打撃を敵に与へなかつた。形の上で非常に華々しい成功を収めたと云ふ丈では目的を達しない、詰り敵に最後の打撃を与へて、アレで以て平和と云ふことに持つて行かないと民心が治まらない、故に二ケ月余の長い攻撃の後で、愈《いよいよ》大勝利と云ふことには決つたけれども、どうしても最後の致命傷を英吉利や仏蘭西の側に与へることが出来ないと云ふならば、従来とは違つて此後まだ半年なり一年なり戦争を継続せねばならぬかと云つて、実は非常な勝利にも拘《かかわ》らず、国民が非常に失望した、それから後の兵員の徴募は殆ど不可能になりました、是も段々此頃になつて分つて来たのでありります、彼の時に非常に兵隊を殺しましたからして其補充の為めに其兵員の徴募の必要がある、其中に亜米利加の方からドン〳〵兵隊がやつて来るから、之に対《むか》つてする為めに、兵員を募ると出て来ない、無理に出さうとすると動揺する虞《おそれ》がある、戦線の兵隊も不足になる、さういふ形勢が段々戦線に居る兵隊に分つたから戦争する気がない、ガラ〳〵と崩れてしまつた、

去年の春まで彼れ程の勢で進んだものが、夏になると俄《にわか》に崩れたことは、民心の動揺に求めなければならぬ、

之を或は兵員の素質が悪くなつた為めだらうとか、又は亜米利加がドン〳〵兵隊を出した為めに平均が取れなくなつたとか、色々の事を言ふ者がありますけれども、さういふ物質的の原因に帰することは出来ませぬ、亜米利加が段々やつて来たのは、独逸が敗け出してから後のことであります、独逸の敗けたのはまだ戦争する力はある、唯力の計数の上の比較から云へば独逸には困難ながらも戦へるのだけれども、それが彼の通りグラ〳〵崩れましたのは民心の動揺といふ精神的の原因に之を帰納しなければならぬのであります、さういふ風に導いたのも元はと云へば詰り此戦争を彼の主義で収めやう、三大主義の実際的適用に依つて収めやうと云ふ其考に独逸の内部にも共鳴して、さうして従来の侵略的軍国主義から先づ大体に於て民心が覚めたと云ふことに帰着して、さうして今度の平和と云ふことになつたのでありますから、そこでどうしても此平和会議に於て全体を支配する思想と云ふものは、色々細目の点に付いては争があるにしても、其根本は前に述べました所の三大主義の実際的適用の外にはあり得る筈はない、表面には色々風に伴れて色々の小波は起つて居るけれども、其底を流れる大潮流は三大主義——三大主義と云ふものも之を一つに縮めれば国際的民主主義、国と国との間の自由平等の関係を立てやうと云ふ、其新しい流れであると云ふことの外には之を認むることは出来ないのであります、

従来の国際関係は詰り帝国主義、強い者勝ち、弱い者は強い者の餌食になるのでありましたけれども、其関係を今度は整へて之を押へて、さうして国と国との間には自由平等の関係で行くから、軍艦が多いからと云ふて余計な発言権を与へない、人口が多いからと云ふて必しも余計に発言権を与へない、皆四民平等の原則を国際間に応用して相和し相信じて極く新しい国際関係を立てなければならぬと云ふことに、是からの世界は段々と改造されて行くものと思ふのであります、今迄極端に争つたものが俄にさう出来るかと云ふことには疑問がありますけれども、今迄争つた裏には煩悶がある、もう銘々は止めたいけれども一人でも反対する者があると止められない、

所が其一人反対した者が反省した、独逸其ものが反省した、さうして全体の上に一の大きな「サークル」の上に制裁力が起つて、四年半非常な苦悶奮闘を経て、四年半の血の洗礼に依つて茲に民心に非常な緊張を加へたのでありますから、前の十九世紀全体を通じての歴史の進みの結論として見ましても、此講和に到りますまでの一二年間の時々現れた事件の進行から見ましても、どうしても講和会議以後に於て現れる世界は国際的民主主義を根柢とするものでなければならない、十九世紀は仮りに個人間の民本主義を根柢としたと云ふならば、是からの二十世紀の世の中はどうしても国際的民主主義を特色とするものでなければならない、無論十九世紀の「デモクラシー」は百年の長い間を経ても、今日猶完成しないのでありますから、国際的民主主義も今度の講和会議で以て一遍に完全なものが出来るとは思はない、此の完成の為めには今後更に数百年の長き年月を経るかも知れませぬけれども、丁度十八世紀に於て全く無かつた所の「デモクラシー」が十九世紀に於て発現したるが如く、十九世紀に於て全く認められなかつた此国際的民主主義といふものが此二十世紀から愈々発展し、即ち今日の講和会議は国際的民主主義を根柢とする新しい世界の第一頁——初めのものであると云ふことが出来るだらうと思ふのでありります、単に事実として斯く観察するばかりでなしに、吾々が又大に努力して斯の如き世界の少しでも完全なる形に於て現れんことに努力したいと希望する者であります。

〔以上、『六合雑誌』一九一九年七月〕

独逸の将来と講和の前途

独逸《ドイツ》に関して昨今我々の間に問題となつて居るのは、(一)中心勢力が何処に安定するか、(二)講和条約の調印を承諾するか、の二点である。此二つの問題が互に関聯して居ることは云ふまでもない。

独逸の政界の現在の中心は所謂《いわゆる》エーベルト、シヤイデマン一派の手にあるのであるが、併しなか〳〵難境に立つて居ることは日々の新聞電報によつても明かである。六月十二日を以て召集された国民議会に於ける形勢が此一派の政治的基礎をどれ丈《だ》け固めるかも今の所容易に分らない。革命の後はどの政府もいろ〳〵の難関に遭遇することは、独り独逸のみに限つた現象ではない。昔ならば此等の紛糾は一旦強力なる武断主義者によつて纏《まと》まりを付けられたのであり、従つて又古い歴史の教訓に執著するものは、今尚革命後に於る那翁《ナポレオン》の輩出を必要と説くのであるが、併し斯の如きは今日の時勢の許す所ではない。流石《さすが》の袁世凱も此時勢の変に盲目であつたが為めに失敗した。今日では面倒ではあらうが、何処までも国民の信任の上に徐《おもむ》ろに鞏固《きようこ》な基礎を築き上げなければならない。それ丈け独逸は当分なか〳〵容易に安定を得ないであらう。又さう云ふのが当然でもある。只併しながら若《も》し今のエーベルト、シヤイデマン政府にして首尾よく講和問題に成功するなら、之によつて大いに其基礎を固うすることが出来るだらうと思ふけれども、条件が又あゝした深刻を極めて居るのだから容易に調印を承諾する訳にも行くまいし、調印をすれば講和問題を首尾よく解決したと国民に誇る訳にも行くまい。従つて講和問題も一寸片が附かず、為めに政府の腰も据《すわ》らないと云ふのでエーベルト、シヤイデマンの地位は一層不安定を極めて居る。

エーベルト、シヤイデマン一派の勢力がぐらついて居ると云ふ事は、他の一面から云へば反対派が相当に跋扈《ばっこ》して居ると云ふ事を意味する。反対派と云へばプロリタリアートを根拠とする過激派か又は地主貴族を中堅とする保守的反動派かである。穏和社会主義を標榜する現政府が倒れたとして、右の両派の何れか起つて紛糾した時局を収拾するの能力を有するか。

伝ふるところに拠《よ》れば過激派もなか〳〵勢力があるやうだ。併しながら独逸の過激派はどんなに盛んになつた所で露西亜《ロシア》の如くなるを得ざるは疑ひを容れない。人動《やや》もすれば独逸も露西亜のやうになるとか、又独逸と露西亜と結託して過激思想は非常に大きな怖るべき勢力となるだらうなど丶説くものがあるけれども、之は全く妄想に過ぎない。過激思想に対しては農民の大部分と教会の反対あることを忘れてはならない。戦前に然りしが如く戦後に於て亦此点に大いなる変り無きことは、去年の暮以来独墺を縦横に駆け廻つて居る例のメーソン君の通信にも出て居る。本年二月の総選挙の結果が独立社会党、多数社会党の双方を合はして尚半数に達しなかつた事実を見ても、保守派の凋落《ちょうらく》が思つた程の凋落でなく、自由派の進展が又思つた程の進展でなかつたことに驚かされる。戦前に於ても社会党の巣窟は主として大都会であつた。都会は一時的運動の策源地としては適当である。けれども、それが永久に国家を動かす為めには田舎の隅々まで行き渡らなければならない。此点は独逸の露西亜と其国情を異にする点である。故に時勢当面の産物として過激派はもう少し位勢力を増すではあらうが、独逸の天下が確実に彼等の勝利に帰するの日は遂に果して来るであらうか。仮りに一時彼等が天下を取つても結局彼等が其態度を穏和にして、其絶対的の非妥協的態度を捨つるにあらざれば其天下掌握を継続することは出来ない。

そこで問題は仮令《たとい》一時でも過激派が大いに勢力を振ふ事があるかと云ふに、それは主として繫《かか》つて講和条件の程度如何にある。前号に於て我々の指摘した如く、余りに酷に失すれば過激派が頭を擡《もた》ぐると云ふ事にならぬとも限らない。

保守派の凋落が思つた程の凋落でないと云ふ事は反動的勢力の今尚多少の地歩を占めて居る事を語るものである。ヒンデンブルグの勢力の今日尚著しきものあるはメーソン君も説いて居る。同じく革命が起り、同じく王政が顚覆したからと云つて独逸を露西亜と同一に見るのは大いなる謬《あやま》りだ。且つ又スパルタカス団の乱暴が反動的勢力の勃興を助けて居るの事実を見逃すことは出来ない。何故なれば過激派の勢力が極度に発展するにあらざる限り其勃興は又同時に正反対の勢力勃興をも促すものであるからである。併しながら此派が再び独逸政界の主人公となることは出来ないだらう。総選挙の結果に顕はれた所を観ても、彼等の勢力はやつと全体の四分の一弱に過ぎない。殊にどんなに藻掻《もが》いても再戦の絶対に不可能なる以上、彼等が社会党の勢力を凌《しの》ぐことは断じて想像の外にある。

結局はエーベルト、シヤイデマンの一派が――此両名が表面に立つと否とは別問題として――独逸を支配すべきは疑ないと思ふけれども、差当りどう変るか、又安定を見るまで政界にどんな波瀾が起るかは講和条約の模様如何が大いに関係する。

対独講和条約はどうなるか。聯盟側が極力主張を枉《ま》げざれば固より調印の外はなからう。どうしても譲歩しなければエーベルト、シヤイデマン政府は聯盟国の手に独逸国其物を投げ出すといふ説もあるが、之とて只エーベルト、シャイデマンが屈辱的条約締結の責任を避けんとするまでの事で、独逸の屈服に畢《おわ》るものたるは同じ事である。此結果がボルシエヴイズムの一時的流行を来たし、聯合国も亦為めに之に煩累さるゝは前にも述べた通りである。

幸か不幸か、聯合国側に熱心なる条件緩和の運動が昨今起つて居る。之がどれ丈け実際上の効果を奏するやは今の所分らないけれども、全然無効に終らざるべき事も亦明かである。予輩の観る所によれば此運動は已《すで》に三つの方面から起つて居ることを認めなければならない。

第一は責任ある政治家の側からである。米国が初めからあんな過酷な条件を持ち出す積りでなかつた事は已に人の知る所、英は昨今に至り大いに寛大論に傾いたと伝へられて居る。ウイルソンの十四ケ条の宣明を枉げてあんな過酷な条件を立つるやうにしたのはクレマンソーであると云はれて居る丈け、仏が主として緩和説に反対して居るやうだけれども、英米二国が段々反対の方向を執らんとしつゝある事は我々の見逃し能《あた》はざる点である。

第二は直接政治に責任無き各国の識者階級運動の火の手が起らんとしつゝある。六月十三日『東京日々新聞』の報ずる所に拠れば、英国に於ける政界並びに教界の知名の元老連署してウイルソン並びにロイド・ジヨーヂに書を寄せ、独逸の抗議に対し公平にして同情ある考慮を払ひ、譲歩すべきは進んで譲歩し、彼をして脅迫によらず喜んで調印せしむるやうにしたいと献策したといふ。此外英国では自由党の多数は無論の事、統一党内にも講和条約反対論者が頗《すこぶ》る多いといふことである。

同じやうな事は他の国にもある。我日本でも識者階級の間には随分之と同じ傾向を明示せるもの尠《すくな》くない。尤《もつと》も中には只何と云ふ訳無しに仲間の者に沢山の分前をやりたくないと云ふ妙な考から出たものも無いとは云はれないやうだ。何となれば彼等は日本の立場を主張する時は可なり猛烈な利己心を暴露して居つたからである。

第三に最も著しいのは各国の労働階級から起る所の運動である。六月十一日の新聞にあらはれた電報に拠れば、英仏伊三国の社会党首領はミラノに会合して、現在の対敵条約に反抗するの目的を以て全世界の社会主義者を糾合すべきの決議をなし、其方法としては多分二十四時間の総同盟罷業をやるだらうと云ふのである。其結果にや、各国の労働界は昨今著しく不安に襲はれて居る。亜米利加《アメリカ》の労働不安、仏京巴里《パリ》に於ける四十万人の同盟罷業などは他にも原因はあるだらうけれども、労働階級が帝国主義に対する挑戦たるは明白である。英吉利《イギリス》の労働党の如きは現に聯合国にして独逸に対し少しでも強制がましき態度に出づる〔に〕於ては直ちに総同盟罷業をするぞと脅かして居る。我輩は前号に於て講和条件の過酷なるを指摘し〔「対独講和条件の過酷」『中央公論』六月号〕、聯合国自ら適当な点まで之を低めない以上は、自分自身の労働者の間から緩和運動が起るだらうと観察したが、此予見が段々事実となつて現はれんとしつゝある。

此等の点を考慮に入れつゝ講和条約の将来を思ふ時、其最後の決定を見るまでにはまだ〳〵いろ〳〵の波瀾が有るやうに思はるる。けれども当局の使臣は此方さへ譲歩せねば結局独逸は調印するものと極めて前途を楽観して居るものゝやうに見ゆる。日本の使臣も八月九月までには帰朝するぞと、どん〳〵電報を寄こして居るが、まさか結末を見ずして帰るのでもあるまいから、之で万事結了と楽観して居るのであらう。

〔『中央公論』一九一九年七月〕

対支借款団加入の是非

米国の発議により支那の借款を一手に引受くべき新銀行団を組織すべきの案が巴里《パリ》に於て問題となつてから、我国に於ても之に加入するを可とするや否やの問題が矢釜《やかま》しく論ぜられて居る。政府の意見としては已《すで》に加入することに決心したやうだが、民間には反対論がまだ〳〵相当に強いやうだ。併し如何に反対論が強いとしても、一体日本一国の力で其成立を妨げ得るや否や、又已に出来たものに我国独り加入せざるを得るや否や、と云ふ問題になると、加入の是非を論ずる丈《だ》けが野暮だと云ふ感がないでは無い。要するに之が成立するものと決まれば、之に対する我国の態度に就いては最早《もはや》論が無い。唯若《も》し玆に此問題に就いて我々に兎や角講究するの余地ありとすれば、斯う云ふ団体が果して出来るか何うかの問題である。換言すれば斯う云ふ団体は今日の支那の為めに必要であるか否やの点である。と云ふたら人或は斯ういふ団体の成立すると否とは支那が真に之を必要とするか否かに依つて定まらないと云ふだらう。併しながら支那の利害を第二にして、各国の利害が第一であると云ふなら、今日あゝ云ふ団体の新たに発生すべき理由はない。各国が銘々自国の立場のみを考へて居るのなら、現に我国でも我国のみの立場を考ふるものが此企てに反対であるが如く、支那に特殊の利害関係を有する各国が固より其成立を希望する筈がないからである。然らば今度の新らしい企ての動機は、寧《むし》ろ主として支那の利益を計つてやらうと云ふ事にありとしなければならない。其処で問題は一転して支那の為めに新借款団は必要か否かと云ふ事になる。単純な普通の理論から云へば固《もと》より無い方がいゝ。各国の自由競争に任かした方が、支那にとつて一番有利な条件で借款の途《みち》が開かるゝ道理である。併しながら之は近代国家の状態に於て初めて云ふ可き事であつて、今日の支那の如く二三少数の野心家が陰謀を以て巧みに政界を攪乱し得るやうな所にあつては、本当の自由競争は行はれない。或一国が或一派と結托し、利益の交換によつて互に助け合うと云ふ腐れ縁を結ぶといふ事は、之まで余りに多く且つ余りに明白な経験を積んで居る。我日本が斯くの如き変態的政情を利用して得をしたか損をしたかの実際問題は暫《しばら》く之を措《お》き、公平冷静に支那の為めを思ふ以上、借款上の形式的自由競争主義は断じて之を採用すべきではない。斯く考へれば対支新借款団は一時の便宜として今日の支那に必要である。従来の自由競争主義に特殊の利害関係を有するものは、支那でも外国でも新計画に反対して居るやうだが、我々は隣邦の健全なる発達の為めに新借款団の成立を歓迎し、而して此明るみの中に於て正々堂々と日本の利権を支那に拡張するの途を講じたい。

〔『中央公論』一九一九年八月「小題小言九則」のうち〕

何《いずれ》の点に講和特使の成敗を論ずべき

西園寺侯の帰朝を迎へて、講和特使の巴里《パリ》に於ける効績は之を成功と認むべきや将《は》た失敗と認むべきやの論、改めて朝野の間に矢釜《やかま》しくなつた。

西園寺侯を始め牧野男以下の一行の誰も彼もが、堂々たる帝国の代表者として毫も其使命を辱めなかつたといふなら、是れ余りに白々しき虚飾である。兎角当局者を悪《あ》し様《ざま》に罵倒するのが日本人の通弊だとしても、特使委員達の醜態は、同じく巴里に遊んだ新聞通信員諸君等より之を聞く斗《ばか》りでなく、西洋の人々の口からも可なり皮肉に説かれて居る。此意味に於て特使の一行が日本帝国の面目を傷けたるの見苦しき失態は、最早如何にしても之を蔽《おお》ふことが出来ないと謂《い》はねばならぬ。

併し乍《なが》ら、モ少し訳の分つた人が往つたらモ少し多くのお土産があつたらうと云ふ意味に於て成敗を説くのなら、吾人はまた断じて之に与《く》みしない。蓋《けだ》し今次の講和会議は、単に利害の調節を協定するといふに止まらず、実に一理想的原理に依て指導さると云ふ点に於て、全然従来のと其面目を異にする。仮令《たとい》細目の条項に就て所謂樽俎《そんそ》折衝の余地ありしとするも、其帰着すべき所の何かは、眼ある者には始から明白であつた。例へば南洋諸島の処分に就ても、将た人種案・山東案に就ても、本誌の夙《つと》に唱導せし所と実際の決定とを照合せば、思半《おもいなかば》に過ぐるものがあらう。故に大体の結着は、始から自《おのずか》ら定る所あり、特使の働に依つて之を左右することの出来るものではなかつた。

条約に依つて日本の獲得せるもの丶分量を論点とせん乎《か》、そは特使の成功でもなければ又失敗でもない。謂はゞ三越へ往つて物を買ふ様なもので、西園寺侯を遣つてもお花さんを遣つても、あれ丈けの物は間違なく獲られる。只問題は、正札のついた物を買ふの傍ら将来の商業取引の改善の事など論ぜる際に、日本の代表者の態度は相当に重きを為したか如何にある。改善の問題に就ては、全然之に理解と興味とを有せざるかに誤解せらる丶程度の極度の沈黙を守り乍ら、物を買ふと云ふ段になると、まけろのひけのと散々番頭と傍観者との顰蹙《ひんしゅく》を買ひつ丶、結局正札通りに授けられて来たといふのが、一行の赤裸々の成績ではないか。斯んな頭の所有者だから、本人は何処までも成功の積で居るかも知れない。けれども吾々国民は人を更《か》へたならモツト獲物があつたらうなど丶残念がる理由もない。

〔『中央公論』一九一九年九月「巻頭言」〕

満蒙除外論を排す

対支借款団加入の条件として我国より満蒙除外の特別提案を為すに決した事は我が帝国の政策として当然の様に言ひ做《な》されて居る。除外の理由として俗間の説く所は斯うである。満蒙は我が新領土朝鮮と接壌して、経済上国防上至大の密接関係がある。之に外国の勢力の拠《よ》るが如きは許し難い。之れが一つの理由。も一つには、最近親日党の旗頭徐樹錚《じよじゆそう》が、西北籌辺使《ちゆうへんし》として夫《か》の国防軍を率ゐて此方面に蟠拠《ばんきよ》することゝなつたから、満蒙と我国との関係は一層親密なるを得る訳である。之を態々《わざわざ》我から捨てゝ新借款団の一般投資範囲たらしめんとするは、現在並に将来の独占利権を一擲し去るに均しく、之れ程馬鹿気た事はない。

併しながら、若し満蒙除外論の本当の趣旨が斯んな処に在るのなら、是れ疑もなく一には支那の輿論の大勢に逆行し、又一には我国一部の侵略主義者を悦ばすに過ぎざるものと云はざるを得ない。

満蒙除外論の表面上の口実は、領土接壌を理由として満蒙方面に特殊活働の許容を世界に要求し得べしと云ふに在る。日本が一般借款団と行動を共にする外、独立に特殊の活働を恣《ほしいまま》にするの必要ありと云ふ事が、領土接壌といふ理由に基くのなら何故に之を満蒙に限るのであるか。支那全体、少くとも支那本部全体について、夫の要求を提出するのなら分つて居る。之を満蒙に限るは甚だ論理の一貫を欠いて居る。

予輩をして腹蔵なく言はしむるなら、帝国は満蒙に対する特別の野心を有せざる以上断じて其除外を主張すべきではなかつた。領土接壌を理由として既定の又は計画中の事業の除外を求むべくんば、支那全体に亘つて之を為すべきであつた。而して之を外にしては、留保なしに借款団に加入すべきであつたと思ふ。当今の時代に於ては、巧言美辞を以て腹の底を隠すことは出来ない。満蒙除外は大国の面目として余りに意地穢《きたな》い。

更に一歩を退いて、満蒙除外に依て日本の利益する所如何を考へて見よ。支那民衆の心を喪《うしな》ひ、排日気勢の緩和阻止に何等劃策する所なきの今日、僅《わずか》に国民の怨府たる徐樹錚君一派に憑《よ》りて無理な利権を設定するの外、之に由りて何の得る所もあり得ないではないか。空名を取つて実利を失ふの愚に陥らずんば倖《さいわい》である。

〔『中央公論』一九一九年九月「小題小言十則」のうち〕

駐兵論の先決問題

長い間問題になつて居つた西伯利《シベリア》駐兵の一件は、廟議増兵に決して一段落が着いた。増兵ではあるけれども其目的をチエック救援と居留民の保護に置き、而して対露不干渉を根本策として、機を見て全部撤兵すべきの意思を表明した所を見ると、少くとも思想上に於ては出兵反対論が大いに顧慮された跡が伺はれる。それだけ今度の決定を見るまでには、世間には随分出兵反対の声が囂《かまびす》しかつた。吾々には出兵反対といふ事が殆《ほとん》ど争ふべからざる輿論といふ位にさへ見えたのであつた。

尤も世上の反対論を仔細に観察して見ると、必ずしも絶対に出兵が悪いといふのでもないらしい。何故なれば現在行つて居る兵隊を無事円満に帰還せしめようといふ方針に変つたとしても、技術上多少増兵して万一の危険に備へるといふ理窟も立ち得るからである。それにも拘《かか》はらず世間の輿論が殆ど挙《こぞ》つて陸軍側の提議に反対したに就ては、其処に若干の理由が無くてはならぬ。予の観る所に拠《よ》れば、第一の理由は軍閥の盲目的侵略主義に対する疑である。第二には軍閥の提唱する増兵の敢行は、結局露国の民衆を敵とするに終るべきを考へたからである。露国の将来は如何に踠《もが》いても貴族官僚の手に還る気遣ひは無い。よしんば過激思想が結局露国に於て確立し得ざるべしとするも、之に反対するの政策を飽くまで遂行せんとすることに依つて、過激派ならぬ民衆までも敵とする惧《おそ》れはないか。少くとも西伯利に行つて居る軍事官憲は、過激派と反過激派との区別さへ十分に弁《わきま》へて居ないやうだと云ふのが世間一般の疑惑である。其結果として第三に世間では増兵は勿論駐兵の現状を維持することすら、日露関係の将来に取つては非常に不利益だと考へる。此等の理由に依つて増兵反対論が矢釜《やかま》しく唱へられる。甚だしきは無条件撤兵論さへも相当力強く主張さるゝといふ有様である。

けれども前にも述ぶるが如く、国民は必ずしも絶対に増兵を不可とするものではない。場合に依つては一時多少の増兵を行ふの必要もあらうとは、我々ですら考へて居る。唯此際我々の最も明白に知らんと欲するのは、其増兵の真の理由と真の目的とである。之れさへ明かになれば我々は固より軍閥の提議だからとて、一から十まで反対せんとするのではない。けれども当の提議者は唯増兵の必要を説いて、真の理由と目的とを明かにして呉れない。偶々《たまたま》之を説いても全然我々の納得し得ざるもので、加之《しかのみならず》、時々又説が変はる。斯くして我々は提議者の誠意を信じて、之に満腹の同意を与ふる事が出来なかつたのである。故に予輩一人の態度としては必ずしも増兵に絶対に反対する者ではないけれども、理由が分らないから賛成が出来ないといふ形になる。而して今度いよ〳〵廟議増兵に決したが、之に対しても依然賛否の決を明白にする事が出来ない。

唯今度の増兵が従来世間に唱へられて居つた所と異り、其目的を今尚ほ西伯利に駐屯して帰国の期を待ちつゝある数万のチエツク兵を救援する事と、最近著るしく増加した日本居留民の生命財産の保護といふ事に限つた。之れ以外に目的が無いのだから、早晩之が達せられさへすれば我々は直ちに撤兵して、妄《みだ》りに他国の内事に干渉せざるの態度を明かにする事が必要になる。此目的を達する為めに増兵が必要であるか何《ど》うかは技術上の問題であつて、一寸我々には解り難いが、唯之れからの運用方法さへ宜しきを得れば、蓋《けだ》し我対西伯利政策は大いなる誤なしに進み得べきは明かである。そこで我々は一旦斯うと定まつた以上は、西伯利増兵の是非を論じても始らないから、唯之れが如何に運用せらるるかを監督する事が肝要であると思ふ。

之に就いて我々は先づ先決問題として、次の二点を十分に念頭に置く事が必要であると考へる。

第一は過激派を世界の公敵と観るのが正しいか否かをもつと冷静に反省する事である。所謂過激派思想とは何ぞや、所謂過激派とは何ぞや、是等に就いて明瞭なる研究無しに直ちに之を敵視するのは軽卒である。少くとも我々と反対の立場に在るものを、漫然過激派の悪名を以て呼ぶことはないか。過激思想は憎むべく、過激派は排斥すべしとするも、我々は過激派と然らざるものとを正当に区別し、真に敵とすべきもののみを敵として居るか何うか、此点を先づ考へて見る必要がある。

第二には西伯利に於ける所謂帝国の利権なるものに執着して対西伯利政策の大本を誤まらざらんことである。西伯利に於ける軍事官憲の保護の下に活動する所の幾多の実業家は、金に渇して居る彼地反動政治家の口車に乗つて莫大の資本を投じて幾多の利権を得たと聞て居る。是等の利権が日本の将来の発達に取つて極めて有益なものである事はいふまでもないが、然し之を獲得するに就ての手段方法に誤りがあつたが為めに、実は十分確実なものと成つて居ない。畢《つま》り是等のものはコルチヤツクとかセミヨーノフとか、ああいふ連中が金に困まつた結果我々に呉れたものであるから、我々の所謂利権は是等の反動政治家が結局政界の主人公と成るといふ条件に於てのみ確かなものであつて、若し昨今の形勢のやうに西伯利の全権が民衆の手に帰するといふ事になると、我々の是れまで獲得した利権の運命も亦《また》知るべきである。即ち民衆からそんなものは知らないと云はれても我々から特に之を強く主張することも出来ない。之れでは結構な利権を沢山得たいといふ希望の下に、コルチヤツクやセミヨーノフらに遣つた金は一文にもならない。之れを何うするかといふことが、実に二重の意味に於て相当に大きい問題だ。一つは原本の運命に就いて、又一つは利権の運命に就いて。けれども之れが惜しいからと云つて大勢に逆行し、何処までも頼むべからざるものを立てるといふのが、果して賢明な策略か何うか。金は惜しい、けれども之を惜んで誤つた政策を押通すのは、将来に向つて更に大いなる損害を我々に加ふるものである。

我々一般国民の冷静なる客観的見解に従へば、他国の内政に不当な干渉をするのは、何時如何なる場合に於ても正しくないから、結局に於て撤兵を敢行せねばならない、とは思ふが、唯目前の所、何時頃まで駐兵してゐなければならないか、又増兵の必要あるか何うか、是等の点は詳しい技術上の説明を聞かなければ解らない。唯我々の明白に断定し得る点は、今日世間に行はるる駐兵論並に増兵論の中には、国家永遠の利害よりも、官僚軍閥としての、又は実業家閥としての階級的利害の打算に基くものが少くないといふ事である。我々は軍人の体面や資本家の投じた金やを顧慮する前に、先づ軍閥財閥の意見に従つて西伯利問題を決定するのは真に国家の為めになるか何うかを考へねばならぬと思ふ。

〔『中央公論』一九二〇年二月〕

国際問題に対する米国の態度の矛盾

講和会議に於ける国際聯盟の提案は、もともと主として米国の提唱に繋《か》かるものたるに拘《かかわ》らず、米国自ら其成案の批准を拒まんとして居る事は、或る方面からは遺憾とせられ、或る方面からは激しく非難されても居る。而して批准拒絶の理由は種々あるけれども、主として問題となるのは第十条である。第十条は「聯盟国は聯盟各国の領土保全及び現在の政治的独立を尊重し、且つ外部の侵略に対し之を擁護することを約」し、之を犯すものある時は聯盟理事会が本条の義務を履行すべき手段を講ずるとある。そこで例へば欧羅巴《ヨーロッパ》の真中《まんなか》に本条の予見せるが如き事実が突発し、聯盟理事会が之に対する手段として亜米利加《アメリカ》や其他に出兵を要求したとする、其場合に亜米利加が直ちに其請求に応じて出兵せねばならぬといふ義務を負ひ度くないと云ふのが批准反対論者の言分である。そこで之に対する種々の修正案があるが、其中尤も勢力ある説は、其際に出兵すべきや否やの最後の決定権は之を議会に留保しようといふ説である。而して此際にモンロー主義といふのが盛んに論客の話頭に上つた。即ち米国は米大陸の事に欧洲諸国の干渉を排斥すると同時に、欧洲の事には全然傍観の態度を執るといふ事を依然国是として守り度いと云ふのである。

講和会議に於て米国がモンロー主義承認の一項を挿入せしめんとした時、吾々は之を以て米大陸に於ける合衆国の独占権を主張する利己的提案なりとして大いに非難せんとしたのであるが、成程モンロー主義には確かに此一面もあるけれども、他方には他国の事には干渉しないといふ極めて消極的な一面もあるので、而かも合衆国の之を主張したる理由は此消極的方面であつた事は、後に会議の議事録等を見て明白になつた事であつた。米国が如何にモンロー主義の此消極的方面の確守に熱中して居るかは、土耳古《トルコ》の委任統治を断然峻拒《しゅんきょ》した事に於ても明白であらう。委任統治だらうが何だらうが少しでも他人の事に手を出し度いといふ当節柄、遣らうといふ者まで拒まうといふ所に、吾々は米国の特異なる立場を見てやらなければならない。

然らば他人は他人、俺は俺といふのが合衆国の一貫した立場かと云ふに、必ずしもさうではない。現に合衆国は他所《よそ》の国の事に昨今随分干渉して居る。其最も著るしいのは山東問題に関する事実上の干渉であらう。此点に就ては随分日本の国論をも沸騰せしめた。殊に支那に味方して日本を抑へるといふ態度に出た丈《だ》け、吾々は大いに之を憤慨したのであるが、然し又亜米利加の立場に成つて考へて見れば、事柄の善悪は兎も角として、之は唯一種の排日的感情の自然の発露とのみ観るべからざる理由がある。之も山東問題に関する彼国識者の所説を冷静に読めば分る。彼等の考ふる所に拠《よ》れば、昔はいざ知らず是からは他所の国の事を他所の国の勝手として放任する訳には行かない。此世界全体を住み心地の好いものとする為めには、物騒な事をする隣人の生活に干渉するといふ事は妨げない。隣りに火薬を取扱ふ商人があれば、火事を免がれんが為めに吾々は其隣人の為すがまゝに傍観し得ないと同様に、軍国主義などを振舞はす者があれば、吾々は全体の安寧の為めに之を何とか処分するの必要を思ふ。斯ういふ所から世界の平和を念とする是れからの国際生活に於ては、新に一種の干渉権を認めなければならない事になる。独立国家は互に干渉すべからずといふ原則は、戦争以前の国際法の認めし所であつたが、戦後の新国際法に於ては必ずしも之に拘泥《こうでい》すべきではない。斯ういふ考は別に意識的に学界の新原則として承認されるといふ訳ではないが、自然の趨勢として今日之が輿論の中に活きて働いて居る事は事実疑を容れない。此原則の適用として山東問題に干渉するのは正しいか正しくないかは姑《しばら》く別問題として、兎角米国が外国の事に文句を言ふ事其自身は決して彼等の理性に根拠の無い者ではない。之を一時の感情に基く過失と見るのは大いなる謬《あやま》りである。

さうすると玆に最近の国際問題に対する態度は明白に二つの互に相容れざる思想に動いて居る事を認めなければならない。即ち一方には世界の新形勢に応じて新形勢に動きながら、他の一面に於ては旧き因習を固執して、新国際関係に対する特殊の地位を要求せんとして居ることである。此矛盾は如何に之を解釈すべきものであらうか。

之に就て先づ考の内に容れて置かなければならないのは、米国には現に此二つの相容れざる思想が今日十分調和されずして現存して居るといふ事である。即ち一方にモンロー主義といふ因襲に固執する旧い思想があり、又他方に一切の旧慣に拘らず新形勢を作り又は之を指導して行かうといふ新しい傾向と、此二つが思想的に戦ひつゝある事を認めなければならない。偖《さ》て其上に更に考ふべきは、此二つの傾向の何れが今日最も強く民衆を支配して居るかといふ事である。此点に関して予が最近米国の一般論調を静かに観察して得たる感想に拠れば、新しい傾向即ち世界全体を我が事として、英吉利《イギリス》の事であらうが支那の事であらうが、世界中の凡《すべ》ての出来事に興味と責任を有《も》つといふ方の思想が根本の基調を成すと考へる。従つて山東問題に就て大いに他国の事に干渉するといふ態度が、此根本基調の当然の顕はれであると観なければならない。

然らば玆に問題となるのは、独り国際聯盟の問題に就て、何故に米国が極端な消極的態度に出でたか。而かも之が保守的思想家より特に主張さるゝに止まらずして、世の所謂新思想家と認むべきものの中にも相当に強い反対がある。此点は余程慎重なる攻究を要する所であるが、予の観る所に拠れば、米国民の此態度は米国の民衆が国際聯盟の本当の精神に触れて居るといふ所に求むべきものであらうと思ふ。言葉を換へて云へば、国際聯盟の本当の精神を了解し、又之を実現せんとして居るが故に、現在の国際聯盟に反対するのである〔と〕思ふ。今之を反対の側から説いて観ると、国際聯盟の成立に最も熱心なる仏蘭西《フランス》などは、米国側から見ると真に聯盟の精神に忠実なるものではない。聯盟に対する仏蘭西の立場は、独逸《ドイツ》の復讐に対する有力な防波堤として聯盟の力を利用せんとする所に在る。独逸に対して仏蘭西は今日尚ほ飽くまで喧嘩腰で、敵を信じ己を捨てるといふ淡白な態度に出で得ない。之も無理もない点はあるが、然し余りに此点に執着して居るといふ事は、あれ丈けの聯盟規約に対してすら英、米、仏の同盟条約を得て初めて同意した事に拠つても分る。それ程猜疑の眼を以て隣邦を見て居るのだから、彼が国際聯盟の成立を冀《ねが》ふのも、畢竟《ひつきよう》之を利用せんが為めである。之れ真に聯盟の精神を解するものに非ず、従つて亦之を忠実に運用するか何うか分らない。此点は或る点まで英吉利に就ても云へる、之を米国は観て居るのである。即ち誠意無き連中に運用さるる聯盟に加入し、英仏の利用する所となつて出兵の責任を荷ふといふ訳には行かないと云ふのが米国の立場である。さういふ所から国際平和に誠意の無い英仏が国際聯盟論者に成り、之に誠意のある米国が反対の側に立つといふ奇観を呈するに至つたのである。

斯くして米国は今日の聯盟に其儘加入する事が出来ない。少くとも理事会の決定に一から十まで盲従する訳には行かない。そこで之に反対するが為めに見出した口実がモンロー主義である。或は旧式のモンロー主義論者が茲に好機会を得て飛び出したのかも知れない。何れにしても吾々は此国際聯盟に対する特異な態度の内に、米国の国際聯盟の主義精神に対する、当初より一貫した志向を看取する事が出来る。吾々は国際聯盟に対する現在の態度を基として、山東問題に対する彼等の態度の矛盾を指摘せんとならば、之れ一見我国に取つて好都合のように見えるけれども、之れでは更に彼等の急所には当らない。寧ろ山東問題に対する彼等の態度を諒として、更に此精神に基いて国際聯盟の完成に努力せん事を促すべきである。

〔『中央公論』一九二〇年二月〕

国際聯盟と民衆の輿論

ウイルソンの骨折つて作つた国際聯盟規約に対し、米国市民を代表する多数の議員が批准を拒まんとするの形勢を見て、あの世界的自由平等を標榜する米国でも、いざとなれば所謂《いわゆる》民族主義の城壁内に立籠ると観る人がある。此観察の謬《あやま》りなる事は前段にも説いたが〔本巻所収前掲論文〕、概して国際聯盟の本当の精神を実現せしめよう、所謂国際的正義を有効に確立しようとする傾向は、啻《ただ》に米国に於て之を見る許《ばか》りでなく、欧洲一般に於ても吾々は明白に之を見る事が出来る。最近欧米諸国に頻繁に起る所のストライキが何に原因するかを冷静に研究せば、蓋《けだ》し思半ばに過ぐるものがあらう。或時は独逸《ドイツ》に対する講和条件の過酷に失するを理由としてストライキを行つた事もある。最も頻繁なる原因は対露干渉の否認である事は最早《もはや》隠れもない。ブールジョア政府がレーニン政府を世界共同の敵として戦はんとして居るのに、民衆は飽くまで之を不法として遂に撤兵を断行するの已《や》むべからざるに至らしめた事は、既に英国に於て之を見、又最近米国に於て之を見た。欧米の民衆がレーニン政府に対して斯くの如き態度に出づる事の可否如何の問題は姑《しばら》く別として、吾々は先づ此明白なる事実の存在を正視せねばならぬ。而して民衆が斯くの如き態度に出づる所以《ゆえん》のものは、其適用に誤ありや否やは別問題として、兎に角国際的正義の実現に対する確信と熱情とに出づる事は疑を容れない。

此新たなる民衆的精神が発して対露干渉の否認となり、対独講和条件大緩和の要求となるのであるが、之が又同時に国際聯盟を支持し発達せしむる根本条件でなければならない。而して一般民衆は世界を通じて略《ほ》ぼ此共通なる新精神の発現を見たのに反し、片足を一歩旧世界に踏込んで居るブールジヨアジイ階級の政治家は、今尚ほ人と人と争ひ、国と国と争ふ必要上団体生活は為すものの、一刻も油断は出来ないといふ猜疑不信の社会観を離れない。であるから国際聯盟の根本原則を承服しながら、尚ほ其間に種々利己的主張の貫徹を求めて聯盟の精神を不徹底にする。所謂国民主義の横行なるもの即ち之れである。而して我国の論者は多く此現象を見て、国際平和の実現は前途遼遠なりと称して、旧時代と同様な利己的防備の必要を国民に警告して居る。他の問題に於て最もデモクラチツクな、従つて欧米民衆の新精神に了解があるべき人々までが、一旦国際問題になると彼の地ブールジヨアジイ階級の見識を其儘自分の見識とするのは、実に不思議に堪へないけれども事実だから致方《いたしかた》が無い。尤も欧米の政界は今日尚ほブールジヨアジイの支配する所である。故に国際平和の肝腎なる実現を、彼等の勢力に一任する事も出来ないのは勿論である。けれども之も暫くの間の話で、到底滔々《とうとう》たる民衆的精神に抵抗は出来ないから、此懐疑的社会観は民衆の人道的社会観に打克《うちか》たるるであらう。人と人と並びに国と国との社会生活に対して見方の二つある事は疑の無い事実であるが、吾々は今日其何《いず》れの見方が重きを為して居るかと云ふよりも、寧ろ何れの見方が近き将来を支配するかを見なければならない。吾々が民衆的見識に左袒《さたん》する所以は主として此処に在る。ブールジヨアジイ的見識を排斥する所以は、事実の観察を謬つて居るといふ点よりも、寧ろ正義と平和の実現を幾分邪魔するからである。

無論吾々は国際的正義とか世界的平和とかを主張するに急にして、健全なる国民主義を否認する者ではない。吾々の否認せんとするのは、国際関係に於ける自家の正当なる地位を顧慮する事なくして徒《いたず》らに其発展膨脹を図る所の利己主義である。国際関係に於ける吾々の団体生活を維持し、且つ之を相当に発展せしめん事は固より吾々の全力を尽くして努むる所である。若し之をしも破壊し去らんとする極端なる国際主義といふものがあるならば、吾々は固より之に反対する。此点に於て最近米国政府が過激主義のクーデターを未然に発見して厳重に処分した事を不当とは思はない。唯所謂国際主義にも善悪の両種ある事、恰《あたか》も国民主義に善悪の二種あるが如くである。吾々は健全なる国際主義の発達を害するといふ点に於て極端なる国民主義を排斥するが、又健全なる国民主義を擁護せんが為めに、謬つた国際主義を否認せんとする者である。

之を要するに国際聯盟乃至国際関係の問題に対する欧米の報道を見る時には、それが民衆の輿論から出たものか、ブールジヨアジイから出たものかを甄別《けんべつ》する事が必要である。我国のデモクラツトが欧米の国民も亦国際聯盟に冷淡なりなど云ふは、之れ正に知らずして欧米の官僚に裏書きし、以て世界の民衆を敵とするものである。さう云ふと、何も世界の大勢に盲従するの必要は無いなど丶云ふ人もあるが、所謂自主的とは内面的省慮無しに唯頑強に衆と相反《そむ》いて異を樹《た》てるといふ事ではない。

〔『中央公論』一九二〇年二月〕

委任統治に関する日本の主張に就て

一月初めの西電に拠《よ》れば、日本は巴里《パリ》聯合国総会議に対し、次の項目の下に委任統治権の同等を主張せんとして居るといふ事である、(一)国際聯盟と各加入国間の被統治地に於ける移民権に関し差別を許す可からざる事、(二)統治権を委任せられたる如何なる国家も聯盟に加入せる他の国家の利益を侵害するが如き法規を制定す可からざる事、(三)統治権は単に聯盟に拠り寄托せられたるものなるを以て講和会議に於て統治国の法規は直ちに被統治地に適用せらるべきを規定せる精神は決して無制限なる可からざる事。之は如何にも正当なる主張である。殊に委任統治は其根本に於て国際聯盟の寄托に繫《か》かるものであり、而して土民の精神的並びに物質的開発を計るの目的を有するものであるから、此目的を達するが為めに必要なる規則は何でも之を作り得る訳であるけれども、国際聯盟全体の利益を之が為めに侵害する事は許されない筈である。唯実際問題としては聯盟加入国全体の権利利益を侵害してはいけないといふ事(例へば移民権に関し差別を認めてはいけないといふが如き)と、専ら己の見る所に従つて土民の利益幸福を計るといふ事と時々矛盾する事は有り得る。例へば日本にしてもが加入国の平等の権利を侵害する訳には行かないが、排日的感情に昂奮して居る支那人の大挙移住を南洋占領地に認むる事が得策であるか何うかといふ問題が起り得る。移民権の自由平等の主張は単純の利害の打算からすれば、或る方面には日本の利益であり、或る方面には日本の不利益になる、此間の関係を当局は何うしようと云ふのであるか。若《も》し日本の利益になる方面のみを眼中に置いて、表面正々堂々の陣を張りながら、不利益の方面に遭遇して之を引込ますなどは醜態の極である。斯ういふ場合に吾々は先づ第一に吾々の立場を理論的に定めて掛り度い。移民権の自由平等が理に於て正しいなら正々堂々と主張する、其上に種々不便不利益が起るなら、更《あらた》めて之を始末する方法を考へ度い。予の考ふる所に拠れば、移民権の自由平等を主張する以上は、此事自身已《すで》に自由なる国際交通といふ根拠に立つて居るのだから、其自由交通の国際間に互に相批判し相要求する自由を認むる事にせねばなるまいと思ふ。即ち例へば支那の移民も自由に入れる、其代り排日思想といふ事に就ては移住し来る所の移民は固より、支那其物にも文句を云ふ。濠洲にも自由に移入する、其代り日本人の生活に関する濠洲側の種々の文句を相当に聞いてやる義務がある。広く云へば一種の干渉を認むるといふ所まで来なければならない。飽くまで偏狭な国家的独立を唱ふるのなら、移民権の自由平等は之と両立しない。移民権の自由平等を認める、国際生活の秩序的発達の為めに、国際間に或る種の干渉をも認むる、斯くて茲に一個の世界的精神を造り上げるといふのが、国際聯盟の精神であらうと思ふ。此根拠まで来るのでなければ、移民権平等の主張の道義的理由が薄弱であると思ふ。

〔『中央公論』一九二〇年二月「小題小言五則」のうち〕

独逸反動革命の観察

三月央《なかば》、独逸《ドイツ》の平民政府が保守派乃至《ないし》帝政派の反動革命によつて顚覆を余儀なくされたといふ報道は、前々から社会党内閣の失政と之に対する国民的不安の風評が高かつたとは云へ、少からず我々を驚かした。我国に於ても、急進的傾向を取る者は、為めに多大の失望を感じ、之に反して反動的傾向を取る者は私《ひそ》かに意外の痛快を感じたやうに見えた。併し乍《なが》ら、バウエル内閣に代つてカツプ内閣の出来たといふ事は、果して独逸社会主義(必ずしも社会党と言はず)の失政と云ふ事が出来るか。或は保守的帝政派の潜勢力の偉大なる事を証明することが出来ると云ふ事が出来るか。果せる哉此反動革命は週日を出でずして失敗に終つたらしい。其所謂成功の日と雖《いえど》も、新政府の威力の及ぶ所は僅《わず》かに伯林《ベルリン》の附近に止るやうであるが、何れにして〔も〕我々は未だ独逸の共和制の基礎を左程薄弱なりと観ることは出来ないやうだ。保守派帝政派の勢力も素よりまだ十分に侮り難いには相違ない。されぱと云つて今後の独逸が事に依ると帝政派の乗つ取る所となるべしとまでは考へられない。今度の反動革命が皇帝引渡問題によつて激成せられたる民心の興奮によると云ふも、斯う云ふ傾向が彼等の考の主たる流をなすものと観るのは恐らく事実ではあるまい。

反動革命の行きさつは之から段々詳細の報道が新聞にあらはるゝにつれて、明かになるであらう。今の所まだ報道が断片的で纏《まとま》つた観察を下すことが出来ないけれども、只大体の輪廓丈《だ》けから云ふなら、近世歴史上にあらはれた定型と著しく異るものではないやうだ。近世の政治的諸革命は殆んど符節を合するが如く次の五つの階段から成つて居る。各階段の時期に長短の別はある。長かれ短か丶れ、之れ丈けの階段を経て結局革命が其趣旨を貫くに至ることは同じである(全然失敗に帰したものは別として)。第一は新精神勃興時代である。姑《しばら》く仏蘭西《フランス》大革命を例にとつて云ふなら、十八世紀の後半、ヴオルテール、ルソー、モンテスキユーなどの活躍した時代は即ち之れである。古き桎梏《しつこく》の下に苦みながらも、民衆に希望を抱かしめ、踴躍止む能《あた》はざる熱情を感ぜしめたのは即ち此時代である。革命の力はこ丶に養はれた。第二は旧物破壊時代である。新精神に燃えた民衆の熱情は遂に爆発した。只勢の趨《おもむ》く所其止るべき所に止ること能はずして極端に流る丶ことを常とする。斯くして清新純真な革命家は往々にして排《しりぞ》けられて、躁急狂暴の弥次馬が跋扈《ばつこ》する。其結果事実は当初の理想に悖《もと》り、所謂革命の効果は革命の精神に裏切ること丶なる。そこで当然に第三の失望時代が来らざるを得ない。失望するものは啻《ただ》に穏健な識者ばかりではない。躁急狂暴の煽動家に雷同した民衆彼自身も亦実物教訓の前に遂に頭を垂れて彼等自身の先達に怨嗟の情を寄するやうになる。社会はやがて乱雑に厭《あ》きて秩序を思ふ。而して新しき試みに失敗した多数平凡の徒の常に陥る所は旧い経験に逆戻りすることである。更に第二第三の新しき試みに苦心する先輩者もないではないが、多くの場合に於て彼等は容れられない。斯くて一時現実に失望した民衆は昔時圧制の苦痛を忘れて旧き経験に未練の情を寄する。茲に反動政治家は乗ずべき絶好の機会を見出すのである。此第二第三の時代は千七百九十三、四年より九十八九年頃の仏蘭西の状態が最も鮮かに示して居る所のものである。さうして其次に来るものは第四〔の〕反動時代であることは云ふを俟《ま》たない。新しき試みに失敗した仏蘭西の民衆は千七百九十年前後、あれ程突飛な改革を断行してより未だ十年ならずして、絶代の専制君主那翁一世を迎へたではないか。彼の専制政治に謳歌すること十有余年、其外勢によつて没落を余儀なくさる丶や彼等の更に迎へたものはルイ十八世である。反動時代の継続斯くも長きに亙れるは、考へて観れば不思議と云はざるを得ない。只此時に当つて我々の特に注意せざるべからざるは、如何に失望の極、復古的精神を旺《さかん》ならしめたとはいへ、此時代の民衆は革命以前の民衆にあらず、兎も角も一度新しき風潮の中に呼吸したものであると云ふ事である。故に彼等は意識的には旧政の復活を許つても、無意識的に自らその間何等かの新味を加へざるを得なかつた。こゝに全然旧きものに満足することの出来ないと云ふ新時代の精神の伏在するを認めなければならない。否、復古的風潮は一時の反動的現象に過ぎずして、彼等はまた早晩純乎たる新精神に覚醒せざるを得ない。是に於て最後に来るものは整理時代である。即ち一旦旧制にたよつた事の結果、出来上つた諸々の関係を新らしき精神に合するやうに整理すると云ふ時代である。而して反動時代に於て再び時を得た特権階級が容易に新精神に順応するを拒む時に、整理時代は往々にしてまた革命の形を取ることがある。仏蘭西の七月革命、二月革命の如きは畢竟《ひつきよう》此意味のものに外ならない。斯くして辛《ようや》く革命の効は其緒に就き、更に改むべきもの戦ふべきもの、数多く存することは云ふ迄もないが、先づ新しき精神が新しき時代を築き上げつゝ、順当に其歩武を進めると云ふ事になる。之れ丈けの順序を踏み損つて革命に其効を全うせず、国家社会も支離滅裂ならしめたものもないではないが、今日文化を以て鳴つて居る国の多数は先づ此れ丈けの順序を経て居ること丈けは疑を容れない。

斯う云ふ型を標本として独逸今次の反動革命を観察すると、我々は其由来を研《きわ》め、其将来を忖度《そんたく》するに多少諒解する所あるを思ふ。講和以前一両年間の思想動揺は、他の交戦国に於けると同じく、新精神勃興時代と観ることが出来る。只旧物破壊時代が他の国に於けるが如く著しくないのと、又長くないのとが独逸の特色で、従つて失望時代も普通の例に観るが如く深刻ではないやうだが、最近社会党政府の施政に対する不満の声や、都鄙を通じて秩序弛緩し、民衆が生活上著しく不安を感ずるに至つた事なぞを観れば、矢張り程度を異にするの差はあれ、此二つの時代が矢張りこゝにもあらはれたと云はなければならない。して見れば反動時代の来るのは当然であつて、それは強《あなが》ち帝政派が兼々《かねがね》此隠謀をたくらんで居つたとか、前独逸皇帝が遥かにアーメロンゲンから糸を引いて居つたとか、皇帝引渡問題について民衆の敵愾心が一時に激発したとか云ふ事のみに依るものと云ふ事は出来ない。けれども第二第三の時代がそれ程深刻なものでなかつた丈け、第四の反動時代も左程の働きを見せないで忽《たちま》ち屏息《へいそく》するに至つたのも亦怪むに足らない。して見れば之からの独逸はこゝに初めて整理時代に入つたもので前途如何になるやは略《ほ》ぼ之を想像するに難くないやうな気がする。

斯く考へて観ると独逸革命の経過は只其中間に位する各時期の長短の差こそあれ、大体の形は普通の定型に著しく異るものではないと云つてい丶。

以上の観察にして誤なしとせば、我々は第一、革命後最近までの社会党政府に失政の非難あり、又民間に不平の声が高かつたとしても、之は革命の進行に通有の現象にして、寧ろ当然の話と云つてい丶事である。之によつて独逸の社会党が駄目だの、独逸の革命は結局失敗に畢《おわ》るだの、又は独逸の民衆が決して革命を悦ぶものでないなど丶観るのは恐らく謬《あやま》りであらう。独逸の社会党政府に真に許すべからざる失態ありしや否やは別問題として、兎角斯う云ふ新しい時代には、第二流第三流の弥次馬が飛び出して一旦事を謬るを常とし、否《しか》らざるも兎角世間の非難を蒙り勝ちなものである。第二に注意すべきことは独逸革命後の経過が他の革命の場合に比し極めて穏健なる進行を見た事である。之れ畢竟過去の政状が他国の如く酷烈でなかつた結果であらう。帝政時代の独逸は其形式を専制にして実際可なり民主的なものであつた。治者階級の誠実と民衆の訓練が革命的混乱の時期を斯くも短縮するものであると云ふ事は我々の大いに注意を要する点であると思ふ。第三に独逸に今日尚所謂帝政派の勢力が相当に強いからとて其優勢を過信してはいけないと云ふ事である。革命はいはゞ大洪水のやうなもので一切の旧いものを掃蕩《そうとう》するとはいひながら、何所の国でも旧勢力の残党が相当永い間社会の煩を為したものである。殊に独逸の革命は頗る《すこぶ》穏やかに行はれた丈け、旧勢力は殆んど其儘存在を許されて居る。仏蘭西が那翁三世の帝政に終りを告げしめた時、新しき議会を作るべく選ばれた議員の三分の二は王党であつた。而かも時勢の要求は終《つい》に共和政体として結局固まらざるを得なかつた。我国など、国情を異にする西洋に於ては、蓋《けだ》し当然の事であらう。何れにしても所謂旧勢力は畢竟するに旧勢力に過ぎない。之が一時反動の潮流に乗じて頭を擡《もた》げるのは歴史上から観て当然の話であつて、之によつて新時代に於ける彼等の復活と権力とを想像するならば大いなる謬りであらう。先頃予は独逸の友人から手紙を貰つた。彼はもとプロシヤの士官で生粋の帝政派である。而かも彼は書面の中に革命後の独逸に軍事視察の為め多数の軍人を派遣する日本政府の時代錯誤を罵倒して居つた。之によつて観ても独逸の落ちつく先が分る。

之を好むと好まざるとに拘らず、今や新らしき時代の舞台は鮮かに吾人の眼前に展開しつゝある。劇中の小波瀾に眩惑して、大勢の進行を看謬つてはならない。

〔『中央公論』一九二〇年四月〕

独逸の将来を判ずべき二つの観点

独逸《ドイツ》を論ずる場合に動《やや》もすると露西亜《ロシア》を引合ひに出す人がある。普通選挙反対論者などは、普選の実行は我国を陥れて露西亜や独逸の如くならしむるものであると口癖のやうに云ふ。成程革命に依つて国君を押退けたと云ふ点と、之を機として国内の秩序が旧の如くなるを得ずと云ふ点は同一だ。然しそれ丈《だ》けを以て露西亜と独逸とを等並《ひとしな》みに論ずるのは大なる謬《あやまり》である。露西亜人がロマノフ家を殪《たお》した理由と、独逸人がホーヘンツオルレルン家を押退けた事情とは余程趣を異にするのであるが、更に独逸を露国の如く不秩序を極めて居ると云ふのは、大なる見当違ひであらう。一体秩序が乱れて居ると云ふそれ丈けで非議すると云ふのが正しくない。外科の手術を為た当座暫《しば》くの間は、為《せ》ぬ前よりも為た後に於て却《かえ》つて気分の悪いといふ事もある。気分の善い悪い丈けで健全不健全を説くのは間違つて居る。然し露西亜の当今の紛乱は健康を恢復する前の已《や》むを得ざる悩みであるか否かは今の所熟《よ》く分らないとして、更に独逸が露西亜と同じやうに只徒《いたず》らに紛乱を極めて居ると観るのは、余りに浅薄皮相の観察のやうに思ふ。露西亜の事は更に別の機会に於て之を説く場合があらう。今は独逸の将来を考へて見やうと云ふのであるが、之に就いて吾々は先づ露西亜と対照して考へるといふ通弊から脱却する事を必要と信ずる。

独逸を露西亜と同じものだと観るの謬なるは前述の通りであるが、初めから之を別物と観て、其特色をば露西亜と対照して考へて観るといふ事は亦《また》極めて便宜である。予輩の観る所では此両国の革命は、其精神乃至《ないし》動機に於て同じくない。従つて革命といふ点から観ると、独逸は露西亜の如く十分徹底しなかつたといふ特色を有する、是が一つ。次に革命後の社会経営の方針が全然違つて居る事を見る。之れも畢竟《ひつきよう》は前項の結果に外ならない。即ち露西亜では革命が先づ徹底的に行はれたから、革命後の社会経営に於ては全然新しき試みが実行されて居る。之に反して独逸では多少新しき試みもあるが、又従来のやり方をも保存して居る。謂《い》はゞ旧き物を維持して之に改造を加へて行くといふやうな所がある。夫《か》の復辟《ふくへき》運動が起つたなどといふ事実の原因も、亦一つには玆《ここ》に在ると思ふ。

以上二つの相違は新独逸の研究を進むるに方《あた》つて、先づ第一に念頭に置かなければならない。

露西亜の革命の動機はロマノフ家の下に建てられたる凡ての制度を破壊せんとするにあつた。ロマノフ家を倒す許《ばか》りではない、その建てた凡ての制度を排斥するのである。而して之を排斥し破壊せんとする所以《ゆえん》は、単に今度の戦争に関する失敗の責任を質《ただ》すといふのではなくして、前々から、否、ずつと古い昔から積り積つた不平の爆発の結果に外ならない。其根柢極めて深く、決して一朝一夕の事ではない。従つて革命の精神は都会から田舎に至るまで、天下万民の脳裡に滲み込んで居つたから、一度革命の勃発を見るや、其勢恰《あた》かも燎原の火の如く天下に蔓《はびこ》つたのである。之に反して独逸の方は如何と云ふに、独逸国民の大多数はホーヘンツオルレルン家に対し決して現実の深い怨を有《も》つては居ない。無論非常な尊敬も払つては居ない。ホーヘンツオルレルン家は根原《もと》の歴史を尋ぬれば固より成上り大名に過ぎず、制度の上から云つても皇帝は謂はゞ共和国の大統領のやうなものであつた。であるから之が廃立は東洋人の考へるやうな重大問題とは観て居ない。然らば何故に之が廃さるゝ事になつたかと云へば、単に戦争の遂行に関する責任の糺弾《きゆうだん》と云ふに過ぎない。戦争も段々行き詰つた、国民の苦痛は只増す許りである。そこで局面を転換して何とか窮通の道を見出さうとするには、皇帝並に之を囲繞《いじよう》する官僚では駄目だ。玆に於て革命が起つたのである。之に就いては固より露国革命の影響もあらう。而かもそれは根本的な原因ではない。而して其所謂根本的原因なるものも、施政に対する一時的不満に外ならないのであ〔る〕。故に革命の起るや現政府に不満なる民衆は一斉に起つて之に響応したけれども、稍々《やや》時の進むに従ひ露西亜の方はます〳〵勢を強むるに拘《かかわ》らず、独逸の方は熱の冷却を感ずるやうになつた。之れ独逸の革命が露西亜のそれに比し徹底を欠くものありと云ふ所以である。

翻《ひるがえ》つて考へて見るに、独逸の革命が徹底を欠いたといふ事は別に怪しむに足らない。一つには両国国民性の相違にも由るだらうが、主としては現制に対する不満といふ点に於て、両国民の間に大に差があるからである。露西亜に於ては政府に対し所謂怨《うらみ》骨髄に徹する感を国民が有つて居つたけれども、独逸に於てはさうでない。事実上政府並に行政の当局者は悪い事をして居ない。形は保守専制のやうになつて居るけれども、実際独逸の官吏は手腕に於て品性に於て概して甚だ優秀である。であるから国民は予《か》ね〴〵彼等に対して不平を有つて居ないのである。寧ろ一般民衆は喜んで彼等の指導を乞ひ、彼等の為す所に信頼して居つた。田舎に於て殊に此風が強い。大都会はそれ程でもないが田舎などに行くと、官吏と牧師が村長教員と協力して隠然地方風教の中心となつて居る。独逸国民の堅実勤勉の美風は主としては玆で養はれて居る。斯う云ふ国民の頭に、而して官吏などの一般に悪政をしない所に、革命の精神を植ゑ付け之を蔓らせるといふ事は頗《すこぶ》る困難である。無論欧羅巴《ヨーロッパ》の真中に位して居る国だから革命の議論が無いではない。議論は有るがそれは決して国民の真実の要求とは成り得なかつた。故に独逸が革命の一騒ぎをやつたとすれば、それは戦争で苦んだ余り一時不平を勃発せしめたまでゝある。革命的空論が偶々《たまたま》其隙に乗じて跋扈《ばつこ》したに過ぎない。革命の精神は露西亜に於ては成程根柢深きものがあつたが、独逸に於ては稍一知半解に受取られた嫌がある。

右述べたやうな事情の下に革命が行はれた結果として、露西亜では之が徹底的に行はれて動かない。が、独逸に於ては行く所まで行かずして、復《ま》た昔の経験に未練を残すといふ事になつた。言葉を換へて云へば、露西亜では今や全然新しい試みが行はれて居るのに、独逸は古い制度の根本的なものは殆ど一つも之を捨てゝ居ない。露西亜では前の時代の政治が余りに乱暴であつたから、今後如何なる政治をやつても前代よりも悪いといふ事は先づ無い。之れ新しき試みが著しき反抗なくして行はるるを許さるゝ所以である。独逸は之に反して前の時代に於て相応に善い政治をやつて居る。議論としてはいろ〳〵欠点を挙ぐる事は出来るけれども、政治の実質に於て国民に大した不平は無い。故に一時革命騒ぎの為めに施政上に一大変革を加へようと試みても、之は急に好い結果を挙ぐるものでも無いし、予期の通りにならないと直ぐに昔の方が良かつたと旧い制度に執着する。之が今日独逸が新旧二勢力の混沌として相闘ふの状態になれる所以である。

以上述ぶる所に依つて予輩は、所謂新しき独逸は新しき露西亜の如く新しくはないと断ずる。露西亜が新し過ぎる程新しい事は云ふまでもないが、独逸の新しさは英吉利《イギリス》、仏蘭西《フランス》の新しさと甚だしく其程度を異にするものではない。其事のいいかわるいかは自ら別問題である。人によつては独逸が露西亜の如くならざるを遺憾とする人もあらう、又之を大いに安心したと観る人も無いではあるまい。何れにしても独逸は露西亜よりも寧ろ英仏と同列に置くべきものである。只一旦革命を経た丈け、物の考へ方が幾分自由に、囚へられないといふ点はあらう。然し露西亜の如く古い伝説と慣習とが全然地を掃《はら》つたと云ふのではない。

さうすると独逸の将来如何を判断するに必要な点は二つあることとなる。一つは恢復力の問題であり、又一つは対外方針の問題である。

独逸の恢復力に就いては容易に言ひ難い、否、言ひ難きに非ず、あれ丈けの能力を有する国民だから恢復するには相違なからうが、何時になつたら昔のやうな勢を立つる事が出来るかが適確に言ひ難いのである。時期の言ひ難き事の外、彼が結局英仏等の諸国と歩調を合すことが出来ずして遂に土耳古《トルコ》や西班牙《スペイン》のやうな国に成らないだらうといふ事丈けは疑を容れない。然らば国力恢復の問題は単に時期の問題に過ぎないといふ事になる。此点は何人も予言し難い事であるが、只此事に関聯して吾々の念頭に置かなければならない事は、第一は目下非常に疲弊困憊《こんぱい》して居る事である。戦争中随分無理をしたから戦争が済んで見ると、疲労の程度がまた予想以上に強い。第二は其割合に恢復は案外に早からうと断ずべき理由ある事である。そは単に臥薪嘗胆《がしんしようたん》他日の雄飛の為めに民心が緊張するといふやうな想像に基いて云ふのではない。民心の緊張は何《ど》の途《みち》非常なものに相違ないが、茲に吾々の見遁《みのが》してならない点は、戦後の独逸が莫大なる国防の準備より免かれて、国民的精力の不生産的費用が著しく減ずるといふ事実があるからである。第三に更に注意すべきは独逸の恢復力と云ふても、何の方面で独逸が伸びれば可《い》いかの点である。一般に国力と云ふても、其内容が戦前と戦後に於て必ずしも同一ではない。戦前に於ては何を差措《さしお》いても金力兵力に於て優れなければ国力の旺盛とは云はなかつた。戦後に於ても同じやうな状態にならなければ恢復を云々する事が出来ないとするなら、独逸の恢復は或は永久に見られないかも知れない。けれども今後の世界に於て所謂国力の優劣を比較する時の標準は、恐らく戦前のやうなものではなからう。さういふ新しい意味に国力といふ文字を解釈するなら、独逸の恢復は更に吾々が昔流に考へるよりも一層早く来ると断じても可からう。然し此事は次の観点と関聯して考へる事が必要である。

第二の観点即ち独逸の対外政策の方針は従来のやうなものであらうか何うか。独逸従来の政治は内政上に於ては形を保守専制にして、実質は相当に国利民福を親切に図つたものであつた。所謂善政主義の好模範であつたと云つて可い。然るに対外政策に至つては、名実共に侵略的帝国主義を以て一貫した。之が為めに国威は張る、商権は暢《の》びる、幼稚《ようち》なる国民のヴアニテーを満足するに十分であつた。国民も亦有頂天になつて喜んだ。内政に於ては自由を唱へるものも、外政に於ては政府のやり方に反対しなかつた。之れ独逸が一般に軍国主義なりと云はるる所以である。而して之は独り官僚軍閥者流の考へである許りでなく、国民全体が亦之を後援して恥ぢなかつた。そこで諸外国は独逸国民全体を嫌ふやうになつた。国威の海外に張るは嬉しい、商権の世界に暢びるのも結構だが、只之が為めに国際交通の平和を害してはいけないと云ふ事に、今日の独逸国民は深く反省して居るか何うか疑はしい。此点に反省しなかつたから今度の戦争が起つた。而して最後の失敗は即ち、軍国主義では世の中は渡れないぞといふ事をつく〴〵教へ込んだのであるけれども、多数の民衆は果して之を諒得したか何うか、此処に問題が残る。而して予輩の今日まで観察した所に拠ると、此点に就いては丁度我日本と同じやうに、二つの相反する思想が大いに争つて居るやうである。今政権を取つて居る一派は何処までも国際協調主義で行かうとして居るやうであるが、国民の一般は未だ旧い夢に酔つて居り、而して之を利用して一仕事しようとする保守主義の一派もある。三月の反動革命は即ち其一端に過ぎないが、何う云ふ形で是から争はるゝにしろ、之が何方《どちら》かに片着かない以上は、独逸の将来に容易に見極めを付ける事が出来ない。旧い思想が一時でも勝たんか、独逸はもう一度外国の圧迫に苦しまねばなるまい。然し結局に於て独逸は自由派が勝を占めて、再び文化の先進国として華々しく活躍する時があらう。

〔『中央公論』一九二〇年六月〕

我国現下の三大外交問題

（一）　日英同盟の継続問題

昨今の外交問題の中で一番大きなのは日英同盟継続問題であらう。之について我国朝野の昨今の輿論は大体継続論に一致して居るやうである。曾《かつ》ては民間論客の間には無論の事、屢々《しばしば》廟堂に立つた事のある有力なる先輩政治家の間にも可なり強い反対論乃至《ないし》破棄論を唱へたものもあつたが、イザいよ〳〵満期に近づいたとなれば此等の意見は不思議に席を譲つて継続論の横行に任かして居る。

転じて対手の英吉利《イギリス》本国に於ては如何と云ふに、之れ亦大体継続論に傾いて居るやうだ。少くとも今更ら事新らしく非継続を我から提議するまでもあるまいと云ふ辺に止つて居る。尤《もっと》も中には条件の訂正が必要であらうと云ふやうな議論もあるが、併し之は我国に於てもあるのだから、今迄通りの内容で其儘継続すべきや否やについては彼我共に多少考が動きつゝあるものと観ていゝ。若《も》し夫《そ》れ英領殖民地並びに東洋在留の英人間に於て同盟継続に反対の声を高くしつゝある事は今改めて説くまでもない。在支英人が同盟の継続を止むを得ずとせば、門戸開放、機会均等の原則を文字通り確実に守るの保障を得べきを主張し、又濠洲が新たに白人濠洲主義の承認を条件の中に加ふべきを主張せるの点は注目に値する。日英同盟がいよ〳〵継続さるゝ事となつたとして、右の如き要求が鹿爪らしく書き上げらるゝとは思はないけれども、書かないからと云つて之を顧慮しなくともいゝ、と云ふ訳で無く、此等の要求は将来に於ける同盟活用の上に多大の影響を有するものと観なければならない。同盟条約の文字上の内容がどうあらうと我等は専ら之の活用によつて現実にあらはるゝ効果如何を着眼しなければならない。

支那の国論が又殆んど一致して同盟継続に反対であり、否少くとも甚だ同情の無い態度を採て居ると云ふ事も亦大いに注目を必要とする点である。勿論日英同盟は日英両国間の約束であつて、断じて第三者の容喙《ようかい》を容《ゆる》さない。支那が独立国の体面上黙視する能《あた》はずとして如何に強烈な反対の声を挙げても、同盟条約の締結又は継続と云ふ事に、日英両国の確固たる決心がある以上、全然之を顧る必要はない。併しながら今後日英同盟条約が主として活用せらるべき地理的舞台は中華民国であるべきが故に、中華民国の同情無き態度が、同盟条約の実際的活用の上に、少からざる煩累を与ふべきは想像するに難くない。我々は同盟条約の継続其物のみに熱中するの余り、一見小癪な支那側の横槍を軽視してはならない。

我国に於て、日英同盟に対しては其第一次の締結の際から今日に至るまで引続き其存立を得《と》とするに一致して居る。偶々《たまたま》之を呪咀《じゅそ》するの声があつても、そは決して多数国民の衷心からの叫びではなかつたと思ふ。夫婦の間でも時々別れ話を持ち出すことはある。イザとなつて本気になつて別れやうと云ふ深い考の無いと云ふのが両国従来の間柄であつた。併しながら日英両国が夫婦の間に見るやうな精神的融合があつたかと云へば大いに疑はしい。我々の観る所を隠さず云ふならば、精神的融合の結果相結んだのではなくして、偶々利害の相一致するものがあつて提携した事の結果、幾分精神上の諒解も出来つゝあつたと云ふ有様であつたと思ふ。従つて今日我々の間に同盟継続論に略《ほ》ぼ一致して居るのも、之れ過去に於ける同盟条約の恩恵を思ふからであつて真に英国民を諒解しての話ではない。従つて今後同盟条約を継続しようと云ふ事になつても之によつて期する所は一種の利益であるが故に、彼の条件改訂論を唱ふるものも、畢竟《ひつきよう》皆利害の打算から割り出されるのである。更に極論すれば利害の打算が主であつたからこそ同盟反対論の如きも起つたと云ふ事が出来る。何故なれば此等の人は我の利益の要求が思ふ通り通らずして、只対手方が此条約によつて利益した方面のみを主として着眼するからである。

過去に於て我国は此同盟によつて如何なる思恩《(恩恵)》を蒙つたかは委《くわ》しく説くの必要もない。国際間に於ける帝国の地位の著しく高められた事や、日露戦争に於て美事の勝利を得た事などは其最も著しいものであらう。無論之は同盟条約のみの賜物ではない。国民の努力奮励の結果の当然の現はれでもあるけれども、我国民の中には偏狭な名誉心に駆られて外部よりの恩沢を過小に見積り、以て事実の正視を謬《あやま》るもの頗《すこぶ》る多きが故に特に此事を一言して置く。兎に角日英同盟は我国に大いなる利益を与へた。之を口に云ふと云はざるとは別問題として、国民は暗々裏に之を十分承知して居る。だからいよ〳〵と云ふ場合になると国論は期せずして継続論に傾く訳なのである。

併しながら此同盟は昔のやうな利害の打算一点張りで継続してい丶ものかどうか。無論之で継続の出来ない事はない。併し之で行く丈《だ》けなら同盟条約は最早や実際に於て能力を発揮する場合は極めて少くなり、新時代の趨勢に殆んど無交渉な空名の約束となり終る事はあるまいか。早い話が当初同盟条約の締結を必要とした事実は今日全然消滅に帰して居る。即ち露西亜《ロシア》があ丶いふ事になり、次いで独逸《ドイツ》も怖る丶に足らずとなれば日英両国に対する共同の敵は最早一人もない。単に此れ丈けの事実で同盟条約は昔通りの意味で継続するの不必要を語り、若し更に継続すると云ふなら玆に新らしい根拠を見出さねばならぬ事を示すものである。無論日本一国にとつては尚怖るべき敵があるといへるかも知れない。予輩はしか思はなければども一部の人は米国を着眼するのであるが、併し米国を敵とする限り英は従来の同盟条約が指示するやうな形に於て我の味方たるものでない事は極めて明白である。此事を顧慮して一部の人はイザと云ふ時に英国が責任を免る丶事の出来ないやうな規定を設けろとか、又は同盟条約の効力の及ぶ範囲に太平洋を加へろとか云ふものあるが、向ふが腹で嫌やだと思ふ事を紙上の文字で無理にさせようと云ふのは極めて拙《まず》い遣り方である。紙上の文字はどうであらうが、実際に行はるゝものであるかどうかを眼中に置く必要がある。予輩は敢て玆に日米若し戦ふ事あらば英は決して我の味方たるものにあらずと断言する。同じやうな事は英の方からもいへるだらう。東亜に於て英の最も恐るゝ所は印度《インド》の治安である。之を脅かすものが露西亜であつた間は日本の勢力を其防禦に利用することが不可能でなく、日本も亦背面から露を牽制する位な労は辞するものでない。けれども今日は印度の治安に対する脅威は外から来らずして内から起る。脅威の原因は同じく露西亜から来るとしても今は印度の民心を煽揚すると云ふ形に於て露が英の怖れとなつた。斯くて印度が内部から擾乱《じょうらん》することあらんか、英は益々日本の勢力を利用するの希望を深からしむべきも、日本としては之に応ずるの力が無い。同盟条約の条文が何となつても、日本は断じて印度に出兵する訳には行くまい。して見れば日本も英国も共に夫れ〴〵枕を高うして眠る能はざる境遇にあるも、之が防衛に互に他を利用すると云ふ事は事実不可能である。故に少くとも此点に於ては同盟条約は有つても其効力を発揮するものではない。

そこで之までのやうな同盟条約を継続するとなれば、其真に能力を発揮すべき範囲は僅《わず》かに支那に止ることになる。殊に支那の内情が今日のやうに動揺定まりなく、延《ひ》いて世界各国に波動を及ぼすやうな事であれば、東亜に於ける二大勢力たる日英が此方面に於ける平和の維持を其道徳的責任として負担せんとするのは当然である。此点に於て日英同盟は最も有力な働きをするものであるが、併し日英と云ふ二大勢力が結托して優に他の国々を制することが出来るとなると、時として此両国が提携して共同の利己的目的を計らないとも限らない。そこで若し我々が同盟条約を継続するに当り、利害の打算と云ふ事が、依然として根本の考をなして居れば、同盟の誼《よしみ》を楯として互に我儘を看過し合ひ、二人でこつそり旨《うま》ひ事をすると云ふ風に条約を活用しないとも限らない。こう云ふやうな意味の同盟提携が之からの世の中に於て出来るものかどうか。こゝに又一つ慎重なる攻究を要する点がある。而して予輩は従来の経験に照して、こう云ふ考では啻《ただ》に他国の反感を招くのみならず日英両国其物が到底十分に一致することが出来ないと思ふのである。現に今日まで両国の利害は支那に於て最も激しく反対して居つたではないか。而して我は同盟国だからもつと我々に譲つてもよからうと考へ、彼は又同盟の誼には係らず余りに乱暴だと我々を罵《ののし》る。支那に於ける日英両国民の関係は同盟所《どころ》か、観様《みよう》によつては仇敵も啻ならざる有様にある。して見れば今の儘で同盟条約を継続するのは全然無意義になる。それでも尚継続しようと云ふなら、而かも之を空名のものたらしめざ〔ら〕んとせば玆に全く新らしい別の基礎を探し求めなければならない。それは何かと云へば即ち利害の打算を捨て、東亜の大局の平和的維持と云ふ事でなければならない。此事は過去に於ても唱へられた。只過去に於ては之は表看板に過ぎなかつた、が今度からは実際の目的であつた利害の打算を止めて正直に表看板を実際の目的とする事である。

予輩は所謂《いわゆる》同盟条約の継続非継続については夫れ程深い興味を有《も》たない。最も関心する所は継続さるゝとして同盟条約が将来どう云ふ精神で運用さるゝかと云ふ事である。而して運用の根本精神が我々の希望するやうなものに変れば実は同盟条約などは継続しなくとも妨げはない。此精神が出来てゐないのに継続しないとあつては仮令《たとい》継続の実際的必要の消滅が明白であつても両国間の特別の不和を意味することになる。斯く解せらるゝのが嫌やだからと云つて冷淡水のやうな三国同盟も満期毎に更新されて居つたではないか。特に日英両国が不和になつたのでないから条約を継続して置けと云ふ丈けなら、条件がどうだらうが、文字がどうだらうが、一向差支ない。只之を少しでも世界の進歩乃至東洋の幸福の為めに貢献する所あらしめんとする以上、玆に改めて何の目的の為めに之を継続すべきかを真面目《まじめ》に国民と共に考へたいと思ふのである。

（二）　西伯利出兵の結末如何
――附尼港事件の善後策――

日英同盟に次いで矢釜《やかま》しい当面の外交問題は西伯利《シベリア》出兵の善後策である。細目の個々の問題についてはいろ〳〵の議論があるにしても政府も国民も他国の内政に干渉すべきではない、西伯利の出兵は何《いず》れ遠からず撤退すべき筈のものであると云ふ見解に定まつて居る。而して表向き如何なる口実と理由があるにしろ、大兵を出して居ると云ふ事実について国民の間に大いなる煩悶ある事は又隠すことは出来ない。されば民間には露骨に無条件且つ急速の撤兵を要求するものあり、否《しか》らざるも現在の駐兵に対していろ〳〵弁解に苦しんで居る。兎に角此問題は現下の政界に於ける一大暗礁と云はざるを得ない。

更に転じて西伯利に於ける形勢を観ると、大体に於て日露両国の反目対抗と云ふ形をあらはして居る。内政不干渉を標榜して兵を進めた我軍が、多数の露国民を敵として戦つたについては相当の理由があらう。如何なる理由があるにしろ、内政不干渉を標榜するものが土民の多数と戦ふと云ふについては内心大いに苦しい所がある。而かも米国は皮肉に撤兵して事実の上に日本の行動を賛成せず、他の欧洲諸国も亦暗に日本に快からざるの形勢を示して居る。此苦しい立場から何とかして逃れ出でようと云ふ苦心は偶々緩衝地帯の設置によつて酬《むく》いられんとしたが、之れ亦失敗して今尚窮して通ぜざるの状態に在る。斯くして之は現政府にとつて最も困難な問題であると共に、又我々国民にとつても最も面倒な問題となつて居る。

緩衝地帯設置の提議に接して我国の軍事当局者の第一に期待した事は、親日派の権勢を以て西伯利各地を統轄する事であつたに相違ない。けれども事実が之と反対に進んで来たので、我々は啻に意外な而かも不愉快な主人公を隣りに迎へねばならぬのみならず、所謂親日派の始末にすら窮することになつた。そこで形勢は又昔に戻つて日露両勢力の対抗の儘となつた。只幾分異る所は此ゴタゴタの間に対手方の勢力を著しく増進した事である。夫れ丈け西伯利に於ける我国の地位は幾分困難を加ふる事になつたやうだ。而して斯の如き結果を来したのも、畢竟は第一西伯利に出兵した事、第二セミヨノフとかコルチヤツクとか云ふ民間に人望の無い反動的保守階級を対手とした事が原因である。

是に於て我々が冷静に考へねばならぬ事は、第一我々の結んだ所謂親日派は西伯利に於て今後どれ丈け勢力を張り得るものか、否な彼等は早晩消滅すべき運命にあるものではないか。若し日本の直接間接の援助がなかつたならば夙《と》うの昔に消滅して居つた筈のものではなからうか。第二には、さう云ふ種類の階級と是非共提携せねばならぬ理由は何処にあるか。仮りに相当の理由があるとしても今の儘で土民の多数と反感の形勢を続けていゝものかどうかと云ふ事である。西伯利の出兵をどうするかと云ふ根本問題がどう極まつても、今出て居る兵隊を動かすと云ふ事が已に重大な問題であつて、それには少くとも前の二点を冷静に考ふる必要がある。而して我国の当局者は西伯利土民の多数を以て恰《あた》かも危険思想の宣伝者の如く見做《みな》し、西伯利に於ける現在の状態を継続することは実は日本の自衛の為めに止むを得ないと見て居るやうだが、果して然らば西伯利問題は一転して思想問題であると云ふ事に観なければならない。成程所謂過激派が西伯利の方面から宣伝の手を伸ばしつゝある事は疑を容れない。けれども当局者が此等の運動の正体を明かにせず、只一も二もなく恐がつて所謂風声鶴唳《ふうせいかくれい》に脅へるの醜態を演じつゝある事は、フリーメーソンとサイオニズムとをゴツチヤにしてマツソン秘密結社の世界顚覆の隠謀なる珍無類の滑稽な妄説を流布し、而かも今日有力な政治家中之を信ずるものゝ少からざるに観ても分る。之れ畢竟彼等が時勢の進運に盲目にして其抱持する思想に確信なきの結果であつて、国内のいろ〳〵な問題につきいろ〳〵な過ちを重ねつゝあると同様の失態を西伯利問題についても演じつゝあるものと観なければならない。西伯利問題は単純な出兵の可否乃至撤兵の時機如何の問題ではない。

之に関聯して所謂尼港《〔ニコライエフスク〕》惨殺事件の善後策の問題について一言して置きたい。尼港に於て婦人幼童まで悉《ことごと》く惨殺されたと云ふ事は何と云つても我々の血を湧《わ》かし肉を躍らしむるに値する暴虐に相違ない。けれども我々は憤慨の余り極度の昂奮の結果、常規を失するなからんとするの慎重と雅量とを欠いてはならない。少くとも如何なる状況の下に三月の事変が起つたか、又如何なる状況の下に五月の虐殺が起つたか。前後の事情をあらゆる方面の材料によつてもつと精密に研究して置くの必要がある。先年鄭家屯《ていかとん》事件なるものがあつて、支那兵が日本の将校と兵卒とに凌辱を加へたと云ふ事が報道せられた。当時国民は非常に憤慨して遂に政府に迫り、謝罪を支那に求めしめたのであるが、後冷静なる事実の審査が重ねらるゝに及び彼我何れを責むべきやが頗る怪しくなつた。最近の福洲事件についても同様の結果に畢《おわ》つた事は読者の知らるゝ所であらう。先年英吉利に居つた時、埃及《エジプト》人の一群がハイド・パークに集合して盛んな熱罵を英国の政府と国民とに加へた時、通りがゝりの英国人は——どうせ下層階級のものが多数であつたに相違ないが——悉く微笑を以て之を傾聴して居つたのを観て、流石《さすが》は大国民の雅量だと感心した事があつた。此点に於て昨今の我々同胞が少しでも冷静な態度を採るものがあると、如何にも国民的良心の麻痺したものであるかの如く罵倒するものあるを観て甚だ苦々しく思ふて居る。

尤も如何なる新らしい事情が発見されたとしても婦人や小児までも而かも一人残らず虐殺されたと云ふ事につ

いては何といつても容《ゆる》すべからざる暴虐として之を憤慨せざるを得ない。只こう云ふ場合に何時でもある事だが、此国民的憤慨を或る目的に利用せんとする輩《ともがら》の少からざる事は我々の大いに警戒せねばならぬ所である。即ち之を機として徒《いたず》らに国民の敵愾心を昂奮せしめ、以て或は兵員増派の目的を達せんとしたり、或は自家の頭上に帰すべき責任を騒忙の間に他に転嫁せんとするものなどがある。斯う云ふ連中の陰謀がある為めに我々の憤慨は又不当に冷却せしめられるやうな感がないでもない。

同じやうな事は本問題の責任糺弾《きゆうだん》についてもいへる。我々は、一部為めにする所あるもの丶罠《わな》にか丶つて不当に昂奮するの極、本件に関する本当の責任者を見損つてはならない。而して其所謂真の責任者は明白に政府殊に軍事当局者にあるのであるが、茲に又在野政客の一部の間には、得たり賢しと之を政争に利用せんとするものがある。即ち昨今開かる丶尼港問題演説会などに於ては二言目には現内閣の倒壊を期すなど丶出て来る。現内閣を存続せしむべきや否やは之も確かに一問題たるに相違ないけれども、反対派が直ちに之を政争に利用するのは、政府側が之を政党政派を超越する国民的大問題なりと称して、独自の責任を避けんとするのと同様に我々の甚だ不快とする所である。斯くの如きは本問題を純粋に攻究判断するを謬らしめ、且つ之と混同せらる丶を厭ふの結果、終《つい》に識者をして本問題から遠からしむるやうになる。兎角斯の如き問題がいろ〳〵の方面からいろ〳〵の目的に利用せられ勝ちなのは我々の甚だ遺憾とする所である。

(三)　日支懸案の一としての山東問題

もう一つ昨今の外交界に懸案となつて居るものは山東問題である。山東問題の解決がどう着かうと我国の之によつて得る所のものは大抵極まつて居る。当初予期したやうな利権はどの途《みち》得られない。得られる丈けのものは跡始末がどんなに拙くとも得られるに極まつて居るから、残る所は只どう云ふ形で結末を着けるかのいはゞ体面の問題に過ぎないと云つてゐゝ。現に山東に特殊の経済関係を有つて居る人には可なり重大な関係あるに相違ないが、我々国民にとつては此問題はどうなつても大した事はない。止むを得ずんば今の儘に放任して置いた所が格別の不都合はないのである。けれども之が支那と日本との間に存する幾多の交渉案件の一であり、此解決如何が他の多くの問題の解決を導く目標になると云ふ風に観ると、山東問題はなか〳〵簡単に見逃すべき問題ではない。之れ本問題が夫れ自身としては何でもない事であるに拘《かかわ》らず、他の諸問題と関聯して非常に重要視する所以《ゆえん》である。

山東問題の結んで解けざるは已に久しいものだ。最近我政府は長文の声明を発して従来の関係を明かにしたが、併し之は単に日本の立場を中外に声明して無用の誤解を一掃したるの効あるは勿論ながら、問題其物の実際上の解決の上には何等加ふる所無かつた事を認めざるを得ない。

何故山東問題の解決が着かないか。支那の政府が道理の説明に服従しないからである。何故道理の説明に服従しないか。人民――実は青年学生――の反対に圧倒せられて居るからである。支那の政府が国民を支配するに殆んど無力なるは云ふを俟《ま》たざる所。而かも最近は動《やや》もすれば其圧迫を受けて独立の見識を立て通し得ない。いはゞ風前の灯火とも観るべき薄弱なる政府に向つて事理を説くは、貧乏人に向つて債務の弁済せざるべからざるを繰り返すと同一である。従つて先達《せんだつて》発表したやうな声明を以て彼我の間に取交はされた交渉の顚末を第三者に明かにしたからとて、無い袖は振れぬ道理で、向ふから折れて来る事を期待し得ないのである。あれで解決が着くと云ふなら余りに理屈に拘泥して事情に迂なるの譏《そしり》を免れざるが、又民間の議論などは政府の力でどうにでも圧迫が出来ると考へて居るならば、之れ亦甚しき官僚的偏見といはざるを得ない。

支那の政府が右の如き立場にありとして、更に考ふべきは政府を圧迫する人民が、何故我々の声明する道理に承服して政府に対する在来の態度を改めないのか。之については我々は日本政府の立場の根拠と、支那民衆の拠《よ》つて以て立つ所と根本的に相違して居ると云ふ事である。吾人の立つ所は彼我両国の間に存する条約の理論的解釈である。而して彼の拠つて以つて立つ所は仮令其中に幾多の誤謬《ごびゅう》と誤解とを包含するにしろ、事件を有りのまゝに観たる上の道徳的判断である。換言すれば、甲は証文を楯として借銭を返せといひ、乙は其証文が不法に得られたものだと抗弁する。之に対して甲が敢て不法に得られたるにあらざる所以を説く事なく、徹頭徹尾証文の文句の形式的解釈を以て押し通さうとしては到底円満なる解決を見る能はざるべきは云ふを俟たない。

そこで向ふが何と云はうが事件がどうならうが、こちらが云ふ丈けの事さへ云へばいゝと云ふのなら之でもいゝ。少しでも事件の発展を促して確実に実際の効果を挙げようとなら、も少し変つた方法を執るの必要はあるまいか。言ひ換ふれば民衆の拠つて立つ所の根拠を取り、民衆其物にぶつつかるの必要はあるまいか。我が対手とすべきは政府の外にはないなど、云ふ貴族的な、或意味に於ては横着な外交振りでは何時まで経つても解決の曙光を見ることは出来ない。而して本問題に関し結局如何なる解決を告ぐるやは世界の耳目の前に日本国民の真の外交的能力を試験さるべき興味ある問題となつて居る。而かも此問題は本来夫れ程六《む》づかしい問題であらうか。

一体外交は無理にいろ〳〵な文句を証文に書かせ、出来る丈け之を活用しようとするのは極めて拙い遣り方だ。強い国が兵力を擁して弱国を強制する場合の外、実質的に何の効果も挙げ得るものでない。双方の友誼関係を事実の上に発展して、証文などは無くともいゝ、要り用なら文句は如何様《いかよう》でも相談づくで書き得ると云ふ風にならなければならない。封建時代のやうに空名に拘はる世の中に於ては兎に角証文さへ取つて居れば、之を楯にどん

〱政策の進行が出来たかも知れないが、今日は名よりも実、而かも其実たるや国民の根本的諒解を必要とするのだから、外交方針も亦従つて旧い夢から覚め、方向一転の勇断を必要とするに至つた。之れ今日いろ〱の形に於て叫ばるゝ青年の要求である。

然るにも拘らず我国今日の当局者が、此時代の新らしき要求に対して動もすれば面を背《そむ》けんとする色あるは我々の甚だ遺憾とする所である。尤も青年の要求は時として旧式外交の攻撃になる。新に就かんが為めに旧を罵るは已《や》むを得ない。而して旧の捨つべきに気附きながら尚民間の要求に屈して之を捨てたと云ふ形を取りたがらないのは官僚政治家の常であつて、其甚しきものは、自己の良心に背いてまで厭《あ》くまで旧を善と強弁するを官憲の威信を保つ所以なりと考ふるものすらある。今まで宝丹が腹の痛みに最良の薬だと教へて来た。今度新たにもつといゝ薬が発明されても今更ら之を推薦する訳に行かないと云ふのならまだいゝが、宝丹以外に良薬ありと主張するものを陰に陽に傷けんとするに至つては横暴も亦甚しい。況《いわ》んや宝丹式外交の已に却て有害なる事の証明された後に於ておや。而して対手方は官僚政治家の強弁如何に拘らず宝丹以外に良薬あるの新智識を十分に会得して居る。それに気附かずして彼に依然として宝丹を強ひ、而して自国の之に反対するものを難ずると云ふのが即ち今日の対支外交の状態ではないか。彼と我と本当に結ばうと云ふなら虚偽を其間に混へてはいけない。真実を語るもののみ独り本当の親善関係を建設することが出来る。

最近一部の政客の間には対支外交の従来の誤りを悟り、之に何等かの変更を加へんと画策するものはある。併し之は支那に於ける政界最近の変調に促されて止むなく方針の一変を迫られて居るもので、未だ自発的と云ふ事は出来ない。そは寺内内閣時代以来我国は北を援《たす》けて南を抑へ、北の中でも特に段祺瑞《だんきずい》を擁立する所謂安徽《あんき》派を陰に陽に援けたのであるが、最近之に対抗する直隷《ちよくれい》派の擡頭と共に、北方に於ける実権の地位は彼より此に移らんとしつゝある。之と同時に南方派亦陸栄廷《りくえいてい》、岑春煊《しんしゅんけん》の実力派と孫逸仙《そんいっせん》、唐紹儀《とうしょうぎ》、伍廷芳《ごていほう》等の理想派との分立を見、而して前者は北方の直隷派と結び、後者は安徽派と結び、是に於て南北の縦断的抗争は、南北を通ずる甲乙両派の横断的反目に代ると云ふ奇観を呈するに至つた。そこで従来支那の統一は武力に依らざるべからず、而して最も強大なる武力を有するものを援助して一日も早く統一の実を挙げしむべしとする没理想の打算政策は、期せずして眼を段祺瑞一派より転じて、直隷派と岑陸一派との聯合に投ずるに至らしめた。併しこんな方策で成功するものなら、寺内内閣の援段政策が夙《と》うの昔に成功してゐねばならぬ筈である。方策が変つても根本の思想が依然として旧套を脱しない。

然らば我々は支那の如何なる部分を対手にすべきであるか。之については従来いろ〳〵の機会に論究して置いたから茲に再び之を繰り返さない。只一言すべきは我々の対手とせんとする対手は、我国に於て往々親米派の名称を以て知られて居る事である。親米派と云ふ名称の正しきや否やについても大いに疑問があるが、一旦米に親んだからとて、更に我に親しましめ得ないとは限らない。一度他に思を寄せたからとて、永久自分に惚れぬものと極めるのは意気地なしの事、確固たる自信あるものは手に入るまで競争を続けるの気概あるを要する。而かも今日已に彼我一部の青年の間には秋波の交換が始まつてゐる。之を思想定らざる青年同志の軽薄なる狎《な》れ合ひとして、頑《かた》くなゝ僻見を加へては日支両国の親善は永久に立ち得ない。

〔『中央公論』一九二〇年七月〕

波蘭問題の教訓

講和条約が出来、国際聯盟に関する各種の会合が重ねられても、未決の問題尚頗《すこぶ》る多く、動《やや》もすれば平和を脅かさんとする陰鬱なる空気は、殊に欧羅巴《ヨーロッパ》に於てまだ可なり濃厚である。就中《なかんずく》、波蘭《ポーランド》問題の如きは最近に於て其最も著しきものである。波蘭問題はチエツク・スロヴアック新共和国との国境の劃定についても可なりの困難を予想されたのであつたが、昨今は意外にも露西亜《ロシア》との間に大いなる紛擾《ふんじよう》を生じ、之がいろ〳〵な問題と関聯して頗る中欧の風雲を険悪ならしめて居る。

露波紛争の差当りの起因は、波蘭の無謀なる野心と之に対する露西亜側の憤激にある。波蘭が旧い民族的伝説の無謀なる実現を空想して、不法の侵略主義を試みたことが問題を惹《ひ》き起した基といはれて居るが、其裏に英仏のブルジヨア政治家の隠密の後援はなかつたらうか。而して之に対する露西亜側の憤激も左《さ》ることながら、彼等は又之を対英仏政策に利用せんとしてゐることは極めて明白な事実である。此れ丈《だ》け考へても此問題は決して単純な問題でない事が明白である。従つて此事件は、現に欧米の政治家を悩まして居る各種の複雑なる国際問題の一つの標本と見てもいゝ。斯く観る時に、我々は此事件の真相を攻究することによつて、現代国際関係に関する幾多の教訓を学ぶことが出来る。

一体今度の平和を由来せしめた根本の思想から観れば、波蘭問題の如きは決して解決の困難な問題ではない。

所謂平和を齎《もたら》した根本精神の何かについては本誌に於ても屢々《しばしば》之を述べた。之については根本的に我々と見解を異にする人も少からずあるやうだが、兎に角我々は近代に於ける世界の人の共通の悩みと共通の悶えとが人道主義の希望に導かれて、過去の歴史に深く根ざして居る幾多反対の思想と悪戦苦闘して、漸く贏《か》ち得た精神的勝利の記念物と見て居るものである。過去の歴史に根ざして居る反対の諸思想は、無論今尚《なお》相当に有力だ。之に対する悪戦苦闘は今後も永く続くに相違ない。而して之にも拘《かかわ》らず勝敗の数已《すで》に明かなりとする我々と同じ立場を取るものもあるが、また悪戦苦闘の容易に収らざるを観て、全然前途を悲観する論者もないではない。斯う云ふ立場の人から観れば波蘭問題が紛糾し、其他巴爾幹《バルカン》や中央亜細亜《アジア》乃至東亜に事件が紛糾するのを観て、当然の現象だと云ふに相違ない。けれども我々は此等の現象は過去の歴史に深く根ざすいろ〳〵の伝統、いろ〳〵の関係が容易に滅びざらんとして藻掻《もが》く苦闘の現はれに過ぎずして、新精神から観ればいはゞ産みの苦しみと観ていゝと思ふ。我々は新精神の最後の勝利を信じて疑はない。只産みの苦しみを出来る丈け軽減せしむることは、新生児の将来の健全の為めに必要であるから、今日此儘終始〔袖手〕傍観するを得ない。そこで何が新精神の平穏な発展を妨ぐるかを慎重に攻究して自ら教へ又世を警《いまし》むる必要を認むるものである。

平和を導いた根本思想から観れば波蘭問題の如きは、頗る簡単な問題だと云ふ事を述べた。何故ならば此等の問題に関する戦後新精神の規準となるものは、民族自決主義であるからである。特殊の民族には人種、言語、歴史、風習等を参酌《さんしゃく》して当然の範囲を認むべく、其範囲は理論上自ら一定する所あるべきを以てゞある。然るに之が理想通りに行かなかつたのは、各民族に民族的利己心が強かつたからである。是に於て我々は理想の正直な実現を妨ぐる第一の原因として民族的利己心の旺盛を挙げなければならない。民族的利己心を民族自決主義と共に一様に民族主義と云ふ言葉で綜括さるゝ事があるが、之は明白に区別して用語の紛更を避けなければならない。或る民族が過去に於て他の民族を征服した事や、或は他民族の領土を占領した事の歴史に執着して、自家権力の不当なる拡張の承認を要求することや、又は少くとも自家民族の利益の為めに他を犠牲にするも辞せざらんとする利己的方針を称して民族主義と云ふ事があるが、併し之は各民族に其民族当然の地位を確保し、彼をして自主的に其運命開拓の任に当らしめんとする意味の民族主義とは根本的に其立場を異にするものである。此後の意味に於て我々は民族主義を現代精神の一面の現はれと云ふ。而して前の意味に於ける民族主義は即ち之とは全く反対の主義なのである。而して此意味の民族主義が今日尚相当に旺盛を極むることは波蘭が即ち之を以て誤り、露西亜がまた之に誤まられて、過度の圧迫を加ふるに於て明白にあらはれて居る。匈牙利《ハンガリー》などに於ては、自己の領土が聯合国側の単独意志によつて勝手に切り割かれた事に憤慨の情を燃やしたと云ふ丈けで、極端に反動的の専制的政府を国民が許して居ると聞いて居る。其他英吉利《イギリス》にしても仏蘭西《フランス》にしても一度自家民族の利害と云ふ問題になると、即ち理性が闇《くら》まさるゝと云ふ例を我々は屢々観るのである。所謂民族的利己心が如何に今日世界の聡明を掩ひ、著しく平和を脅して居るか、我々は深く反省する所なければならない。どうせ何処でも之で行くのだから我々も亦大いに利己的方針で突進すべしと云ふものあるに至つては沙汰の限りである。

民族的利己心の相当に強かるべきことは講和会議に於ても明白に知られて居つた筈の事実である。之を抑へて、公明な、道理に基いた所置をすると云ふのが講和会議の本来の仕事であつたから、此会議を指導した政治家は、此旧い利己的思想と戦ふには十分の勇気を奮ひ起す必要があつた。然るに彼等は此等の問題は他日の専門的攻究の結果に任かすと称して、断然たる決定をしなかつた。茲に我々は第二の原因として各国の政治家が目前の功を挙ぐるに急にして、根本的に禍根を芟除《せんじょ》するの勇断を欠いたことを挙げなければならない。現に波蘭問題でも、若《も》し講和会議で万難を冒して国境を定めて居つたら、或は今日のやうな紛擾を来さなくて済んだかも知れない。尤《もつと》も各国の政治家夫れ自身が実は皆、利己の塊だと譏《そし》る人もあるが、併し余りに功を急いだと云ふ点に於ては、特に我々はウイルソンに最も多くの遺憾を感ぜざるを得ない。尤もいろ〳〵実際について研究して見たなら、余儀ない事情もあつたらう。が、今度の問題に限らず一般に政治家が動もすれば現前の事実に威圧されて、理想の所命に勇ならざるの欠点は之を認めなければならないと思ふ。

第三には英仏両国が余りに露波両国の紛争を利用したと云ふ事実をも指摘しなければならない。あらゆる問題を自国の有利に利用することは夫れ自身咎むべきことではない。けれども利用に熱中するの極、大局の打算を誤まり、却て無用の紛糾を来すことは厳に之を慎まねばならない。英仏が強いて波蘭を助けんとしたことがいゝかわるいか、之も問題になるが、援けるにしても、両国は各々自家の立場に執着して援助の程度を同じうしない。英は仏に反し、露西亜にも相当の秋波を寄せた事は露との通商開始が自国の利害に重大の関係があるからであらう。此目的の為めに開かれんとして居る倫敦《ロンドン》会議を中心として英露がいろ〳〵交渉して居つたと云ふ事は仏の余り快しとする所ではなかつた。どうすれば此問題が欧洲全体の平和の上に最も都合よき解決を告ぐるかと云ふ事が主たる問題でなく、どうすれば此問題の解決によつて自国が最も多く利し、又は最も少く傷けられて済むかをのみ考へるなら、円満なる解決を見ないのは当然である。

尤も英仏の此問題に対する政策が一致しても、其儘之を強行し難い事情がある。此両国が波蘭を極力援助するに決しても、独逸《ドイツ》が両国派兵の国内通過を許すまい。其外外交上いろ〳〵の障礙《しようがい》があらうが、之にも増して大きな障礙は国内に於ける労働者の反対である。英でも仏でも各種の労働者団体は、同じ労働者の支配する露西亜に味方し、自国ブールジヨアジーの支持せんとする波蘭の為めにする露国との開戦には極力反対を絶叫して居る。

英仏のブールジヨアジーがボルシエヴイズムを徹頭徹尾嫌つて、盲目的に波蘭を援けようとすると同じく、労働者は又只労働者と云ふ名の為めに、理が非でも露西亜に味方すると云ふ偏僻の態度を固執して居るのは、昨今殊に著しい現象である。理非の弁別を超越して社会階級の間にかゝる盲目的反感の横溢して居ると云ふ事がまた平和な理性的解決を妨ぐる第四の原因として数へ〔られ〕なければならない。労働者、資本家と云ふ社会階級の間には、現在の事実として超ゆべからざる溝渠《こうきょ》あることは疑を容れない。さればと云つて資本家のすることは一から十まで排斥すべきもの、労働者のなすことは一から十まで味方すべきものとするなら、世界の人の心の底に新たに芽生えた道理の光りは永久に承服を拒むであらう。西洋の或る社会主義者の団体は只同主義者と云ふ丈けの理由で、幸徳秋水一派の処刑に多大の同情を表し、多額の慰問金を送らんとしたとか聞いて居るが、其処まで極端に行かなくとも、相対抗する二派が、朝に一城を譲れば更に夕に一砦《いっさい》を屠《ほふ》らるるを怖れて、理が非でも先づ第一線を固守すると云ふ態度は資本労働の争に於て常に観る所である。此等の点よりして政治家は国と国と縦断的に相争はんとして居る時に、労働者は各国を通じて其社会階級の間に横断的抗争を打立てんとして居る。横と縦と相交錯して事件を紛糾せしむるのみならず、其陰には又歴史に拠らんとするものと世界的の共通な理性に活きんとするものとの思想上の争が更に其紛糾の根柢を深からしめて居る。

之を要するに波蘭問題夫れ自身が相当に複雑な問題である外、更に戦後新たに起り、其解決を将来の長い苦闘の後に決せらるべき、而して現に大いに戦はれて居る思想的問題が背景をなして居る。之れ独り波蘭問題のみに限つた事ではない。茲に我々は此等俗界の政治問題が、同時に深く思想問題と相連絡することを知り、従つて之が解決は単純に政治家の手にのみ任すべからざる所以を知らなければならない。

〔『中央公論』一九二〇年九月〕

加州排日立法の対策

米国加州《カリフオルニア》に於ける排日騒ぎは久しいものだが、昨今更に峻厳を極むる土地法の改訂を一般投票によつて決せんとするの新運動が初まつてから一層我々の神経を悩ますこととなつた。今日までの形勢によれば、一ケ月後に行はるべき一般投票の結果が予定通り排日運動者の希望を満足すべきは疑を容れない。斯くては在留同胞の利害の上から見ても、又日本帝国の面目から云つても由々しき大事である。黙視するに忍びずとして我国の朝野挙《こぞ》つて之を問題にして居るは怪むに足らない。

排日運動の由来については今茲《ここ》に詳述するの必要なからう。只昨今特に排日熱の旺《さか》んになつたについては少く我々に於て静かに反省するの必要を認めざるを得ない。米国側の誤解、並びに為にする所あるもの、讒謗《ざんぼう》其他いろ〳〵の理由もあらうが、然し最近に於ける支那並びに朝鮮に対する我が官僚軍閥の政策の失正や、西伯利《シベリア》出兵に伴ふ各種の不利益なる風評やが著るしく彼等の反感を煽《あお》つたことは特に我々の注意を要する所である。

排日運動を中心とする日米間の懸案は土地法にあらはれた差別的待遇の外、移民禁止の問題もある。即ち現に在留するものに他とは違つた不利益な待遇を与へてやらうと云ふ問題と、更に新なる移民の来住を拒まうと云ふ問題と即ち之れである。昨今問題となつて居る所謂紳士協約は後者に属するもので、加州が一般投票によつて改訂を断行せんとする土地法は前者に属するものである。最近まで我々は此双方に亘《わた》つて日本民族の利益を主張して来たのであつた。紳士協約を罷《や》めて、之から多数の労働移民を送り得るやうにして欲しいと云ふことは、毎年議会の質問や建議の上にもあらはれて居つた。況《いわ》んやどの点から視ても、不道理の明白なる差別的待遇の問題に於ておや。然るに今度は、加州の態度の余りに突撃的なるに遠慮してにや、移民禁止の方は全然之を譲歩する代り、せめて差別的待遇の方丈《だけ》は我々の要求を容れて貰ひたいと云ふ事にやつて居る。今の処強て差別的待遇問題の此上の悪化を防がんとせば、此外に疏通の途《みち》はつかないのだらう。さればにや昨今の新聞が、政府が移民禁止に譲歩して土地法の改訂を阻止せんとするの廟議を決したと云ふ報道に接しても国民は別に其軟弱外交を責んともしない。尤も全然理窟で争ふと云ふのなら、差別的待遇の撤廃を求むるのは聴えて居るけれども、移民禁止の方まで我々の意見に従はせようと云ふのは余り虫の好過ぎる話かも知れない。併し日本と米国とが今日の様な水臭い仲でなかつたのなら、移民禁止の問題ですら好ましい問題でないとして取扱はれたに相違ない。

移民禁止に譲歩して、差別的待遇に関する我々の主張を容れしむると云ふのは如何にも出来さうなやうな話に聴えるが、併し少しく米国の事情を知るものから見れば、之が又なか〳〵容易な問題ではない。政府は之について果して成算があるだらうか。九月下旬新聞の伝ふる所によれば、政府は幣原大使に対し訓電して、コルビー国務卿と交渉するの基礎たらしむべき目的を以て次のやうな対策を決したと云ふ事である。(一)米国中央政府の諒解と其斡旋を得て米国議会に高等委員会とでも云ふやうなものを設立せしめ之をして一般投票を阻止せしめんとする事、(二)若《も》し此第一策にして成功せざる時は憲法違反の理由を以て訴訟を提起せしめ、排日立法を無効ならしむべき事、(三)之でも尚成功せざる時は国際条約に抵触《ていしよく》するの理由の下に、改めて上訴せしめ、法律の拘束力を失はしむること、此三策の何れかを利用することによつて、兎に角在留同胞の不幸を救ふことが出来やうと云ふのである。併し此方法は政府当局者の予期するが如く果して実効を収むるだらうか。

高等委員会の設置を勧告して一般投票の阻止に尽力せしめようと云ふも、米国政府は果してかゝる勧告を容れるかどうか。之を容れて委員会を折角造つても、果して彼は日本の有利になるやうな意味に於て尽力するかどうか分らない。更に一歩を譲つて大いに尽力したとしても、加州が果して彼等の勧告を聴くかどうか分らない、故に単に之れ丈では加州の自由行動を拘束すべく余りに無力ではないだらうか。

次に憲法の精神に反するの理由で、訴訟を提起すると云ふ方法は形の上では第一策よりも遥かに有効だ。判決の結果は必ず法律の有効無効を明かにすべく、又従来此種の法律にして無効の判決を受けた例もないではない。併しながら今度の一般投票が無効のものなら大正二年八月の土地法其物が同じく無効であらねばならない。純法理論の見解が如何様にあれ、前の土地法が今日まで有効に行はれ来つたと云ふ事は一般投票其物をも一応は有効の推定を受けしむることになる。併し之は単に推定に過ぎない。憲法第十四章には「州は其管轄内にあるすべての人に対して均等なる法律の保護を拒むことを得ず」とあるから、此条章によつて差別的待遇の無効を争ふ法律的余地は十分にある。そこで此方面から突進すると云ふも一つの確実なる方法に相違ないが、併しいよ〳〵出訴したとして米国の裁判所が急速に之を判決して呉れるかどうか分らない。現に繋争中の小沢某氏の帰化権に関する訴訟についても明かなるが如く、米国の裁判官はなか〳〵常識に富んで居るから、此種のデリケートな渉外的問題についてはなか〳〵急速な判決を下さない。彼等の腹は恐らく斯う云ふ事を考へて居るのだらう。之を米国の有利に判決すれば日本が承知せず、又日本の有利に判決すれば国民が承知せず、何れの勝利に判決を下しても日米国交の波瀾は免れない、然らば斯くの如き訴訟は何れ米国が譲歩するか、日本が譲歩するか、自ら外交上定まる所あるべきが故に夫れ迄決定を延期して居つた方がいゝ、と。斯くして彼等はいろ〳〵の口実を設けて、何時までも延期に延期を重ねると云ふ態度を取るに相違ない。斯くては此第二策によつて急速な解決を見るの望も亦甚だ少ない。因《ちなみ》に云ふ、土地法が加州の憲法に戻《もと》らざるや否やの問題もあるが、之は法律上の議論としても余程六《む》つかしい。のみならず訴訟の上で争ふと云ふ事になれば、日本の有利に解決せらるゝの望みは殆んど全く無からう。

第三、条約と牴触するの理由を以て訴訟を起すと云ふ方法も亦前と同様、甚だ実際的見込は立ちにくい。法律問題としては争ふの余地は大いにある。そして憲法第六章は条約と牴触する一切の法律は裁判官を拘束するを得ずとあるから、之によつて確実に法律の無効を主張する事は出来る訳だ。併しながら裁判官は恐らく容易に判決を下さないであらう。

斯く観ると第二第三策は、確実なるが如くにして而かも殆んど成功を見るの見込は無いとすれば、我々は是非共第一策によるの外はない。而して加州の決心は又頗る鞏固《きようこ》なるものがあるから、第一策に成功せんとせば勢ひ中央政府をして盛んに威力を加州に加へしめなければならない。併し州権尊重の念の強い各州が果して容易《たやす》く中央の勧告を容るゝだらうか。先年学童問題につき日米両国の関係緊張を極た時、時の大統領ルーズヴエルトが高圧手段を以て加州に特殊の圧迫を加へた事があつた。其結果単に州権保護と云ふ立場のみから加州に応援を申し出したものが頗る多かつた。故に強ひて中央が威力を州権に振ふと云ふ事になれば、事によると内乱を挑発しないとも限らない有様であつた。今度はあの時から見ると事情が一層進んで居るのみならず、米国に於ける一般排日熱も頗る高潮に達して居るから、中央の圧迫の結果が如何様に進むか分らない。従つて彼国の中央政府に専ら迫つた所で、州の事は如何ともすることが出来ないのである。換言すれば、中央は最早や州を動かすことは出来ない。若し茲に州を動かすものがありとせば夫は只一つ民間の輿論あるのみである。然らば我日本は、米国民衆の輿論を開拓する上にどれ丈け努力して居るか、甚だ心細い。

何れにしても已《すで》に在住するものに露骨な差別的待遇を与へるのは明白に不当である。此不当に対して我々は厭《あ》くまでも米国に抗議する。我々の要求に面を背けて何処までも改むる所なくんば、我も亦遂に仮借《かしやく》する所なく報復の手段を取るの外はあるまい。併し我々の対策は此処に尽きるのではない。更に他面深く此等の点に就いての原因を研究して根本的に覚醒改革する所なければならない。此覚悟があつてこそ我々の報復にも意義が附く、之れ無くして只管《ひたすら》威力を弄ぶのは、所謂暴に報ゆるに暴を以てするに過ぎない。我々は不正に対しては何処までも争ふ。けれども同時に其因つて来る所を詳《つまびら》かに窮め、改むべき所あれば直ちに之を改むるに躊躇《ちゆうちよ》しないのである。

〔『中央公論』一九二〇年一〇月〕

日米両国間の懸案

本月二日を以て行はるゝ加州の人民投票の結果は、予期の如く、新土地法の成立を見るに至るであらう。其成立を阻止するの目的を以て、中央政府の干渉を促し得べしとの予想は、大統領選挙委員の選挙の懸引《かけひき》といふ事を度外に置いても、実は困難であつたらうと思ふ。何れにしても土地の所有並にその賃借に関する差別的待遇は、愈《いよいよ》峻厳となつた。此の結果を見たるに対して日本政府は如何ともする事は出来ない。嘗《かつ》ては所謂《いわゆる》移民問題の方を犠牲にしても、此の差別的待遇に就いては、何とか譲歩して貰はふと云ふやうな意見があつたけれども、結局は何も彼も向ふの言ふが儘にならんとして居る。そこで政府も黙視しては居れず、我々国民もまた之れに就いて政府を鞭韃《べんたつ》せんとするの態度に出たが、然しよく考へて見ると、我国からは表向き奈何《いかん》とも手のつけやうのない問題なのである。政府を促して何等かの方法を取り得べしと考へたのが抑々《そもそも》の間違であつた。

然し、我々の方から奈何とも手のつけやうがないと云ふのは、法律上並に条約上の権利として何等請求すべき余地が無い、否、有つても極めて不確かだと云ふ意味であつて、道徳的にはお互に大いに論ずべき部分がある。向ふにも言ひ分があらう。我々にも言ひ分がある。尠《すくな》くとも日本人を容れないとか、入つて居る日本人に差別的待遇を与ふるとか云ふ事は、睦《むつま》じい友達同志の間にあり得べき事ではない。従つて我々日本人の不平不満は言ふまでもないが、米国人と雖《いえど》も決して之を快しとしては居ない。されば現在の状態を一時仮の取捌《とりさば》きとして、双方を満足せしむべきもつと根本的な解決策を発見しようとして居るものは彼の国に於いても甚だ多い。其処で所謂日米問題は尠くとも道徳的意味に於いて両国間の懸案となつて居る。

然らばどう云ふ事が懸案となつて居るか。土地法に於てあらはれて居る差別的待遇ばかりではない。此事をここに少しく明にしておかう。

日米両国間の懸案、即ち向ふの遣り口に対して我々の不平とする問題は、主として移民労働者に関するものであるが、大別して之を二つに分けることが出来る。一つは新たに日本移民の米大陸に入り来るを拒まうとする問題で、他は已《すで》に来住を許した所謂在留日本人に差別的待遇による不便不利益を与ふると云ふ問題である。前者は即ち普通、移民問題と呼ばるゝものであつて、後者は云ふ迄もなく差別的待遇の問題である。

移民問題即ち新来移民労働者を米大陸から絶対に拒斥せんとする問題は、更に分れて日本から直接入つて来るのを妨ぐるのと、已に布哇《ハワイ》に行つて居るものが、よりよき労働条件を追うて大陸に移住し来ることを防がんとするのである。前者の目的を達するが為めに出来たのが彼の紳士協約で、後者の方は普通、布哇移民転航禁止と呼ばれて居る。

布哇移民転航禁止は、学童問題と牽聯して居ることは今更ら説くの必要はなからう。桑港《サンフランシスコ》大地震の後、市当局が日本人学童を東洋人の為めの特殊学校に隔離しようとした時、在留日本人は素より本国の内地人も非常に憤慨した。時の大統領ルーズヴェルトが日本の立場に非常に同情を表し、大いに斡旋する所あつたに拘《かかわ》らず桑港の当局は頑として改めない。そこで問題は、大いに険悪に進んだが、結局日本は所謂布哇転航禁止を承諾することによつて、学童問題に面目を立て通すことが出来たのである。米国の移民法には布哇其他属領地に居る労働者が、大陸に来る時、若《も》しそれが大陸の労働状態に危害を及ぼすやうな怖れがあれば、大統領は之を禁ずることが出来ると云ふ規定がある。併しながら若し此規定により、布哇に居る日本人の桑港上陸を禁ぜんとするならば、それは明白に条約違反である。条約には日本人が米国に、米国人が日本に往来して、国内を自由に歩くことが許されて居る。日本政府が、北海道に居る米国人に、九州に旅行してはいけないと言ひ得ざると同じく、米国政府は布哇に居る日本人の桑港上陸を禁ずることは出来ない。若し之を禁じようと云ふなら、さう云ふ条約違反の行動をしても、日本政府から抗議しないと云ふ内諾を得てなければならない。而して日本政府は此内諾を与へて学童問題の解決を自己の主張通りになさしめたのである。桑港当局は初めはなか〳〵譲歩しようとしなかつたけれども、転航禁止の承諾と云ふ実益を得るなら、空名は捨て丶もい丶と云ふので、斯う云ふ妥協案が出ると直ぐに同意した。考へやうによつては、名の為めに実益を捨てた日本当局は飛んでもない馬鹿を見たと云ふ形になる。が然し之は日本当局の内諾であつて、表向き条約を変へたのではない。政府としては条約違反を楯として争はないと云ふ道徳的拘束を受けて居るけれども、彼の禁止令の適用によつて不利益を蒙らされた個人が条約違反を以て争ふ分には構はない。例へば或日本人が布哇から桑港にもぐり込んだとする。後、発見されて布哇に追ひ還されさうになつたとする。其時彼れは国内来往の自由と云ふ条約上の権利を楯として官憲と争ふ事は出来る。只事実上日本政府が彼を支持せざるべきが故に、実際問題としては非常な困難があるに相違ない。けれども理論の問題としては、兎も角も争ひ得る。そこで布哇転航禁止は、少くとも理窟の上から云へば中間浮動の状態にあると云はなければならない。

米国側では、布哇から流れ込む移民を拒斥するばかりに満足するを得ず、更に日本の本国から来る移民をも拒絶しようとした。そこで米国では毎年のやうに、移民法の改正が議会の問題となり、入国を許さゞる移民の列挙の中に、新たに米国市民となり得ざる人種と言ふ一項を置かんとした。而して此事は条約の違反にはならない。

何となれば条約は相互国民の来往の自由を規定して居るけれども、労働者の移入については特別の法律を設くることを但書に於て許して居つたからである。そこで日本人たる移民を拒絶すると云ふやうな規定は、徳義上甚だ不都合だとは思ふけれども、条約上の権利義務の問題としては異議を挟むべき余地がない。そこで米国議会に於ては毎度此事が問題となつて、而かも多数は之を賛成するもの丶如くに見える。かくては日本の不利益でもあり、又面目にも関するので、駐米大使は本国政府の訓電により何とか斯る露骨な規定の成立しないやう中央政府に向つて尽力を頼んだのである。其間にいろいろなイキサツがあるが結局紳士協約と云ふことで鳧《けり》が着いた。協約とは云ふけれども、条約ではない。日本の方から自発的に一般移民労働者には旅行券を下附しないと云ふ事を宣明し、其宣明を米国が信じて、それならば移民法の規定を今迄通りにして置かうと云ふ事になつたのである。即ち日本が一旦宣明した事を破らない、紳士として確実に之を守る、米国も亦日本の紳士的宣明に信頼すると云ふ事に落着いたのである。之れで表向き一段落は附いたけれども、日本の国論は之を承知しない。屢々《しばしば》之が撤廃を迫つて居ることは人の知る所である。同じやうな撤廃の要求は米国にもある。然し米国の方は紳士協約では移入防止の目的を十分に達し得ないからと云ふのである。蓋《けだ》し紳士協約には再渡航者及び已に来住せるもの丶親、妻、子等の外は旅行券を下附しないとあるけれども、子と云ふ中には養子があり、妻と云ふ中には写真結婚によるものがある。日本から言へば当然の話かも知れないが、万已《やむ》を得ざるもの丶外出来る丈け日本人の入来を防止しようと云ふ米国から観れば、協約の不備に乗ずる不当の侵入のやうに見えたに相違ない。斯くして紳士協約は問題の紛糾に対する一時の鎮静剤に過ぎずして、双方共に十分の満足を表してはゐない。従つて之も何とか別種の解決案を見出さなければならないと云ふ所から、一種の懸案となつて居る。

因《ちなみ》に云ふ、日米条約は明治四十四年に改正になつた。改正条約には労働者の移住に関しては特別の法律を設くることが出来ると云ふ但書が無い。之が日本の面目上より論ぜる要求に基いたものであらう。けれども此但書が無いと日本の移民を制限することが条約違反となるから米国としては承知が出来ない。強いて承知させる為めに日本から時の全権大使内田康哉氏の名を以て紳士協約は今後も確実に守ると云ふ一札を入れてある。

次に既に在住を許して居る日本人に不便不利益を与ふる方面の事を考へて見よう。いろ〳〵の不便不利益が個々の米国人から加へられて居ると云ふ不愉快な例を挙ぐれば際限もないが、市や村の規則で同じやうな事をやる〻場合もある。斯くの如き差別的待遇はどの点から観ても不都合に相違ないが、殊に州法を以て露骨に差別的待遇するなどは、最も明白な不当行為である。仮令《よし》日本の労働者は明白に好ましからざる移民であるにしろ、一旦入来を許した以上、之に公正な取扱を拒むと云ふ事は間違つて居る。此等の点に就いても大いに彼と争ふべきものがあるが、就中《なかんずく》此方面の最も代表的なものは例の土地法である。即ち大正二年八月の土地法、並びに今度一般投票によつて成立すべき土地法が即ち之れである。之は日本人の土地所有権並びに賃借権に拘束を加へ、日本移民の唯一の生活基本たる農業を根柢から覆さんことを目的とするものである。其内容は昨今の新聞に屢々出て居つたから茲には繰り返さない。要するに之は如何にも不都合だと云ふので、我国では朝野挙《こぞ》つて議論が沸騰し、政府からも亦特に彼の国国務省に向つて何等か交渉する所があつたやうだ。米国としては斯る法律を制定することは勝手なので、別に問題として残る所はない。只日本が荐《しき》りに之に不満を表するので彼の国でも識者は何とかもつと穏便な解決を附けたいと考へて居る。此種の解決を見ることの困難な事は大正二年の土地法発布の時にも明かであつたが、今度も同様で、如何とも手の附けやうがないらしい。只双方共此儘にして置いては、両国の関係は益々困難になることを懸念して居る所に本問題の懸案としての意味が出て来る。

尤《もつと》も土地法には日本人とは書いてない。他にも例があることだが、合衆国市民たるを得ざる外国人とある。所謂外国人の中には、帰化し得るものと、帰化し得ざるものとあるは読者の知らるゝ所であらう。帰化し得るものゝ中、已に帰化せるものは立派な米国市民だから問題にならない。已に帰化の意思を表示して第一帰化証を得たものは又之を准市民として市民同様に取扱つても差支へはなからう。独り帰化の意思を表示せざるものに至つては、米国の市民にあらず、又米国市民たらんことを欲せざるものなるが故に、之と帰化し得ざるものとを一所にして、待遇を市民、准市民と異にすると云ふのなら、それが法律上条約上差支ない〔き〕や否やは別問題として、少くとも道徳上之を是認する理由がある。然るに土地法は、米国市民たることを欲せざるに拘らず、単に帰化し得る種類に属するの故を以て、独り之に市民同様の待遇を与ふるのは、反対の側から言つて帰化し得ると得ざるとの差別に藉口《しやこう》して故《ことさ》らに日本人等に市民同様の待遇を拒んだものと云はなければならない。此点からして加州土地法に対しては少くとも道徳上大いに異議を挟むの理由はある。独り日本人の利害に関係すると云ふ問題ばかりではない。

尤も此外に加州土地法は加州の憲法に違反しないか、合衆国憲法に違反しないか、又日米通商条約に違反しないかと云ふ問題もある。若し違反の証明が成り立つなら高等法院に出訴して土地法の無効を争ふと云ふ余地もある。併し予輩の観る所によれば土地法は条約にも違反せず、又加州の憲法にも違反して居ない。米国憲法に対する関係に於ては多少の疑はあるけれども、併し出訴によつて急速な解決を得るの見込は甚だ少い。何故なれば米国の有利に之を判決すれば日米の国交を険悪ならしむるの惧《おそれ》あり、日本の有利に判決を下せば、加州全人民の激昂を招ぐと云ふ懸念があるので、恐らく高等法院は政治上相当の妥協的解決の発見せらるゝまで、最後の判決を延期すべきを以てゞある。して見れば法律上条約上の問題として之を争ふと云ふ事は適当でもなければ又得策でもない。何処までも道徳問題として之を争ふと云ふ事にして行きたい。此意味に於て、此問題は日米両国間の重大な懸案として将来の解決を待つものである。

〔『中央公論』一九二〇年一一月〕

加州土地法の合法性

一

本月二日を以て行はる丶一般投票の結果、加州《〔カリフォルニア〕》土地法は、結局予期の如く成立するであらう。この一ケ月余りの間、民間の議論が沸騰せるに拘《かかわ》らず、何等の光明を本問〔題〕解決の前途の上に見ること能《あた》はざりしは、大正二年八月の土地法制定の当時と同一である。幣原大使が日本政府の訓令の下に、国務卿コルビーと何等かの解決をつけるだらうとの予想も結局一片の風説に終つた様だ。政府としても、此の問題を如何ともする能はざるは、此の前の土地法の時、歳を重ねて進めた交渉を加藤外相が遂に諦《あきらめ》をつけてうち切つたのと同じ趣意に出づる。蓋《けだ》し今次の新土地法は前の土地法の修正に過ぎずして、新らしい何物も加はつておるのでない。今度の土地法に就て日本の□〔方〕に仮に要求し得るものありとすれば、そは、大正二、三年の時にも、請求し得べき筈であつた。あの時、如何とも仕方がないとして手を引いたものとすれば、今度も同じく如何とも手をつけることが出来ないのである。要するに問題の性質はあの時と今度と全然同一である。強ひて異《ちが》ふ処を求むるなら、あの時は、中央政府に日本の立場を諒とする同情があり、中央の威力を利用して出来るなら、加州を圧迫せんと、試みたに反し、今度は、中央政府に以前程の熱情がない、寧《むし》ろ表面から州権尊重の伝来の原則を楯にとつておるかの如く見ゆることである。そは大統領選挙委員の選挙に加州の嚮背《こうはい》が重大な関係を有する為めであるか分らない。

加州土地法が——新旧両法を通して——不当な差別的待遇をしても、我々に於て如何ともすることが出来ないと云ふのは、一つには、問題の事項が専ら州の権限に属することとなるが為めである。州の専属的権限に対しては米国中央政府に容喙《ようかい》の権がない。これ建国以来の伝習的原則である。而して日本としては、米国内の出来事に就て、直接州と交渉することは出来ない。そこで結局中央政府の容喙を許されざる事項に就き、その中央政府に向つてのみ交渉を開き得るのであるから、加州の官憲が自発的に日本の要求を容れて呉れるにあらざる限り、問題は少しも発展し得ないのである。而して加州が日本の要求を進んで容れて呉れる見込は今の処全然ない。即ち本問題が我が日本にとつて如何ともすることの出来ないといふ所以《ゆえん》である。

只若《も》し茲に一つ問題を発展せしめ得べき道ありとすれば土地法の合法性を米国の法廷に争ふといふことである。同法の適用によつて不利益を蒙むるものは、米国政府と共に、裁判所に向つてその無効を争ふことが出来る。そこで我国でも、米国政府を促してこの手続を執らしむべしとか、又は在留日本人をして訴訟を提起せしむべしとか主張する者があつた。然し乍《なが》ら、この主張には、果して、充分なる理論上の根拠があるだらうか。これ、余の本篇に於て主として研究せんとする問題である。これに附随して、今又、理論上の根拠があるとしても、実際上当面の問題をこれに拠《よ》つて解決し得るの見込ありや否やを考へて見たい。

二

土地法の合法性は第一に、加州の法廷で争ひ得、第二に合衆国法廷でこれを争ひ得る。前者の場合に於ける争点は、加州の憲法に違反せざるや否やの問題であり、後者の場合に於ては、合衆国憲法及び日米通商航海条約と牴触《ていしょく》する処なきや否やの問題である。先づ第一に加州憲法と土地法との関係から考へて見よう。

加州の憲法と土地法との関係を論ずるに当り、第一に引合に出る箇条はその第一章第十七条である。曰く、

「市民タルヲ得ル外国人ハ此ノ州ニ於ケル善意ノ居住者タル間不動産以外ノ一切ノ財産ノ取得、所有、利用、移転及相続ニ関シ生来ノ市民ト同一ノ権利ヲ有ス」。

「但シ、斯ル外国人ニシテ本法施行ノ際不動産ヲ所有スルモノハ依然所有者タルコトヲ得」。

「州議会ハ今後相続又ハ遺言ニヨリ斯ル外国人ノ取得スルコトアルベキ不動産ノ処分ニ就キ法律ヲ以テ特別ノ規定ヲ設クルコトヲ得」。

然し乍ら、この箇条は、市民たるを得〔ざ〕る外国人に不動産の取得、所有、処分等を禁ずる趣意でないことは、実際の取扱上、此の規定あるに拘らず、一般に外国人には市民たると得ざるとを問はず、土地に関する取得所有処分の権利を認めておつた事実によつても分かる。但し不動産の所有権を一般外国人に認めておつたのは、特にこれを禁ずる規定がなかつたといふ消極的の理由あるに止まり、条約でも、国法でも積極的にこれを保障するものがあつたのではない。唯外国人の土地所有権に就ては、市民たるを得る外国人に限り、昔しから所有し来つた不動産に就き憲法上の保障はある。何れにしても、加州の憲法は外国人に不動産の所有権を禁ずるといふ規定も無ければ又許すといふ規定も無い。而して土地に就き如何なる法規を設くるやは、加州の権限に属するが故に、その限りに於て、土地法は憲法違反ではない。何んとなれば或種の外国人に不動産の所有権を禁ずるといふことは右第十七条と牴触しないからである。

そうすると問題は、土地法の如く、市民たるを得ると得ざるとに依つて外国人に区別を設くるのが憲法違反にならないかと云ふ点に移る。この点から引合に出る条文は加州憲法第一章第一条である。曰く、

「凡テノ人ハ生レ乍ラ自由ニシテ独立ナリ、而シテ奪フ可ラザル権利ヲ有ス、生命及自由ヲ享有シ、之レヲ防禦スル権利、財産ヲ取得シ保存シ保護スルノ権利、……即チ之レナリ」

この条文は不動産の所有権をも凡ての人に通じて、保障するの趣意なることは明白である。唯玆に所謂「人」と言ふのは如何なる意味に解釈すべきものなるかが問題になる。これに就ては、これを合衆国市民に限るといふ説と、合衆国市民に限らず凡ての人類と解すべしとの二説がある。

合衆国市民に限るといふ説をとる者は主張して言ふ。斯く解せざれば、第一章第十七条の規定の意味が分らない、第十七条は第一条の例外を為すものと見ることは出来ない。何となれば、例外を為すものなら、「不動産上の権利は取得するを得ず」といふ風に規定してゐなければならないから。不動産以外の一切の財産云々とあるのは第一条に規定しなかつた別種の人に就いて規定したものであるからである。そこで、第十七条は外国人に関する特別の規定であり、従つて、第一条は、合衆国市民に関する規定であると見なければならないと言ふのである。

凡ての人類と見るべしとの説をとる者は言ふ。第一条に all men と書いてあるに対し、第二条には、殊更らに people とある。米国市民を意味する文字と別つて all men と書いたのはこれ、市民以外の凡ての人類を包括する意味ではないか。

以上の二説を比較するに、若し第二説をとることとすると、第十七条は市民となり得る外国人に関する例外規定であつて、この規定に漏れたものは第一条の本則に拠るといふことになる。従つて、市民となり得ざる外国人に就ては、何等の規定がないのだから、土地所有権も市民同様に保障されたものと言はなければならぬ。尤も憲法第十九条、第四条には、

「市民トナリ得ザル外国人ノ在留ハ州ノ安寧ニ有害ナリト認ム、州議会ハソノ権限内ニ於テ一切ノ手段ヲ尽シテ斯ル外国人ノ来住ヲ阻止スベシ」

とあるから、帰化権なき外国人を帰化権ある外国人以上に優遇する結果にはならないと言ふ者もあらうが、然し、

第十九条は支那人といふ表題を有するものであつて、第四条の如きも実は支那人のみに適用すべきものと解せねばならない。故に例へば、日本人の如きは、――その帰化権の有無に就ては、少くとも法律上は多少の疑はあるけれど、今は、実際の取扱に従つて帰化権なきものと定めて置く――少くとも、加州憲法の範囲に於ては、第一章第一条の所謂「人」に関する第二の解釈をとれば、帰化権ある外国人以上の優遇を享《う》くる結果になる。そこで、憲法制定当時の考へが如何《ど》うであつたか、或はその考へを現す為めに適当の文字が使はれたかは分らないが解釈上の問題としては、どうしても第一説をとらねばならぬ。

その結果は如何うなるか。

一、凡ての権利に就き、憲法上の保障あるは米国市民のみに限る。

二、外国人に就ては、

(甲)、帰化権を有する者は、(イ)、不動産以外の一切の財産の取得、所有、利用及相続に関し、生来の市民と同一の権利を有し、(ロ)、不動産に就ては、本法制定当時これを所有する者に限り依然所有権を有し得る、(ハ)、此の種の外国人が相続又は遺言に依りて新に不動産を取得したる場合に就ては、州議会は法律を以て特別の規定を設くることが出来る。

(乙)、帰化権を有せざる者に就ては、憲法上何等の保障がない、就中《なかんずく》、支那人は州の安寧に有害なるものとして来住を拒まるゝことがあり得る。

加州憲法の解釈が上述の如しとせば、土地法の憲法違反にあらざることは明白である。

三

土地法と米国憲法との関係に就ては憲法補則第十四章に、

州ハソノ管轄内ニアル凡テノ人ニ対シテ均等ナル法律ノ保護ヲ拒ムコトヲ得ズ

と云ふ規定あるを楯として、土地法の無効を法廷に争ひ得べしとする者がある。然し乍ら、この規定は、凡ての人に絶対的均等保護を保障する意味でないことは云ふ迄もない。例へば日本の憲法にした処が、その規定する処の凡ての人に対する所有権の保障といふことは、特別の場合に法律が特殊の人に特別の制限を加ふることを妨げない。斯くの如き憲法の原則の例外を為す法律は直に憲法違反といふべきではなく、その例外たる事柄の性質が憲法の趣旨に背くや否やが問題となる。これと同様に加州の土地法が特殊の人に対する土地所有権を制限したといふこと夫れ自身が憲法違反となるのではない。若し問題となるなら、それは、市民となり得ざる外国人を特に除外したといふ点でなければならぬ。憲法は凡ての人に対して均等の保護を与ふることを原則とするも、相等の理由ある差別的待遇は絶対にこれを認めざるの趣意ではないのである。従つて、加州の土地法が差別的待遇の条項を含むといふことが直に憲法違反の理由となるのでないから、これを法廷に争ふて勝算歴々たるものあるといふ訳には行かない。問題が一歩進んで帰化権なき外国人を特別の目標にするのが正しいか正しくないかと云ふ議論になれば、賛否両様の説があるに相違ない。この点に於て、この方面よりする出訴も果して目的を達するや否や甚だ覚束《おぼつか》ない。況《いわ》んや我々の言分が仮りに正しいとしても米国の法廷が迅速にこれを解決して呉れる見込甚だ少いに於てをや。

四

終りに日米通商航海条約との関係を見よう。加州土地法は、市民たるを得ざる外国人は条約の規定の範囲内に於てのみ不動産若くは不動産上の利益を取得、保有、使用、譲渡することが出来るとある。然らば、条約は如何なるものに就て、不動産若くは不動産上の利益を取得し得るかと言ふに、「家屋、製造所、倉庫、及店舗を所有又は賃借」することが出来るのである。約言すれば、商工業用に就てである。この範囲内に於ては、日本人も米国市民同様の完全なる保護を享くべきことは、条約第一条第三項の規定に依つても明かである。曰く、

両締約国ノ一方ノ臣民又ハ人民ハ他ノ一方ノ版図内ニ於テ其ノ身体及財産ニ対シテ常ニ保護及保障ヲ享受スベク而シテ内国臣民又ハ人民ト同一ノ条件ニ服スルニ於テハ本件ニ関シ内国臣民又ハ人民ニ許与シ若クハ許与スルコトアルベキ所ト同一ノ権利及特権ヲ享有スベシ。

然し乍ら、農業用の土地に就ては、何等の規定がない。即ち農業用の土地は条約の保障する処にあらざるが故に、米国側が特別の法規を定めても、条約違反と言ふことは出来ない。加州土地法は条約規定の範囲といふ条件の下に農業用の土地に就て帰化権なき外国人に差別的待遇を与へんとするものであるが、我々は、遺憾乍ら、条約を楯としてこれを抗争することは出来ない。

次ぎに最恵国条款を理由として争ふべしとする説もあるが、これも表面だつて争ふといふ段になると、我々の言分に根拠がない。何故なれば、条約第十四条には、最恵国条款の適用あるは、通商及航海に関する一切の事項に限るとあり、農業経営に就ては何等言及してないからである。第十一条、第十二条、第十三条等にも、同じ様な規定があるが、然し、一として、農業用の土地に就て、最恵国条款の適用を迫るの根拠となるものがない。

要之《これをようするに》、条約違反を楯として争ふには、根拠が余りに薄弱である。

五

以上述べたるが如く出訴の方法によつて問題の解決をつける見込は極めて少ない。そこで更らに、仲裁々判にこれを付すべしとする説もあるが、米国は恐らく、これに同意しないだらう。然らば米国と改めて土地所有権及借地権を日本人に保障するの新条約を締結したらいいとか、又何等かの方法で帰化権を獲得したらいいとかの説もあるが、これは恐らく、単なる一方の希望に止まることである。最近我国の論壇に聯合高等委員会を設置してこれに解決の全権を託そうといふ説もある様だが、これは、米国の国情と問題の性質を弁《わきま》へざる空論である。

何れにしても、この問題は法廷に訴へるとか、条約上の義務としてこれを認めしめようとか、表面だつた理窟を以て対抗するのでは到底解決の見込はない。余輩も土地法の合法性を明にせんとして種々理窟を捏《こ》ねて見たが、こうゆう理窟の説明がこの問題の相談に重きを為すものとは更らに考へてゐない。蓋し日米問題は、箇々の事柄に就て理論上の意見が相違するといふことが争の原因となつたのではなく、もつと根本的の原因から互に阻隔反感する様になつた結果として箇々の問題に意見の相違を来す様になつたのである。前者なら法廷に於ける理論の解決が同時に争の根本解決になるけれども、後者にあつては、箇々の争点が解決されても、阻隔反感が残つてゐる以上、手を替へ品を替へ、紛糾した問題が現はれて来る。然らば、日米問題の如きは、差し当り、我々の蒙むる不便不利益に就て応急の処置をとることが勿論必要だが、結局、本当の根本問題まで突入しなければ解決の端緒だに捉まへることは出〔来〕ないだらうと思ふ。

この見地からして、如何なる解決案があるかは、今茲に、述ぶるの遑《いとま》がないけれども、唯、困難なるこの問題の処理に当つては、我々は先づ少なくとも次の二点に慎重なる注意を払ふことが必要であると思ふ。第一は、米国人の日本人を排斥する真の理由を冷静に研究することである。この点の研究に於て我々の特に注意せねばならぬのは、必ずしも米国人自身の言葉を信用すべからざることである。我々が他人を批評する時に、思ふ通りのことを露骨に言はないのを常とする様に、彼等の言ふところの言葉そのものが本当の排斥理由だと考へてはいけない。も一つ注意すべき点は、以前は、日本人を排斥するものは、多数の日本人の居住する加州に著しかつたが、此頃は、日本人に同情して加州の態度を苦々しく思つておつた他の方面に中々排日思想の弥漫《びまん》したことである。是等の点に就て我々自ら反省するの必要がある。第二に我々日本人は動《やや》もすると昂奮して一から十まで相手方を悪《あ》し様《ざま》に言ふ癖があるが、日米問題に就ては特に冷静を持して彼に対して吃〔詰〕責の言を加ふべき範囲を最も明白に限界する必要あることである。例へば米国が日本の移民を拒絶するといふことは、夫自身に於て不都合の処分ではない。日本だつて、公安の維持上或る種の人の上陸を拒むといふ必要はあらう。然し、如何に好ましからざる人であるとしても、一旦在住を許した以上、これに殊更らに、差別的待遇を与ふるのは、どう考へても、正しくない。故に土地法の問題に就て最も明白に我々の彼を非難し得る点は差別的待遇の点のみである。

之等の点を念頭に置きつゝ、日米問題から我々も冷静に復《かえ》り、之れを一箇の国際道誼の問題として静かに協定の方法を考へるといふ外に根本的解決の道は断じてないと思ふ。

〔『国際法外交雑誌』一九二〇年一一月〕

過激派の世界的宣伝の説について

我国の官僚並に其系統に属する一部の論客の間に、露西亜《ロシア》の労農政府を次のやうに観て居る者がある。彼等は其主義を全世界に宣伝し、斯くして万国を其支配の下に置かん事を企てゝ居る。更に又之を所謂猶太《ユダヤ》人の世界顚覆の陰謀なるものに牽聯して考へて居る者もある。一時当局が無暗《むやみ》に猶太人を取締つた事があるのは此誤解に基いたと云ふ者があるが、真偽の程は知らない。更に亦労農政府は日本を敵とするからとて、朝鮮や支那の排日思想は皆其使嗾《しそう》に基くなどと云つたり、果ては日本に反対の運動をする者を無差別に過激派と誣《し》ゆる者あるに至つては、滑稽の沙汰である。兎に角過激派政府は其主義宣伝の運動の一つとして、日本を敵として居る、吾々は自衛上過激派を敵として戦はねばならぬと信じて居る者が相当に多い。

過激派が其主義の宣伝によつて全世界を征服せんと企てゝ居ると云ふ事は、或意味に於ては事実に相違ない。社会問題乃至《ないし》労働問題について、所謂過激派が独特の意見を有《も》つて居る事は、之までも屢々《しばしば》説いた。そして此独特の意見に基いて彼等は現代の社会を根本的に改造せんとして居るのであるが、其改造は自国のみに出来上つた丈《だ》けでは十分でない。隣りの国が依然として旧い形式を採つて居ると自国の改造が維持され難い。一つの訳り易い例を云ふなら自分の国で八時間労働制を施いても、隣りの国が十時間も十二時間も働かして安い賃銀で物を安く造るのでは、少くとも差当り競争が出来ない。故に八時間労働制度によつて受くる利益を十分に受けようとするなら、此制度を凡ての場所凡ての国に行はしめなければならない。従つて労働運動に関する諸々《もろもろ》の要求は、国境を超越し、普《あまね》く世界的に行はれねばならぬ性質のものである。労働運動の世界的性質と称《よ》ぶのは即ち之を意味するのであるが、過激派の主張とても固より此例に洩ない。否、彼の如き突飛な改造論こそ最も痛切に世界的性質を主張するものと視なければならない。此点から観て彼が其主義を世界に宣伝し、万国を其思想の下に統一せんと熱中するのは当然である。過激派の仕事は露西亜のみに終るのではない。遍《あまね》く全世界に社会改革を興さずんば止まずといふのは此為めである。

露西亜の労農政府が露国其物の改造といふ仕事の外に、今述べたやうな世界的使命を感じて居るといふ明白な証拠は、莫斯科《モスクワ》に設けられた所謂第三インタアナシヨオナアルである。第二インタアナシヨオナアルに慊《あきた》らずして此処に新しい旗幟《きし》を翻《ひるがえ》したといふ所に、過激派の特に著るしく世界的に動きつゝある点が現はれて居る。

労働運動は前にも述べたやうに、もと〳〵世界的性質を有するものではあるが、実際には先づ各国別々に組織的運動を起す必要があるので、発達の歴史から云へば、先づ国民的運動として起つた。マルクスは単純な理論から一挙に世界的労働運動を起さんとして、一八六四年万国労働者同盟を作つたけれど永続はしなかつた。労働運動は結局世界的に協働すべきものであるとしても、物の発達には順序がある。マルクスの計劃が数年にして消滅に帰したのは、其処にいろ〳〵の事情はあるが、然らずとすも結局の運命はさうであつたのであらう。斯くして最近までの各国の労働運動は、皆国民の運動として起つたのが初まりである。マルクスの作つた万国同盟の支部として起つたものもあるが、英吉利《イギリス》のやうに夙《はや》くから独特の組合運動として発達したものもあり、独逸《ドイツ》のラッサアル式の運動の如く、全然国家的立場を採つたものもある。斯くして其初め各国別々に起つたが為めに段々着実の発達を見たのであるが、それが相当に発達して来ると、やがて又本来の性質に立還らねばならない事になる。

即ちそれ〴〵の国家の内部に根柢を作つた上で初めて国際的活動に移るといふ事になる。斯くして一八八九年仏蘭西《フランス》革命百年紀念祭を期として、万国同盟は巴里《パリ》に於て復興された。之れが即ち第二インタアナシヨオナアルである。然し之は見様によつては国家的発達から完全な国際的発達に到る途中の段階である所から、未だ十分に世界的性質を発揮する事が出来ない。之を他の例に譬《たと》へるなら、数多き小邦に分れて居つた独逸民族が、完全な国家的統一を見るまでの中間の時期に於て国際的聯合関係に在つたやうなものである。故に第二インタアナシヨナアルは謂《い》はゞ地方分権的で、聯邦的で、各国の労働団体は殆ど中央の命を奉じない。便宜上聯絡を取るといふ位の極めて弱い聯合に過ぎなかつた。之れでは本当の世界的聯合運動といふ事は出来ない。然らば若《も》し労働運動が、いよ〳〵其世界的性質を完全に発揮せねばならぬといふ段取りになれば、更に別種の世界的同盟を造らねばならぬは当然ではないか。

第三インタアナシヨナアルは斯う云ふ点からのみ異を樹《た》てるのではない。社会改造の原理並に方針について、従来の第二インタアナシヨオナアルと全然観る所を異にするからであらう。併し労働運動の世界的性質を十分に徹底せんとするの要求は、亦自《おのずか》ら同盟の根本組織についても、全く新しい立場を取らざるを得ざらしめた。即ち中央集権的な劃一的な、何れかと云へば専制的な制度を取り、即ち莫斯科を中心として世界に号令せんとするの態度を執る所以《ゆえん》である。

予輩は露西亜の労農政府は同時に全く違つた二つの仕事をして居るものと観て居る。一つは彼得堡《ペテルブルグ》を中心とする活動で、如何に露西亜を治むべきかを主たる仕事として居るが、他は莫斯科を中心として如何に世界全体を改造すべきかを主たる問題として居る。彼得堡は露西亜の政府であるが、莫斯科は即ち世界の政府と思つてゐる。故に彼等が世界宣伝部を設けて多額の金を遣ひ、各国に内乱を起さしめて思想的征服の功を揚げんと苦心するのは怪しむに足らない。故に曰ふ、労農政府が世界を征服せんとするの企図ありとするは事実に相違ない。

併し乍《なが》ら若し彼等の世界的征服の意義を政治的に考へるならば、之れ大いなる誤である。此征服の意義を政治的に考へて、レーニンをナポレオンと同一視する者少くないのは、吾々の常に不思議に思つて居る所である。吾々は先づレーニン一派が世界に号令せんと欲するの根本動機をナポレオンなどの政治的野心と同一視するの誤謬《ごびゆう》に陥つてはならない。レーニンの思想によつて征服さるゝ事が好ましいか好ましくないかは全く別問題として、兎に角彼等の所謂征服の動機は全く之を思想的に考へなければならない。従つて彼等の征服の手段を従来の国家競争の場合のやうに、武力的に考へては大いなる謬《あやまり》である。彼等は本来政治的征服をやらうといふのではない。征服といふ文字に拘泥して斯かる謬見を抱く者我国に案外に多いのは注意すべき事柄である。

尤も過激派が世界征服の手段として全然武力を用ひないではない。思想的宣伝の前途に横はる障害物を排除するが為めに各国に内乱を起させるなどは、随分険呑《けんのん》な遣り方だが、内乱を起させたからとて、其後《あと》に彼等が来つて自国の政令を布《し》き吾々を圧迫しようといふのではない。と云つたからとて吾々は、彼等の宣伝を恐るるに足らずといふのではない。恐るべきや否やは暫《しばら》く別問題として、若し吾々が之に対抗して何等かの方法を取らうといふなら、其方法が従来の遣り方とは全く趣を異にするものでなければならないと主張するのである。

現に我国では過激派の世界的征服の風説に驚き、其征服の意義を政治的に誤解して、之に反抗して国家の安全を計るべく恐るべき多数の兵力を使つて居るではないか。西伯利《シベリア》出兵は現に政府の揚言する所の如くんば、右の目的以外に出でないではないか。

要するに過激派の世界的征服の意義を政治的に考へて居る者は、当局者のみならず民間にも今日頗《すこぶ》る多い。過激思想の流行は是非共之を抑えなければならないとした所が、今のやうな方法では全然無効だ。啻《ただ》に効が無いばかりでなく、之が為めに国力を徒費するの損害も測るべからざるものがある。お前は余り学問に熱中して中毒を起し懸けて居ると云つた者がある時、中毒を文字通りの意味に取つて、頻《しき》りに滋養物を取つたり運動したりして中毒症状の起るを防がんとする者があつたら、人誰か其愚を嗤《わら》はざるものがあらうか。而して此愚を西伯利出兵による過激派対陣に於て日本政府は将《まさ》に演じて居る。出兵其物の利害得失も大きい問題だが、吾々は亦別に過激派の企図に対してもつと立入つた方策を研究したいと思ふ。

〔『中央公論』一九二一年二月〕

ヤップ島問題

四月十八日外務省発表の「ヤップ島問題に関する日米交渉経過」に基いて、本問題の大要の解説と批判とを試みて読者の参考に供しようと思ふ。右は米国大使よりの公信が三通、之に対する日本政府の答書が二通から成り、頗《すこぶ》る詳細の点に亙つて居るが、要するに根本の争点はヤップ島を日本の委任統治区域の中に包含せらるゝや否やと云ふに在る。但し両者の交渉の進行につれて、具体的の争点は順を追うて多少変つて居る。予は先づ此事から説明を初めよう。

事の起りは去年十月の国際通信会議に端を発する。通信会議で海底電線仲継所としてのヤップ島の処分が問題となつた。此問題を国際通信会議と云ふ特別の委員会で極めようと云ふ事は最高会議の決議に基くので、初めから問題はない。現に日本からも此為めに態々《わざわざ》代表員を米国に派遣したのであつた。処《ところ》が図らずも此会議の席上に於てヤップ島の統治に関する問題につき、日米両国の間に意見の相違を見た。日本はヤップ島は既に大正八年五月七日の最高会議の決議に基いて立派に我国の委任統治区域となつたと解して一点の疑を置かないのに、米国は之はまだ未定である、此事は海底電線問題と共に新たに何とか決められなければならない問題だと主張する。是に於て大正八年五月七日の最高会議の決議に、赤道以北の旧独領諸島は之を日本に委任して統治せしむとある中に包含せらるゝものなりや否やが問題となる。

米国は云ふ、最高会議は「国際通信に重大なる影響を及ぼすべき種々の理由に鑑《かんが》み……本島を国際管理に附し、以て之を国際海底電線仲継所として使用に供するを得んが為め何等かの協定を見るべきを期待したるを以てヤップ島の終局的処分は将来更に考慮する為め之を留保したり」と。即ち最高会議其物がヤップ島の除外を留保する諒解の下に他の一切の赤道以北の諸島を日本の委任統治に附したと解するのである。之に対して日本は斯う云ふ特別の除外を留保するには明示的の声明を要する。何等の声明なき限り無条件に一切の島嶼《とうしょ》を委任したと見なければならない。従つてヤップ島も無論其区域内に包含せらるゝものであると主張する。

之に対して米国は五月七日の最高会議に至るまで前数回の会合に於て、米国側が常に留保を主張した事実を挙げ、之ほど明白にヤップ島については疑義があつたのだから、特に之をも包含する意味の明示的声明がなければ之は包含されないものと解するのが至当だと説いて居る。之に対して日本は、米国の主張するやうな事実はあつたらう、あつたとしても単純なる意見の陳述は如何にそれが強く主張されても決議に対する留保としての効力はない。況《いわ》んや此等の米国の主張に対しては我々は初めから不同意を表明せるに於ておや。故に此問題は特別の除外の宣言が無ければ留保無しのものと単純に認めなければならないと主張する。

茲までの議論の進め方については如何に公平に考へても米国の言ひ分に理屈は無い。理屈と理論の上では日本の主張は徹頭徹尾正いと思ふのである。

米国は初め最高会議の決定其物の効力については争はなかつた。只争つたのは其解釈の問題としてヤップ島を包含すと認むべきや否やの点であつた。而して此点については前述べた通り米国の言ひ分は正しくない。さう気が附いた為めかどうかは分らないが、米国は次いで論鋒を一転して来た。即ち最高会議の決定の解釈として日本の言ひ分が正しからうが、其決定其物が一体米国を拘束することの出来るものかどうか、米国は此決定に拘束せらるべき何等の理由がないからヤツプ島の処分についても云ふ丈《だ》けの事は自由に云ふと云ふ態度に出て来た。斯う云ふ議論の進め方についても米国の態度は必ずしも終始一貫してゐない。

米国は最初少くともヤツプ島の問題については最高会議決定の当時、米国全権は、ヤツプ島は除外せらるゝものと云ふ推測の下に行動したと主張する。若しヤツプ島をも日本の委任統治の区域に包含せらるゝと諒解せらるべきであつたなら、彼は之を争ふことなくして行動する筈はない。故に最高会議の決定の解釈がヤツプ島を包含するものと云ふ事に決まつても、此点は米国の明白に同意せざりし所である。従つて米国は其同意せざりしものについて拘束を受くる理由はない。即ち彼は少くともヤツプ島に関する限りに於て最高会議決定の米国に対する拘束力を否認するのである。

所がやがて米国はベルサイユ条約其物の拘束力を否認する態度を取つて来た。よしんば此条約が米国全権の同意の下に出来たとしても、米国は之を批准しない。従つて米国は之によつて何等拘束せらるゝ所が無いのである。斯くして曰く「本件に関しては米国の間に何等条約を存せず、従つて米国を拘束すべき一九一九年五月七日の決議あるべき理なきが故に、同日の最高会議の簡略なる議事録につき論議すること亦不必要」だと。而して今度の戦争は同盟及び聯合国の共同一致によつて勝利を得たものだから、「同盟及び聯合国が掌握せる権利は米国も之に均霑《きんてん》し得ることは論理上必然の帰結」であり、従つて「米国の加盟せざる条約が米国の既得権に何等の影響を与ふるものにあらざる事」は云ふ迄もなく、米国の同意を俟《ま》たずして、独逸《ドイツ》海外領土を正当且つ有効に処分し得べき筈のものではない。だから最高会議の委任統治に関する協定の如きも、もと〳〵「主たる同盟及び聯合国の一たる米国の同意を得るにあらずんば効力を有し得ざるの事実を承認する意味に於て起草せるもの」であるのに之を其儘有効なる協定なるかの如くに解し、「米国の同意を求めずして前記統治権を委任するに至りしは如何なる理由に基くものなるや」解し能はざる所であると云つて居る。斯うなると、国際聯盟其物の値打を根本的に覆すものであつて、最早や日米両国間丈けの問題ではなくなる。

斯く米国の主張は段々と変つたが、大別すれば最初は最高会議の協定の解釈に関する日米両国間の紛議であつたのが、やがては協約其物の効力に関する根本疑義となつた。若し之が単純なる解釈上の意見の相違に止るなら、此協定に関係せる英仏等の意見を聴くなり、或は特別なる専門委員を任命して解釈を一定すると云ふ方法もある。けれども米国が国際聯盟其物までも疑ふと云ふ態度に出て来ては、最早やさう云ふ字句の解釈の問題丈けではない。国際聯盟規約其物が或国の全権が之に調印し而かも其国の批准を得なかつた場合に於ける効力如何と云ふ一般的の問題になる。米国は独り此ヤップ島問題についてばかりでなく、先き頃のヒユーズ国務卿の声明に現はれたるが如く右様の態度を露骨に宣言した。之に依つて英仏諸国は皆面喰つて居る形である。いづれ此点は早晩何とか片がつくであらう。之につき予輩に多少の意見がないでないが今は述べぬ。従つて差当り此問題についても、此点まで遡《さかのぼ》つて議論することは避けた方がいゝ、といふ風に英仏等の諸国は考へて居るやうだ。日本としても之は偶々《たまたま》ヤップ島問題に関聯して直接我々に提供された問題ではあるが、関係する所国際聯盟に加入して居るすべての諸国に渉ることであるから、共同の大問題として別に之は極めた方が得策だ。そこで此問題に関する今後の日米交渉は恐らくヤップ島をどうするかと云ふ日米間の紛議と云ふ立場から解決案が講ぜらるゝであらう。

却説《かえってとく》本問題は結局どう決まるだらうか。少くとも日本としては如何なる点を取つて米国に対抗すべきであらうか。今日までの交渉の経過について見ると、日本の論拠が余りに法律的である。法律的見地からすれば日本の言分は正しい。けれども厭《あ》くまで法律論を楯に取つて争ふのは国内の裁判所では有効かも知れないが、国際外交の舞台に於ては殆んど無勢力と云つてい丶。議論は如何様にもつく。問題の解決は表面口には出さない、腹の底の真意を看破してか丶らなければならない。之を無視して単純な法理論を弄ぶのは吝嗇《りんしょく》な金持に向つて寄附を迫るやうなもので、如何に公益だの社会奉仕だのと議論の説破に成功しても、結局金は引出し得ない。出さないと云ふ腹で居れば言を左右に托して負担を免れる丈けの言ひ繕ひは如何様にも出来る。現に米国の態度にした所が、議論で負けると、夫れから夫れと拠つて立つ所の根拠を変へて居るではないか。此問題を議論で始末しようとすれば、名に於て勝つて、而かも実に於て何の得る所もない。日本の従来の外交は何時でも斯くして実利を失つて居る。

予輩の観察する所によれば、米国の真意は通信機関の国際化と云ふ点にある。此点が十分保障さる丶ならヤツプ島の統治権の如きはどうでもい丶。従つて一昨年の会議に於ても米国は此点に専ら力を注いだのであるが、日本は先づ第一に其統治関係を決めようと主張した。統治関係を先決しては通信機関の処分が怪しくなるので米国は之を喜ばなかつたのである。而して日本は統治関係が決まれば、海底電線の陸揚げ、及び運用に関しどういふ処分をするかは其国の勝手で、予《あらかじ》め之について他国の拘束を受くべきでないと云ふ主張を予々《かねがね》して居つたから米国は益々ヤツプ島の日本に帰属することを嫌がつたのである。畢竟《ひつきよう》問題は此点に伏在する。

斯くして米国はヤツプ島の所属はまだ決まらない、之から新たに決めようと云ふのであるが、赤道以北の他の独領諸島と共に、日本に任せようと云ふ事にならぬとも限らないが、其時にはヤツプ島について特別の条件を附しようと云ふのである。此事は現に二度目の公信の中にもほのめかして居る。即ち「万一ヤツプ島が日本の委任統治に割り当てらるゝ場合には、他のすべての諸国も海底電線の陸揚げ運用の為め、自由且つ無礙《むげ》に同島に接近することを得べしとなす米国の見解に同意を表せられんことを希望」する旨を附言した。

此れ丈けの条件を承認せられんことが本来の希望なので、ヤップ島を絶対に日本に遣りたくないと云ふのではない。更に進んで之を自国に奪はふと云ふ考は毛頭無いと信ずる。此点については恐らく英仏諸国も異議はなからう。只英仏諸国は一旦ヤップ島を日本にやると云ふ協定を承認した行き掛り上、米国の言ひ分が正しいと云ふ訳には行かない、露骨に物を言はないのが従来の外交界の常で止むを得ないが、表面上の理屈は兎も角腹の中では米国の希望が容れられた方がいゝと考へて居るに相違ない。そこで彼等は日米両国の単独交渉で此争点の解決せられよかしと希望して居るのである。

然らば此点について帝国政府の態度は如何と云ふに、政府は二度目の公信に於て米国の主張の如きは「同島が委任統治区域たるの事実と何等関係なき議論なるに於ては右は結局当該地域の施政を司《つかさど》る国即ち帝国の自由に考慮すべき問題なり」といひ、又「海底〔電〕線の陸揚及び運用に関し、他国に米国政府主張の如き自由を認むるの義務あるものとは帝国政府に於て思考し能はざる」旨を明白に断言して居る。理屈は誠に明白だ。けれども此理屈を押し通すのでは問題の解決は遂に困難であらう。是に於て此際日本は如何なる態度を執るのが最良の策かと云ふ問題が起る。

米国は恐らく云ふだらう。日本が斯んな態度に出づるに決まつて居るから統治権の問題を海底電線の問題と一所に講究せよと云つたのだと。而して日本は此両問題は全く別箇の問題なりとし、且つ統治権の問題を第一着に解決すべきを主張して成功した。委任統治区域と認められた以上は、後をどう始末するかは日本の自由である。

海底電線の問題についても日本の意のまゝに之を解決する。必ずしも国際化をイヤだと云ふのではないが外国の干渉は認めない。国際化すると云ふ事を外国に声明する事もしない。英仏諸国は斯う云ふ論理上の結論に帰着する事を深く、意に留めずして日本の主張通りに決めた者であらう。此点に於て一昨年五月の外交の舞台に於ては日本は実に見事な成功を収めたと云つていゝ。其協定の文面に基いて権利を主張するのだから、日本の言ひ分に十二分の理屈のある事は申す迄もない。けれども日本の主張通りにすること、否、ヤツプ島を日本の自由経営の下に放任して海底電線の自由に対する何等の保障がないと云ふ事は世界的見地から見ていゝかわるいかは一つの大いなる問題だ。さらでだに日本が世界の疑惑を被つて居る今日、日本政府が進んで少くとも此点については極めて自由公正な態度を取るべき旨を内外に声明せざる以上、世界の人々の道徳的後援が自然米国側に傾くべきは怪むに足らない。果して然らば日本は此儘で押し進んでは名に得て実に失ふの怖れがないでない。此点に於て我が外務当局は本問題の処理については余程慎重なる考慮を費し巧妙なる手腕を揮はねばなるまいと考へる。

終りに臨み、本問題の解決に就て、更に我々の希望に絶へざるは、ヤツプ島問題の解決と同時に、も一つ重大な問題の解決に、着眼せられんことである。

前にも述べた通り、日本の主張は、法理上正しい。けれども世界の人々の道徳的後援は、米国側にある。何によつて然るかと云ふに、世界の人々は仮令《たとい》此種の委任統治区域がその統治国の属領と同様に治めらるべき事が決つたとしても、その国の我儘な法律が、その儘行はれて、為めに国際的道義が、犠牲に供せられんことを欲しないからである。国際的通信機関が日本の我儘な取扱の下に管理されたくないと云ふ考があればこそ問題が起つたのだ。

日本では折角日本の統治に委任しながら、又統治の形式につきいろ〳〵条件を立つるのが怪しからぬと云つて憤る。面目問題としては尤《もつとも》だが結局此れは先方の言ひ分に本当の道理がある。日本としては向ふの言ひ分に譲つたからとて実質的に何の失ふ所もない。故に之は潔く米国の主張に譲つた方がいゝ。さうすれば何もかも円満に解決がつく。更に之を機会として米国の排日熱を緩和し、世界各国の誤解を一掃するの援けともならう。而して我々は之と同時に凡そ文明国は国際上の通義に対しては一国の我儘な主張を犠牲にすべきであると云ふ原則を立つることに努力したいと思ふ。日本は米国の主張に譲つたが之はヤップ島丈けの問題として譲つたのではない、斯う云ふ場合には一般に譲る可きだと云ふ原則に服従すると云ふ意味から譲つたと云ふ事にする。さうすれば日本の譲歩は同時に或高尚なる一原則の国際間に確立するを促すものにして、斯くてこそ初めて日本は大いに国際関係の進歩発展に貢献するとも云はれやう。加之《しかのみならず》日本丈けの実利の問題としても斯う云ふ原則の確立することによつて、アングロ・サクソン人の頑迷な白濠洲主義を破ることも出来る。印度《インド》や南亜に於ける対亜細亜《アジア》人の門戸閉鎖政策を雄弁に斥《しりぞ》けることも出来よう。此処に得て彼に失ふ、利害の打算から見ても我々の執るべき途は明かだ。得たものは少しでも失ふまいと云ふ態度一点張りでは得べきものをも得られずに終ることがある。斯く観ればヤップ島問題の如きは我国に取つて厄介な問題と云ふよりは寧ろ大いに乗ずべき機会を提供する問題だと見ることも出来よう。

〔『中央公論』一九二一年五月〕

ハーディング成功の要因

一

昨年の米国大統領の選挙で共和党のハーディングが予想外の大多数で当選したことは内外共に驚いて居る所である。其原因の孰《いず》れに在るやは米国の政情を研究して居る者の斉《ひと》しく知らんとする所であるが、表面の事実から云ふと、是は疑もなく民心が民主党を去つて共和党に傾いた事を語るものである。が併し新に多数の婦人の投票などが加つて居るので、どれ丈《だけ》が新投票であり又どれだけが所謂《いわゆる》民心の転移の直接の表現と観るべきかは、軽々には断定することが出来ぬ。之に就て近着の紐育《ニューヨーク》サン紙上にエール大学の経済学の教授アーヴィング・フィッシャー博士の研究が載つて居つたから、次に之を紹介して見よう。

二

フィッシャー教授は先づ最近三回の大統領選挙の実蹟に拠《よ》り、各州に於ける両政党の得票の転移を表示して居る。之を左に転載するが、之を観るについては次の諸点を心得て置くの必要がある。(一)此表は共和党の優勢なる処から段々民主党の優勢になる順序に各州を並べてある。(二)区劃の大小は有権者の多少に比例して作られてある。即ち図に示されてある通り、此意味に於てニュー・ヨーク州が最大で、ネヴァダ州が最小である。(三)共和民主両党以外の得票は勘定に入れてない。又事実無視しても構はない程少数である。(四)一九一二年の共和党の

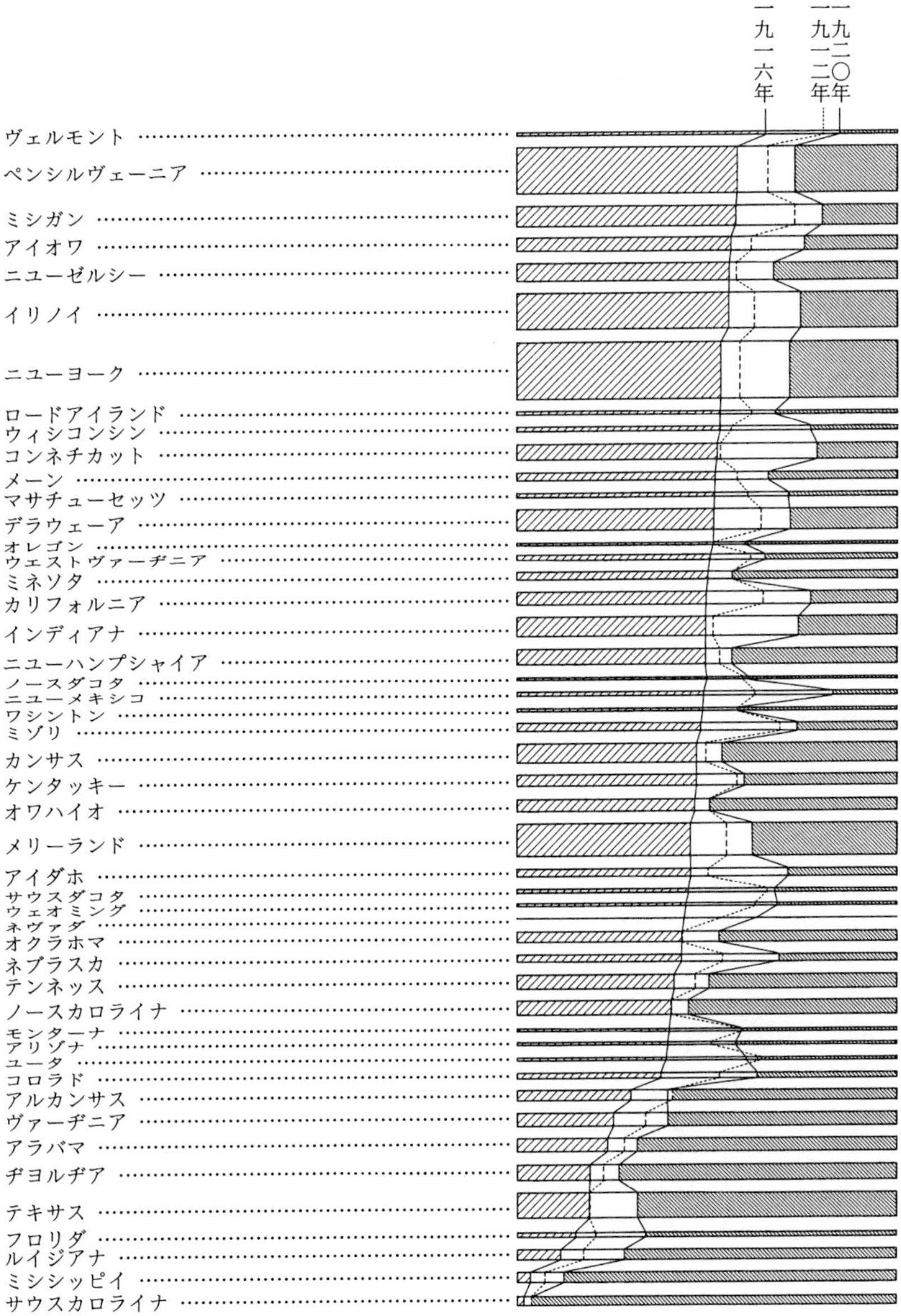
一九一六年
一九一二年
一九二〇年
ヴェルモント
ペンシルヴェーニア
ミシガン
アイオワ
ニユーゼルシー
イリノイ
ニユーヨーク
ロードアイランド
ウィシコンシン
コンネチカット
メーン
マサチユーセッツ
デラウェーア
オレゴン
ウエストヴァーヂニア
ミネソタ
カリフォルニア
インディアナ
ニユーハンプシャイア
ノースダコタ
ニユーメキシコ
ワシントン
ミゾリ
カンサス
ケンタッキー
オワハイオ
メリーランド
アイダホ
サウスダコタ
ウェオミング
ネヴァダ
オクラホマ
ネブラスカ
テンネッス
ノースカロライナ
モンターナ
アリゾナ
ユータ
コロラド
アルカンサス
ヴァーヂニア
アラバマ
ヂヨルヂア
テキサス
フロリダ
ルイジアナ
ミシシッピイ
サウスカロライナ

得票はタフトとルーズヴェルトとのを合算してある。

右の表に見へてゐる真中の点線即ち一九一二年のは、大体一九〇八年のと同じである。そこで一九〇八年より一九一二年までは大体同じ様な形勢で続いたが、夫れが一九一六年に至り著しく共和党の勢を減じたと云ふ事が判る。最も著しく共和党の優勢を占むるヴェルモントが六四パーセントで、次のペンシルヴェーニアが五七パーセント、最少の南カロライナが二パーセントになつて居る。

三

さて前記の表の示す所に依り最近の形勢を概括的に説明すると次のやうな事になる。

㈠一九一二年の選挙に於て、民主党は従来の地盤を其儘維持せしに過ぎず、新に敵の地盤を侵略しては居ぬ。左れば其の得票も全投票数の四五パーセントで、依然少数党なのである。夫にも拘《かかわ》らずウィルソンの当選を見たのは共和党が分裂してタフトとルーズヴェルトとに投票を割いたからである。

㈡一九一六年には民主党が著しく優勢を示すことになり、即ち五一パーセントを収めて多数党となつた。之は崩壊せる進歩党の五分の一余を羅致《らち》し得たのが主たる原因の一である。

㈢一九二〇年には旧進歩党系の脱走組の大部分は共和党に帰参した。加之《しかのみならず》民主党にして若干ハーディングに投票したものもある。是れ民主党が南北戦争以来未だ曾《かつ》て類例のない三六パーセントと云ふ空前の少数に墜ちた最大の原因であらう。

四

次に一八六四年以来の選挙に於ける民主党の勢力の消長を表示して見よう。

年次	当選者	（競争者）	民主党得票割合（百分率）	増減割合（百分率）
一八六四	リンカーン	（マクレラン）	四五	
一八六八	グラント	（セーモア）	四七	二
一八七二	グラント	（グリーレー）	四四	三
一八七六	ヘーズ	（チルデン）	五二	八
一八八〇	ガーフォールド	（ハンコック）	五〇	二
一八八四	クリーヴランド	（ブレーン）	五〇	〇
一八八八	ハリソン	（クリーヴランド）	五〇	〇
一八九二	クリーヴランド	（ハリソン）	五二	二
一八九六	マッキンレー	（ブライアン）	四八	四
一九〇〇	マッキンレー	（ブライアン）	四七	一
一九〇四	ルーズヴェルト	（パーカー）	四〇	七
一九〇八	タフト	（ブライアン）	四五	五
一九一二	ウィルソン	（タフト、ルーズヴェルト）	四五	〇
一九一六	ウィルソン	（ヒューズ）	五一	六
一九二〇	ハーディング	（コックス）	三六	一五

之に由て観ても、今度程転移の甚しいのは空前の出来事だと云ふ事は分らう。一九〇八年以来の形勢が順当なものであり、一九一六年の民主党の成功が特別な事情に基くものとし、夫れが一九二〇年に元の通りに復《かえ》つたものとするなら、六パーセント位の出入で了《おわ》るべきであつた。夫れが十五と云ふ驚くべき数字を示したのだから、世間の人が其意外なるに驚異の眼を見張つたのである。

五

以上の事実を結果した原因は何処に在るか。世間では政局変転の民心の要求、ウォルソンに対する嫌悪、国際聯盟の不評判等から、婦人参政権の許容と禁酒法施行に対する不平との影響までを挙げる。之等はみな看逃す可らざる要素であらう。併し予の観る所に依れば、次の諸点が特に吾人の詳細なる攻究に値すると考へる。

(一)永く政権を執つて居る者に対する自然的反感が物価騰貴其他の四年間の異常の出来事によりて一層唆《そそ》られたと云ふ事実がある。在野党が代れば必ず面目を一新して不平を癒さるゝと限らないけれども多数の民衆は無反省に変革を思ふ様になるものである。民主党没落の一主要原因を為した物価騰貴の趨勢が、偶然にも共和党の根拠たる実業界の利得を多くし従つて同党の運動費を潤沢にしたと云ふ事情も併せ考ふるの必要がある。

(二)外国種の市民の不平が最も著しく民主党を傷けた事も看逃してはならぬ。愛蘭《アイルランド》併《ならび》に独墺諸国より来住して市民となつたものが民主党政府に慊焉《けんえん》たるものあるは言ふを俟《ま》たない。伊太利《イタリア》種もフィウメ問題について不平がある。之等は今度の選挙に於て挙《こぞ》つて共和党に走つた。就中《なかんずく》独逸《ドイツ》種がハーディングを支持した関係は最も著しい。されば、之等外国種市民の多い州ほど得票の転移の程度が大きいのを見る。共和党の成功に寄与した原因中之が一番著大なものかと思はれる。

(三)婦人参政権の影響としては寧《むし》ろ民主党に有利であつたやうだ。婦人の選挙権者は共和党よりも寧ろ民主党の方に傾いて居つた。之れ恐くは(イ)民主党の方が余計に国際聯盟に同情ありと信ぜられし事と、(ロ)従来禁酒法其他婦人側の主張を多く民主党が採用せし事とに因る者であらう。実際の統計から帰納して見ても、婦人参政権の施行によりて著しく有権者数を増さぬ諸州(カルフォルニア、オレゴン、ワシントン、モンタナ、ネヴァダ、コロラド、イリノイ、ミシシッピー等）では左程でもないが其反対に著しく之を増加した諸州（ロードアイランド、マサチューセッツ、デラウェーア、ミネソタ、インデアナ、ニユーハンプシヤー、ウエストヴァーヂニア、ノースダコタ、ニユーゼルシー、オハイオ、オクラホマ、ノースカロライナ、アラバマ等）では、共和党得票数の増率の割合は非常に少いのである。婦人の多数はハーディングよりも寧ろコックスの方を支持したものと見へる。

㈤〔ママ〕禁酒法施行の影響は大したものがない。今度の憲法改正の結果新に禁酒となつた州と従前から禁酒を実行して居つた州とを比較して見ると、両党得票の転移の計数上に何等著しい差異を示してゐない。

以上挙ぐる所を以て観ると今次の選挙の結果も亦特別の事情に由るもので、之を以て両党の関係は今後も永く此割合で進むものと断ずることは出来ぬ。只如何に変るかは両党今後の策戦と其功績とによることは言ふを待たない。

〔『国家学会雑誌』一九二一年六月〕

米国の世界政策構成の主要素

亜米利加《アメリカ》の対世界的態度については我国に二種の誤解がある。一つは傍若無人に我儘を押通さうとするのが米国流だとする考で、他は米国は今尚《な》ほワシントン、リンカーン以来の正義公道を以つて立つ国だとする考、是れである。基督《キリスト》教会の先生方などは、其接する宣教師などを通してのみ米国を観、其最近の社会的経済的発展の状態に余り注意しない所から、動《やや》もすれば極端な楽天観に陥り易《やす》い。然るに他の一方には米国の最近の態度を皮相的に観、殊に日本に対する彼等の反感を気に病み、且又吾々同胞をして常に緊張した気分に在らしめようとする考なども加はつて、此次ぎは米国と衝突するのだなどと説き廻るものもある。常に仮想敵を有《も》たなければ国民の元気は作興し得ないなどと考へて居る連中は、得たり賢しと米国の脅威を宣伝し廻る。是等の二つの考は共に米国を、少くとも其対外的態度を正当に解したものと云ふ事は出来ない。米国の対外的態度は云ふまでもなく頗《すこぶ》る傍若無人である。全然吾々に取つて脅威でないとは云へない。然し又米国を以つて直ちに吾々の敵と視るのも誤りだ。米国には又確かに正義人道の基礎に立国の方針を置かうとする有力なる団体もある。只、是等の思想が実際政治の上に如何に消長するかが問題である。是等の点について予輩の考ふる所を極めて簡単に述べて置かう。

米国の対外的態度が常に世界的である事は昔から著るしい特色である。建国の精神から云つても、世界の虐げられた人々に自由の天地を提供せんと云ふのが趣意であつた。従つて米国には民族といふ観念が無い。来る者は拒まず、米国に来た者又米国で生れた者は、凡《すべ》て米国人とするといふ建て前であつた。近頃排日問題の如きが盛んに起つて、之れとは反対の趣を示すやうになつたけれども、之は他の特殊の原因に由るもので、前の原則は依然として渝《かわ》らない。畢《つま》り米国民族の純正を保たんが為め(否、米国民族なるものが初から存在しない)ではなく、米国の国土に於ける或る理想の実現を傷けられん事を恐れて排日運動をするのだ。よし之れが誤解であるにしろ、兎に角米国といふ土地を或る理想の発現地として、世界の人と倶《とも》に楽まうとする根本思想は之れを疑ふ事は出来ない。此点に於いて排日問題を人種問題だなどと説くのは極めて浅薄な考へである。此事は現に屢々《しばしば》本誌上で述べた事もあるし、又余談に亘《わた》るから今は是れ以上説かない。何れにしても米国建国の趣旨は世界の人々の為に米国を経営するのだといふ理想を取つて居り、而して此精神は今日に於いて尚ほ有力に活《はたら》いて居る事は疑を容れない。

従つて米国人のやる事は何をやつても着眼が世界的だ。今日公私両面を通じて凡《あら》ゆる世界的運動を列挙して見たなら、恐らく其大半は米国に発祥すると云ふてよからう。是等の点も一々証拠を挙げる煩累を避ける。斯くして彼等は又自ら世界の問題を自分の問題とする気分になる事も当然だ。此態度は今度の戦争並に講和会議に対する米国の関係を考へて見れば能《よ》く分る。要するに米国は本来何事を考へるにも世界的に思索し又判断する。他の国にも斯ういふ態度は見られないではないが、米国程著るしいものは無い。米国の対外的態度を観察するに方《あた》つて、先づ此事を念頭に置く必要がある。

斯う云ふと人或はモンロー主義は何《ど》うかと質《ただ》す者があらう。モンロー主義の当初の精神は欧羅巴《ヨーロッパ》大陸の事には特に関係しないから、米大陸の事には欧洲諸国から干渉して貰ひたくないと云ふに在る。一種の門戸閉鎖主義である。問題を一地方に局限するといふ態度である。之は確かに世界的な考へ方と相容るゝものではない。之が米国外交の伝統的根本原則だとするなら、之と其世界主義とは如何に調和する事が出来るか。

モンロー主義を其起原について考へて見ると、之は当時欧洲の神聖同盟が米大陸の植民地に干渉して、自由主義の運動を撲滅しようとしたから、之を放任すると米国の理想が傷けらるゝといふ事を大いに恐れたからである。従つて単純に自分の事は自分で処理するからといふ自主独立の態度を形式的に主張したのではなく、自由といふ理想の実現を少しでも傷けまいといふ内容を有つて居つたのである。無論モンロー主義は其後全然濫用されないとは云はれない。けれども其当初主張せられた根本観念から云へば、彼等が最も大事と考へた自由の理想の実現の為めに已《や》むを得ず唱へたもので、此点に於いては排日問題と同じく、実際の事情に促されて已むを得ず取つた主義なのである。唯斯う云ふ主義は一度び実際の社会に固ると根本の理想から切離して形式的に又部分的に固執せらるゝ事はある。或る疾《やまい》を癒《なお》す為めにコカインを注射する事が度び重なると、遂に其疾が癒つた後までも其注射を続けねばならぬやうな状態になるのと同様である。根本の理想に対する執着が弱いと、遂に是等の形式的な部分的な原則によつて過まらるゝが、有繋《さすが》に米国の根本精神たる世界主義は常にモンロー主義と闘つて、必要以外に此主義の跋扈《ばっこ》を許さない。現に今度の戦争に米国の参加したのは、明白にモンロー主義の要求に従つたものではない。実際の政界に於いては、何処の国でも、いろ〳〵矛盾した主義が雑然と行はるゝ事が免かれない。短い時期を限つて見れば、其間には矛盾もあれば混乱もある。只吾々は其間に何れの主義が正系であり、何れの主義が傍系であるかを区別して、結局に於いて強く米国を率ゐる思想の何たるかをはつきりと見定める事が必要だ。此点に於いて予輩はモンロー主義は漸次世界主義によつて洗練せられて行くものと信じて疑はない。而して此事はモンロー主義の歴史から観ても断定は出来ると思ふ。

更にも一つ考へねばならぬ事は、最近米国に於ける所謂ナショナリズムの勃興である。独自一個の見を主張し国際聯盟の加盟を拒んで居る態度などを見て、米国はもはや世界的精神を捨てたと説くものがある。然し予の観る所に拠《よ》れば、之も亦大いなる誤りだ。所謂ナショナリズムといふ考へ方には三つの種類がある事を注意せねばならぬ。一つは偏狭なる我意を主張するもので、初めから毫も他と共同する考を欠くものである。米国の国民主義は少くとも其種類に属するものではない。第二は自国民族の世界文運の進歩に於ける使命の自覚から、自家の見識の世界に尊重せられん事を要求し、之が為めに少しも他に譲歩する事を肯《がえん》ぜざる態度を云ふ事がある。戦前の独逸《ドイツ》は確かに此主義を極端に押通したものと云へる。米国に斯かる考へが無いとは云へない。けれども米国に於ける最近のナショナリズムの考は、之れとも亦少しく趣が違ふやうだ。茲処に於いて第三種のナショナリズムを考へなければならない。そは共同の問題は共同して定める。之が為めに必要とあれば犠牲も払ふ。戦前の独逸のやうに強いて自我を主張しない。けれども共同に多数決で定めた事だから其儘之に盲従するといふ事はしない。何うせ同じ結果になるにしても、いよ〳〵斯うすると云ふには、やはり最後の決定を自分でする事にしたいと云ふのである。米国の最近の態度は即ち此処に在るやうだ。例へば国際聯盟規約第十条に関する議論を見ても、欧洲に事変が起つた時、飽くまで出兵を拒むと云ふのではない。必要あらば出兵もする。けれども理事会が定めたからとて出兵の義務を生ずるのは困る。出兵の必要及び其範囲は皆で相談して定めた理事会が之を指定する、それは宜しい。けれども確実に出兵の義務を負ふのは、米国の議会で之を議定した上の事にしたいと云ふのである。国際聯盟に対する米国の態度も究極する所此点に在ると観てい丶。而して米国は何故に斯う云ふ態度を固く執つて動かないかと云ふに、畢竟《ひつきよう》欧洲諸国の国際的思想に疑を抱いて居るからであらう。英仏諸国が真に国際平和の進捗に誠意ありや、或は国際平和の名の下に聯盟を利用して自国の利益を図らんとするのであるまいか。此疑惑には予輩も多少の根拠ありと信ずる。然らばうつかり理事会の決議にも盲従し得ないではないか。本当の国際平和の精神に忠実であればある丈《だ》け、自家独立の見識を固執せんとするに至るは当然である。斯う云ふ所から米国の昨今の国民主義は、其世界主義の本当の実現を冀《ねが》ふ所から起つたと云つてよい。米国が斯ういふ態度を執つて居る結果、如何に英仏諸国の我儘を牽制して居るかは、対独賠償問題やシレジア問題などにも顕はれて居るではないか。

之を要するに米国の対外態度の世界的なるは、昨今殊に鮮明を極めて居る。ウイルソン時代に於いてもさうであつたが、ハーディングの時代になつて更に一層露骨になつた。無遠慮の誹《そしり》は免がれない。けれども其情実に拘泥《こうでい》せざる点に於いて、正々堂々の態度を多とせざるを得ぬ。日本は或る意味に於いて表向き米国と反対の立場に立つて居るやうに見えるので、動もすれば之を□〔直〕視し得ざるの嫌ひはあるが、少しく冷静に観察すれば、恐らく何人も此点については予輩の観察を疑ふものは無からうと思ふ。

世間には能く世界的といふ事と正しい事とを混同するものがある。(尤も世界的だと云ふ事を感情的に嫌ふ者もあるけれども。) 然し世界的だと云ふ事は唯其態度を云ふので、世界的に振廻すところの物の善悪《よしあし》はまるで別な、所謂内容の問題である。戦前の独逸は其侵略的軍国主義を以つて世界的に跳梁《ちょうりょう》した。米国の対外策の世界的なるは此意味に於いて憎むべきものなるか何うか、彼は如何なる内容を其世界政策の中に盛るのか、此点を更に考へて見る必要がある。

米国の世界政策の内容を構成するに与つて力ある要素は、大体に於いて三つあると云つてい丶。仮りに予は之を名称《なづ》けて有識階級、実業家及び労働者と云つて置く。甚だ漠然たる区別であるが、是等のものが中堅となつて代表する三つの階級に米国の社会を分ける事は、決して不当な見方ではない。

第一の有識階級は政治家、学者、論客等所謂社会の指導階級に属するもので、米国の内外に対する輿論を作るに最も有力なる階級である。是等の階級の政治理想の根本が何処に在るかと云へば、即ち建国以来のピューリタン的人道主義に在る事は疑ないと信ずる。細目の点に於いては無論いろ〳〵の差異はある。けれども近くはウイルソンにしろハーディングにしろ、又は少しく遡《さかのぼ》つてマッキンレーやルーズベルトやタフトにしろ、彼等の根本思想が遠くワシントンやリンカーンと大いに相交渉するものあり、之を一貫する大理想の横溢するものを看取するに難くない。此思想が実に米国をして大ならしめたもので、又此思想の勢力が衰へざる限り米国は永く世界に其大を誇る事が出来る。実際問題を通じて目前の米国を観るに方つて、吾々は常に此勢力が当該問題の取扱ひの上に如何に活いて居るかを慎重に見なければならない。

第二に実業家の勢力はまだなか〳〵米国に於いては有力である。彼等も米国的教養を受けたものである丈け、個人としては第一種の人々と甚だしく理想を異にするものではない。けれども其資本家企業家といふ立場から、知らずして所謂資本主義的利害の打算に囚《とら》へられる。若し米国に昨今甚だしく侵略的色彩を其政策の上に表はすものがあるとすれば、そは疑も無く此勢力の影響であると云はなければならない。此勢力が国内に於いて最も大いなる禍《わざわい》を醸したのはトラストであつた。米国の有識階級が如何に其圧倒〔制〕の為めに苦心したか分らない。対外的方面で最近最も多く識者を悩ましたものは墨西哥《メキシコ》問題であらう。資本家の利害を暫く計算の外に置く事が出来たなら、米墨の国交はあれ程紛糾せずに済んだらうと思ふ。一旦反感を生ずると国民は只徒《いたず》らに昂奮して互に罵《ののし》り合ふのであるけれども、其基く所は資本家の利害の打算に誤られた事が多い。此点に於いて米墨の関係は丁度日支両国の関係に肖《に》て居る。何処の国でも資本主義の跋扈する所は常に侵略主義の横行する所で、米国なども対外政策が段々変り初めたのは、丁度資本主義の発達と伴つて居るのである。米国の人道主義も怪しくなつたとか、傍若無人に利己的政策を以つて突進するとかいふ説は、実に全然根拠が無いのではない。加之《しかのみならず》、時として此第二の勢力が第一の勢力を併呑《へいどん》して、最も露骨に侵略的政策を振廻した事すらある。

併し乍《なが》ら最近の米国政界を見ると、一方には有識階級にして実業家階級と結托する者もあれば、又他方には之を非として両者の連合を断ち、否、資本家的勢力の抑圧を目的として奮起したものもないではない。実を云ふと最近の政界は此二つの勢力が相交替して政界を支配したと見てもいゝ。多くの国が有識階級と資本家階級との結托によつてます〳〵禍を深くしつゝある際に、兎も角も最も資本主義の盛んな米国に於いて之が粉砕を期する勢力の奮起を見るのは、先づ〳〵頼母《たのも》しい方だと云はなければならない。

次ぎに第三に労働階級の勢力が昨今段々勃興しつゝある事を注意する必要がある。米国以外の国に於いては資本家階級が余りに有識階級を併呑して禍を深くしつゝある所から、労働階級の之に対する反感を不当に刺戟して、今や階級闘争を激成しつゝある。此影響は昨今米国にも及んで居る事は、夫のI・W・Wの盛んなるに見ても分る。唯併し乍ら米国に於ては、人少くして而かも富源は尽くる所を知らず、労働者の境遇は、資本家との比較の問題を別にすれば、先づ頗る裕福だと云はなければならない。そこで全体として労働者は欧羅巴大陸と同じやうな意味に階級的自覚を遂げて居ない。此点に於いて米国の労働運動は一種特別のものである。従つて労働者といふ独特の影響を実際政界の上に何れ丈け及ぼすかといふ点になると甚だ心細い。彼等が階級的に自覚すると、動もすれば矯激に流れる。着実な態度で実際に重きを置かれるやうになると、考が資本家的に堕する。けれども漸次彼等の勢力は認められて来た。而して彼等は実業家階級とは政治上の意見に於て反対の立場に在るから、彼等が段々勢力を得るといふ事は、有識階級と資本家との結托に対しても有力なる対抗要素になる。此意味に於いて米国に於ける労働運動の将来は大いに注目に値するものと思ふ。

之を要するに米国の政策の実際の方向は、資本家と政治家との結托と、並に之を非なりとする理想主義的政治家の一群との勢力の兼ね合ひによつて定まる。実際上から云へば、甲が勝ち或は乙が勝つといふ変動はあるが、大体に於いて米国の態度の帰する所は、此両勢力の今後に於ける消長如何によつて定まる。而して此両勢力の消長の上に多大の関係を有するものは、即ち労働運動の将来である。予は結局に於いて第一と第三の勢力が相結んで遂に第二の勢力を押へるやうになるのが、大勢の帰する所だと信ずるが、唯第二の勢力が之に処して如何なる道を取るかは今より断言は出来ない。只差当りの問題としては人道主義的政治思想もなか〳〵有力ではあるが、資本家の勢力も亦隠然重きをなして居る事実を看逭《みのが》す事は出来ない。

〔『中央公論』一九二一年六月〕

日米交渉の一問題としての山東問題

六月廿一日の『東京朝日新聞』に我が幣原大使は、米国国務卿ヒーズ氏と山東問題について会談したと云ふ報道が出て居る。尤も当局者は講和条約に於いて已に決定せる山東処分を今更ら米国と話し合ふ必要がないと否認して居るけれども、又他の一面に於いて曩《さき》に米国議会が講和条約中の山東関係の条項を否決した行き掛り上、日本の極東政策について米国の諒解を求め置く必要から、自然山東に関する事項も話題に上つたらうとも推測さると云ふから、正式の会談としては之を否認するも、兎に角何等かの形に於いて意見の交換を見た事は疑ひないらしい。而して新聞の報道する所によれば、幣原大使は山東還附の声明を成るべく速かに実行すべき旨を告げ、其代り本問題を国際聯盟に提議せんとする支那の立場を米国政府の支持せざるやう希望したと云ふ事である。之によつて見れば我国が近く山東還附の声明を実行すべきは勿論であるが、支那は之に慊《あきた》らず日本との所謂直接交渉を避け、之を何処までも聯盟の問題とする決心であること、又米国の一部には、支那の此立場に対し同情を表するもの尠からざることが明かである。

此事については、我国に於いても之れまで随分論議されたのであるが、併し未だ問題の本態が充分に諒解されて居ないやうだ。少くとも対手《あいて》方の立場が何う云ふ根拠に基いて居るかの点が、我々国民に十分に解つて居ない。対手方の立場が正しいか否かの判断は暫く別として、彼等の拠つて以つて立つ所だけは正当に之を理解して置く必要はあらう。

山東の処分は形式上対独講和条約によつて已に決定された。其第四篇第八款には第百五十六条以下三ケ条に亘つて明白の規定がある。之に拠れば山東省に関する独逸《ドイツ》の権利は其政治上のものたると経済上のものたるとを問はず、一旦凡て日本に帰することになつて居る。此点は条約の文面上一点の疑ひを容れない。而して日本は予《かね》て の声明に基き自発的に租借地を支那に還附せんとするのである。条約の表面の解釈から云へば勿論の事、又従来の国際関係の慣はしから云うても此日本の態度に不服あるべき道理はない。之に異議を唱へるものがあるとするなら、唱へるものが誤りだ。之が即ち日本の立場である。従つて支那が一旦決まつた此解決案を更に国際聯盟の再議に附せんとする態度に対しては極力反対するのである。況《いわ》んや米国の如き第三者が条約によつて定まつた此の日本の立場を紛更せんとするに対して不快の感を抱くのは当然と云はなければならない。

日本の立場に異議を挟む態度の中にはいろいろの原因から来るものがある。一つには単純な排日思想から来る。支那人の多数、米国人の一部には確かに之がある。第二には山東に於ける日本の行動に対する猜疑心から来るのがある。日本は初めから山東還附を声明しては居るが、其後の施設経営の状態を見ると丸で自国同様に振舞つて居る。斯くては還附してもそは形式的に止るだらうと云ふやうな考から、条約上に認められたる日本のすべての権利を否認せんとするのである。併し此等の否認論は一時の感情乃至《ないし》誤解に基くもので、元より取るに足らぬが、又我の態度の如何によつては此種の批難を消滅せしめ得る途《みち》もある。此程度の議論ならば我々は之を顧慮せずして之れまで通りの態度で突進して差支ない。けれども支那や米国の殊に昨今勢を得つゝある議論の中には、もつと深い根拠のあるものがある。之に承服するや否やは別として、兎も角我々は一応親切に之を聴いて遣るの必要がある。

それは何う云ふ議論かと云ふに、条約が何うの法律が何うのと云ふのではなく、単刀直入道徳上の根本論から立説さるゝ所のものである。先度の欧洲戦争は実に世界の運命にとつて重大な戦争であつた。此戦争に参加して最後の勝利を得しめた功労は、深く之を尊重せねばならない。其功労を認むるについては、直接人と金とを出して非常の犠牲を払つたものは申す迄もないが、精神的に味方の優勢を鼓舞作興した力も之を認めてやらなければならない。斯くして此戦争に於ける勝利は此等の交戦国全体の協力によつて出来たものだから、戦勝の結果敵方より得たるものも、之を二三国の私する所に任かすべきではない。分捕品の如きはすべて皆一旦は交戦国全体のものとしなければならない。分捕品にして斯くの如しとせば、味方の或る一国が曩に敵方から掠取されて居つたものについては無論直ちに之を当該国に還附すべきである。即ち膠州湾の如きは支那の戦争参加と同時に、支那に帰属すべきもので、支那が如何なる事情の下に戦争に参加したか、又之れより先き膠州湾が如何なる事情の下に日本の得る所となつたか、の如きは深く之を問ふの必要がない、と云ふのである。即ち膠州湾は支那の参戦と同時に当然支那に帰すべきものであつた、之を一旦日本にやつたのは失当の所置であると云ふので、米国の議会は明白に反対の意思を表示した。平和条約は此趣意と相容れざる決定をなしたからと云ふので、支那では聯盟の再議に附せんとするのである。而して支那や米国の一部の人の取る此立場は、単に昨今の思ひ附きではない。平和会議に於ても可なり盛んに主張せられた事は当時の新聞電報にも明白であるし、殊に最近段々発表さるるランシング其他の平和会議秘録の公表の中にも明白である。米国の識者間に如何に斯う云ふ考への強いかは、ウイルソン不人望の一つの原因は山東問題の解決につき、彼が功を急いで日本の要求に屈し、以て米国的正義を踏み外したといふ点にあると云ふにあるに見ても分る。であるから山東問題に対する日本の立場の否認と云ふことは一朝一夕の談でないと云ふ事を認めて置く必要がある。

更に立ち入つて考ふるに、講和会議の前後を通じて此種の問題の解決については常に二つの異つた根本思想が闘はれて居つたと云ふ事を見なければならない。一つは戦争の渾一観であり、他は戦争の集合観である。米国は徹頭徹尾渾一観を以て一切の問題を解決しようとするのに、我国は徹頭徹尾集合観を以て之に対戦した。而して英仏諸国は或は渾一観の立場を取り、或は集合観の立場を取り、時に応じて其与《くみ》する所を一にしなかつたから、講和条約其物も不徹底なものになり、従つて又いろ〳〵の問題を未決のまゝに残して紛糾を重ねしむることになつたのである。

抑々《そもそも》今度の戦争は世界の殆んどあらゆる国が敵味方二つに分れて争つたもの丶、而して争ふについては或は正義の為めとか或は世界の平和の為めとか、各々抽象的な共通の目的を掲げないではないが、併し実際に於て、此戦争によつて達せんとする所の目的は国によつて皆同一ではない。現に日本でも、日本は極東に於て丈《だ》け戦争すればい丶ので、地中海の方まで手を出すのは余計の事だなど丶云ふ説もあつた。斯くして日本が独逸と戦争する意味と、英吉利《イギリス》が独逸と戦争する意味とは同一ではない。故に理窟から云ふと、日独の戦争、英独の戦争、乃至仏独の戦争、露独の戦争は個々別々の戦争だ、只全く個々別々に戦争しては速かに勝利を得ることが出来ないから、単独不講和条約などを結んで作戦上共同動作の措置に出で丶は居る、故に外観は一つの頭から割出さる丶一つの戦争のやうであるけれども、思想上からは沢山の戦争の集合と観なければならない。少くとも初期の戦争は斯くの如き意味のものであつた。けれども此戦争の集合観は最後迄一貫して居つたかどうか。

予輩の観る所によれば戦争の集合観は戦局の進むと共に段々貫き得なくなつたと考へる。勝利は予想の如く早く得られない。出来る丈け多くの国を集め、其力を合せて一刻も早く敵を屈服せんとする。其為めに将来の分捕品の分配に対する密約も出来た。戦争の集合観を以て終始する以上、単独不講和条約並びに之に附帯する密約以外に各国の協力を全うする途はない。処が此の方法は米国の参戦と共に第一に打ち破られた。何故なれば米国は単独不講和条約に加盟しなかつたからである。蓋《けだ》し米国は英吉利や仏蘭西《フランス》などゝ戦争の目的を異にする、少くとも敵を武力によつて圧迫することによつてのみ獲得し得べきやうな利益を戦争の直接の目的としてゐない。畢竟《ひつきよう》米国参戦の主たる目的は国際交通に於ける或種の原則の確立にあつたのだから、独逸が之を認めさへすれば戦争は何時でもやめる、なまなか此自由を拘束せられざらんが為めに彼は単独不講和条約に加入しなかつた。けれども英仏諸国にとつて米国の参戦は非常な頼みである、之に逃げられては大変だと言ふので、段々戦争の目的に関しても米国に接近せんと努むるやうになつた。斯くして自然英仏諸国は其戦争目的中から利己的不純分子を篩《ふる》ひ落さざるを得なくなつた。之を予輩は戦争目的の浄化と言つて居る。軈《やが》て又聯合諸国は一日も早く独逸屈服の功を全うせんとして世界中の国を仲間に誘はんとした。けれども勝つた所が何も独逸から獲物を得べき見込もない国々を、自分達が或種の利益を予期して戦つて居る戦争に参加せよと言ふ訳には行かないから、そこで彼等は広く仲間を誘ふの必要に迫られゝば迫らるゝ程戦争の目的を単純な原則的なものにしなければならない。斯くして戦争の目的は特殊的な利害問題を離れて抽象的な主義原則の確立と云ふ事に移る。予輩は之を戦争目的の抽象化と云つて居る。戦争の目的が斯う云ふ抽象的なものになると、即ち各国の此戦争によつて達せんとする目的がすべて同一となるので、戦争も亦同一の目的を以て共同に戦はるゝ一つの戦争と言ふ事になる。即ち戦争の渾一観は集合観に取つて代らざるを得ない。

初期に於て集合観が行はれ、終期に於て渾一観の行はれたことは明白一点の疑ひを容れないが、併し斯う云ふ思想上の推移は掌《たなごころ》を翻《ひるがえ》すやうに右から左に移り切るものでないから、渾一観の行はれる時代に於ても集合観時代の考方が他のいろ〳〵な問題について起らないと限らない。否、そればかりではない。甲の法律を廃して新たに乙の法律を作ると云ふ風に紙に書いて残して置くのでもないから、将来起るすべての問題を渾一観の思想で解釈を統一すると云ふ訳にも行かない。喉元過ぐれば熱さを忘るゝと云ふ諺《ことわざ》の通り、苦しい時には渾一観に拠つたが、一旦戦勝の目的を達する段になると、集合観の旧い態度に還つて我儘を云ふといふ事もある。講和会議に於けるクレマンソーの態度は其最も著しきものであつた。英吉利とても亦此例に洩れない。只英吉利や仏蘭西は知つて此我儘を押し通さうとした事が明かであり、従つて其言論行動に其辺の掛引を可なり旨《うま》く遣つて居るが、明けても暮れても徹頭徹尾集合観時代の旧思想一点張りで押し通し、悲しむべき無智を暴露したのは独り我日本の全権丈けであつたやうだ。此間に立つてウイルソンは又厭《あ》くまで渾一観を以て押し切らうとしたが、複雑なる欧洲の政界はさう云ふ単純な抽象的原則の其儘の実行を許さず、遂に見るが如き不徹底の条約が出来上つたのである。而して条約其者が渾一観と集合観との両立を見て居るが如く、其後のいろ〳〵な問題についての論議に於ても、此両思想が常に相争つて居ることは言ふを俟《ま》たない。

平和条約の解釈、尚之に関聯する種々の問題の解決につき、右述べた両思想が如何に錯綜して働いて居るかを包括的に研究するは頗る《すこぶ》興味ある問題であるけれども、今は之を略する。只少くとも我国に関係ある問題につき米国側から来る異論の多くは、此立場の相異に基くものであることを一言するに止むる。ヤツプ島の問題にしてもさうだ。山東問題は即ち正に其最も著しい例である。之れ丈の事を念頭に置いて観る時、平和条約の決定を云ふ事丈けで米国や支那より来る異議を拒《ふせ》ぎ切ることは出来ないと思ふ。拒ぎ切り得ないとは言はない、拒ぎ切るにはもつと実質的の内面的な根拠を探す必要はないかと考ふるのである。

差し当つての問題として観ても、米国は講和条約を批准してゐないから、平和会議当時に於ける立場を今尚主張するのは怪むに足りない。講和会議に於て我全権は頻《しき》りに支那との約束を楯として、日本の独逸の権利を継承することは支那も已に認めて居ることや、又現に日本は速かに膠州湾を支那に還附するの意思あることなぞを説いたけれども、集合観時代の個々の条約を楯に取ることは米国の認めざらんとする所であつた。あの時丈けには限らないが、昔の条約を楯に取るのは時勢後れだ、今は法律や条約を離れ、全然道義的立場から論議せらるべきであると云ふのが、ウヰルソンの立場であり、又顧維鈞《こいきん》の説の傾聴せられた所以《ゆえん》であつた。それでも其当時のいろ〳〵な事情によつて結局日本の言ひ分が通つたが、之は訳も分らず無理押しに勝つたといふ形で、一般関係諸国の道徳的支持の至つて薄かつた事は当時の記録に於ても明かである。それでも決つた事は仕方がない、又一旦決めた事を代へるのが日本に対して面白くないと云ふのが英仏諸国の現在の立場であらう。

従つて又支那が一つには平和会議当時の形勢を眼中に置き其後に於ける米国の輿論なぞに鑑《かんが》みて、其観て以て失当なりとなす解決に対し進んで再議を求むるのは、彼の立場としては必ずしも不適当な事ではない。之を承認して更に事端を繁くするの適当なりや否やは政略の問題である。道義的見地に於て支那は決して不利益な地位にゐない事は、我々日本人としては余り快くはないが、疑ひのない事実である。此際に当つて若《も》し我日本が態々《わざわざ》米国を動かして支那の再議提案を妨げんとするが如き態度に出づるならば、益々我が立場の道徳的薄弱を自白するものではあるまいか。どうせ再提議は問題になるまい。なるまいからと云つて安心せず、我々は兎に角従来のやうなケチな立ち場を固執せず、もつと高い、広い根拠から我々の現在の立場を裏附ける工夫をしてはどうか。

要するに山東問題に対する対手方の立場は、一寸考へるやうに無鉄砲な見当外れなものではない。山東問題をどう処分すべしとしても、之れ丈けの事は十分念頭に置く必要がある。

〔『中央公論』一九二一年七月〕

国際平和思想

国際平和の思想が、昨今段々と強くなりつゝある事は、疑を容れない事実である。国際関係を常に平和の状態にあらしめんとするには、一つには友愛の情を漂はしめると共に、又一つには争のあつた場合に、腕力に訴へて之を解決するの手段に出でしめず、必ず道理を以て之を捌《さば》かしむることを要求する。国と国との交際も、個人と個人との交際の如く、相愛互助の精神に依るやうになることが、甚だ望ましいことであるが、個人間でも然るが如く、常に斯くあることを必することは出来ない。少くとも今日迄の世の中の引続きとして、今後も争ひの種は残り、利害の衝突なども免れ得ないであらう。然れども之を常に道理に依つて捌くと云ふことになれば、争ひ其のものも平和的に解決が出来るし、又その当事者をして、将来道理を尊重するやうに訓練することにもなるから、此処に国際関係は充分平和の状態を保つことが出来るであらう。斯くして無用の浪費を避け、無用の惨禍から免れて、吾々にとりて此の世の中は、真に住み心地の好いものとなる。

何んとかして、此の世の中を住み心地好いものにしたいと云ふのが、人類の昔からの熱望であつた。其の為に、彼等は心を砕き、工夫を凝らして来た。余は是等の点を、今此処に詳しく述べて居る暇がないが兎に角、今日迄あらゆる人類の努力の大半は、此の目的の為になされたと云ふても好い。斯くして吾々の間には、色々の制度が立てられ、又一方には、此の目的に適《かな》ふやうに人類そのものを訓練する設備もある。又人類の交際の上に、何らかの間違が起れば、徹底的に之を解決する方法も建つた。例へば学校や教会は前者の例であり、警察とか裁判所の如きは、後者の例である。而して国際関係はと云へば、思想的には成程四海同胞の大義に立つ色々の運動なども、盛んであるが、其の間の争を、根本的に解決する制度と云ふものに至つては、甚だ不完全なものであつた。若しあれば、国際法ぐらゐのものである。其の国際法は実に、国際関係を常に平和的にならしめる制度としては、実は不完全極まるものであつた。

今日迄の国際法は、薬に喩《たと》へて云ふなら、謂《い》はゞ沈静剤のやうなもので、疾病に対する根治薬ではない。不治の病と諦めたのか、或は慢性的なる為に、遂に之に馴《な》れて仕舞《しま》つたのか、根本の病の方の始末には、一向頓着なく、只だ時々起る痛みを止めやうとか、苦みを緩和しやうとか云ふのが、即国際法の内容である。斯う云ふ点を、最も明白に語るものは、仲裁々判条約に関する、今日迄の国際法の規定であらう。仲裁々判の制度は、近頃余程発達して来たが、之が完全になれば、慥《たし》かに戦争を未然に防ぐの効はある。個人間でも、昔は武士の間には切合ひが許されてあつた。今日は断然是等の私闘を許さない。其の代り国家が個人の凡ての争を道理に依つて有効に捌いて呉れるからである。戦争は、謂はゞ国家間の私闘のやうなものだ。之を禁じて本当に正しい道理を、其の間に行はしめるのは、有効なる裁判でなければならない。此の意味に於て、仲裁々判制度の発達は、著しいものがあるが、然し今日の実際を観ると、第一其の執行力に於て、薄弱であり、第二に其の当然管轄し得べき事柄の範囲に於て狭い。国家の上に、仲裁々判の決定を強制し得べき方法がないことは已むを得ない。其の為めに、有効に強制し得ない問題は、特に避けたのかも知れないが、普通に国家の栄誉、その生存、並に独立に関する問題、領土保全並に重大なる利害に関する事項は、仲裁裁判に対するに適せないと認められて居る。学者は仲裁裁判に附し得る事項を、出来る丈《だ》け広く解釈せんとして居る。然し実際政治家は必ずしも学者の考へ通りには動かない。条約の解釈とか云ふやうな、所謂《いわゆる》法律問題の仲裁々判に適するものは、之を拒むわけに行かない。斯うして重大なる問題になると、出来得る丈け、之を所謂仲裁々判に附するに適せない問題と解釈して、道理の審判を避けんとして居る。之を避けた結果は、何うなるかと云へば、即いざと云ふ場合に、武力に訴へると云ふことになる、だから武力を擁して居る国ほど、斯う云ふ問題に同情がない。従つて、又従来は斯う云ふ種類の問題は、弱い国から主として唱へられて居つたと云ふ傾きもある。それでも段々と仲裁々判制度が開けて来ると、之に従はないと、世間から徒《いたず》らに争を好む者なるが如く見られ、自《おのずか》ら一種の重い道徳的責任を負はねばならぬことになるから、結局矢張り、平和思想の発達を促すことになる。それでも、折角《せつかく》仲裁々判と云ふことを唱へ出しながら、重大な事、即戦争までして争はんとする、重大な事項につきては、初めから除外すると云ふのだから、喧嘩は止めると云ひながら、但し重大なることに就きては、此限りに非ずと云ふので結局に於ては、矢張り絶対に戦争をなくしやうと云ふのではなかつた。

斯う云ふ類の事をさがせば、他に幾らもある。殊に戦争法規になると甚だしい。尤《もつと》も之は始めから戦争の存在を前提しては居るものであるが、然しやるにしても、徒らに惨たらしい事は、仕たくはない、喧嘩をするにしても、綺麗に立派にやりたいと云ふことから起つたのであるから、之を尊重することは、矢張り平和思想の養成になる。然るに実際の戦争では、余り尊重されない。此のことに就きて、学者は大に不平を持つて居る、従来色々の会合でも、戦時法規が、もつと厳格に守られんことを要求することを決議したことが再三に止らない。処が独逸《ドイツ》の多数学者の国際法の著書に於ては、色々詳細な戦時法規を掲げ、而して最後に是等の法規は、戦争の必要の為には、必ずしも之を尊重するを要しない、と云ふやうな事を述べて居るものがある。斯う云ふやうな乱暴な思想を、学者政治家が、平素から唱へて居るやうでは、以て如何に国際法規などと云ふものが、ほんの申訳的に説かれて居るかと云ふことが、判るであらう。

若し夫《そ》れ国際間の慣例に至つては、更に甚だしいものがある。人或は此の状勢を目して、弱肉強食の世の中と云ふが、是亦一面の観察として誤つて居ない。前にも述べた通り、今日の人類は、少しでも住み心地の好いものとして、此の世の中を平和ならしめんと、苦心惨澹して居るのに、独り国家間の争と云ふ問題になると、何う云ふものか、戦争と云ふ迷夢から覚醒し切ることが出来なかつた。更に甚しきは、武力を擁し、戦を以て他を脅かし、以て自国の発展を図るのが、当世だなどと云ふものもある。之が実に国際平和の思想の発達を妨げて居つたのである。


最近までの国際関係が、何故に右に述べた如く、甚だ険悪なものであるかに就ては、是まで屢々《しばしば》本誌上に於て述べた事であるから、今又之を繰返さない。兎に角、個人間の関係は、段々道理を以て処理され、吾々の社会生活が、甚だ気持の好いものになつて行きつゝあるのに、一度び国民と国民と云ふ考へになると、世の中が俄《にわ》かに物騒になる、此処に近代人の心の底には、強き矛盾と堪へがたき煩悶とが起らざるを得なかつた。

尤も考へ様に依つては、斯くも見られる。吾々の現実の生活は、是までの長い歴史によつて、色々な様式が与へられて居り、夫れ丈け又容易に改め難いものである。処が之が何か一つの新らしい理想に依りて根本的に改造さるゝと云ふ必要に迫られると、改造の事業が、凡ての方面に亘つて、俄かに出来上り難いものだから、世の中の物事は詰り筍《たけのこ》の皮を剝《む》くが如きもので、一皮づゝ剝けて行くのである。吾々の現実の生活を、暗黒の山に譬《たと》へ、新しい理想を、東の空から差し上る旭日に喩へると、山の頂から、段々〳〵と光に照されて、山全体が新しい光に照される迄には、相当の時間がかゝるのである。従つて例へば相愛互助の精神も、先づ最も近い個人的交際の中に現れて来たが、国と国との交際の上に及ばないと云ふことは、必ずしも不可思議なことではない、進化の理法から云へば、或は当然のことかも知れない。只だ吾々は現に不都合な世の中に住んで居るのだから、煩悶もあれば不平もある。生れ合せが悪いと云へば、然《そ》うも云へるが、然し又吾々の努力の如何に依つては、早く斯かる時期を経過し得ると云ふことも考へなければならない。

当節の様な変態な状態にあるから、客観的に観れば、当然の現象だと申したが、たゞ之を自然界の事物の如く、打つちやつて置ても、軈《やが》て又相当の発展をするものと思ふならば誤りである。今日の様な過渡の時期を、早く通過すると通過せないとは、則ち国民の努力如何に依ることで、又其の国民の大小を分つ標準になる。何時迄も此過渡期に停滞して居る結果、遂に大勢に遅れて滅亡するものも、歴史上には可なり多い。大国民は何うしても、其の道徳的努力に依りて、早く此の時期を通り過ぎなければならない。一刻も早く真理想の光を受けなければならない。太陽は独りでに登つて、山を照して呉れるが、人間界のことは、此方から骨折つて首を差伸ばさねば、太陽の光を見ることは出来ぬ。是れ自然界のことゝ、人生との区別ある処で、又人間社会の面白味のある処でもある。

但し吾々は、又他の一方に於て、現状に不満なるの余り、不当に性急になつては好《い》けない。何もかも、凡ての方面に、一時に光明を見やうとするのは、所謂革命家の迷想であつて、其の理想に憧《あこが》るゝの熱情には、大に尊敬すべきものあるも、実行の方法としては採らない。吾々の立場は、常に漸進主義である、只だ漸進主義の名は、往々臆病者の好く口実にされる嫌はあるが、然し斯う云ふ誤解を恐れるからとて、特に熱狂的態度を高調する必要もない。吾々は常に一歩々々着実に進み進んで、然も常に息《やす》むことなからんことを欲する。

何れにしても、今日吾々の生活は、国民として同胞に対する時と、外国に対する時と、旨《うま》く両立しない場合が稀《まれ》でない。国内に於ては、他人の物を盗んだ者は、悪者として悪《にく》むべきものと教へられて居る。然し同胞の一人が、間諜として、外国政府の或る重要書類をでも盗んだと云ふ話を聞くと、之を悪んで良いのか、賞めて良いのか、判らない。泥棒したのだから、悪いとは云ひたいが、吾々の同胞の多くは、国家の為に、危険な特別任務に服したものとして、賞めたゝへて止まない。若《も》し夫れ自分が政府から、斯う云ふ種類の命令を受けたとしたら、如何であらうか。他人を殺しては好けないとは云へ、然し敵国人を殺すのは好いと云ふが如き、浅薄に考ふれば何でもないやうだが、少しく良心の鋭敏な者からすると、或は堪へがたい苦痛たらざるを得ない。早い話が、兄弟は仲好くせよ、然し隣りの坊ちやんとは喧嘩したら殴り飛ばしても勝つて来いと云ふのでは、本当に兄弟親睦の情操を、子供の頭に養ふことは不可能だ。外に対して兇暴なれと教はれば、兄弟の仲も必ずや睦《むつま》じくない。人間の頭は、国の内外に依りて、然う明白に使ひ分けの出来るものではない。斯うして、近代の吾々の生活には、客観的に観て、確かに矛盾があつた。一つの生命に生きて居る人間としては、到底之に堪へ得るものではない。其処で煩悶もあれば、矛盾もある、而して此の煩悶と矛盾とは、到底之を突破せずしては居ない。然うでなければ、人間の生活と云ふものは殺風景なものであり、人間の世の中は、甚だ住みにくいものであるからである。之を温かな住み心地好いものとすると云ふことが、人間自然の強き要求でなければならない。此処に国際平和思想の起らざるを得ない主観的根拠が存すると思ふ。

尤も単に是丈けのことなら、今に始つたことではない、常にある。従て如何なる時代にも、微弱ながら此の思想に根柢する色々の運動があるが、私の此処に特に説かんとするのは、国際平和の思想が、最近即ち欧洲戦争後、特に強くなつたと云ふ事柄である。前からあつた平和思想が、最近特に大に飛動活躍するの機会を得たと云ふ事柄である。如何なる事情が、最近特に此の思想の勃興を促したか、否、最近の世界人心が、如何なる事情に依つて、平和的に改築せられつゝあるか、又其処から今後如何なるものが生れて来るであらうかと云ふ点につきて、更に少しく考へて見やうと思ふ。

〔以上、『新人』一九二一年七月〕

国際平和思想は昨今、段々社会を支配する、有力な現実の勢力となりつゝある。此の現実の勢力となりつゝあると云ふ点に特に注意せられんことを希望する。其の意味は国際平和思想は、昔からあるので今に始つたものでない。けれども昔は単純な思想として、謂はゞ学者の机上の空論として存在して居つたもので、政治の実際家からは全く顧みられなかつた。即国際平和などと云ふことは、宗教家などの専らにすべき問題だとして、政治家は之を高閣に束ねて等閑に附して居つたのである。即政界を支配する現実の勢力とはならなかつたのである。斯う云ふ平和思想なら、前述の如く昔からあるので今に始まつたのではない。夫れが、昨今に至り現に政界を支配する実際の勢力となつた。独り宗教家のみならず政治家も又此思想を尊重することなしに、実際の政治を取扱ふことが出来ないと云ふ形勢を馴致《じゅんち》するに至つたと云ふことが、余の茲に特に主張せんとする点である。

国際平和思想が、何故に現実の勢力となつたか。一つの思想が現実の勢力となるには、常に其処に一つの歴史を要する。名薬が発明されたと云ふても直に天下に行はれるものではない。何か偶然な出来事があると、之を縁故として確実な基礎が出来るものだ。疫病の大流行を、主として宝丹が逐出したと同様に、何かの特殊の歴史的事実あるによりて、或る思想が実際の勢力となる。故に或る思想の実際的勢力としての之を了解するには、其の歴史的背景を知らなければならない。然らば如何なる歴史を背景として、国際平和思想が昨今現実の勢力となつて居るか。

此点に関して、今一つ予《あらかじ》め注意して置きたい事は、或る思想が現実の勢力となつて居ると云ふ事は又其の之を促した歴史的事実によりて条件されると云ふ事である。換言すると其の歴史的事実によりて、特に強く印象づけられた方面に於て著しく其の思想が勢力を張るけれども、其の以外の方面には案外に無勢力であり、甚だしきは其の反対の考が横行すると云ふ様な事もあり得ることである。思想が思想として勢力を得るに至つたのなら、根本が改まつたのだから其の思想で、吾々の生活の全局面を支配すべき道理だけれど事実そうは行かない。実物教訓で余儀なく開発されたのだから、其の方面だけ先に開けて、他は未だ昧蒙《まいもう》の域を脱しないと云ふ様な事があり得るのである。余は玆に国際平和思想の歴史的背景を説くに方《あた》つても、此点に多少注意せられんことを、読者に希望せざるを得ない。何故かなれば余は或る一面に於ける国際平和思想の勃興を説くの側ら、実際世上には之と反対の思想も、可なり強く横行して居ると云ふ事実が、存在するが故である。只だ玆に疑のない点は、仮令《たとい》、不徹底であるとは云へ、一旦端緒を開かれた頭脳の開発は、段々と其の領分を拡めないでは居ない、と云ふ事である。或る歴史的事実によりて開かれた思想は、更に又他の方面に新なる歴史的事実を作りつゝ、更に他の方面に於ける平和思想の確立を、促して行くからである。

然らば、国際平和思想の勃興を促した歴史的事実とは、如何なる事を云ふか。此の事に就きては異つた題目の下に、是迄度々本誌上に於て解明した事がある。故に細目は、くだ〳〵しく繰返す必要がないと思ふから、玆には話の順序として、只だ大体の項目を挙げるに止めて置く。

（一） 戦争参加に因る人心の反省。戦争は惨憺たるものであつて、勝つても負けても後に苦痛を遺すことが著しい。それでも、従来の戦争では動《やや》もすれば勝つた者は、夫れに誇り、負けたものは、他日の復讐を思ふと云ふ情に駆られざるを得なかつた。又心から斯う云ふ苦しい戦争を、二度と繰返したくはないと云ふ風には考へなかつた。而して、斯う云ふ苦みを何んな方法で鑑《かんが》みても、断じて二度と繰返し度くないと云ふ事を熟々《つらつら》と考ふる様になつたのは、先づ此度の戦争が始てだと云つて好からう。今度の戦争も、半頃迄は一生懸命に勝利を目的として戦つた。然れども戦争は長延《ながび》くばかりで、容易に結末が付かない。其中に規模は益々広大になる。規模の広大と年限の長いのとで、苦痛は益々加はる。其の惨禍の如何に大なる者であつたかは、茲に更《あらた》めて説く必要はなからう。斯くして、やり掛かつた戦争だから、やるにはやるものの、然し斯んな馬鹿げた事は二度とやるものでないと云ふ考が、深刻に起つて来たのである。斯かる考へが深刻に起つたと云ふ事の結果として、起る一つの重大なる点は、戦争終結の方法に関する考方の変改である。従来の如くに、一方が他方を根本的に圧服すると云ふのでは、是れ、恨みを他日に遺すものであつて、戦争の根本的終結ではない。一時的終結は取りも直さず、他日の、より大なる戦争の準備に過ぎない。其処で、今迄の様な結末を付けると他日、も一度戦争をせねばならぬ事になる。而して此の第二の戦争は、又第三、第四の戦争を誘発する事になるから、今度一度で根本的に戦争をなくしやうと云ふことには、何うしても他に異つた方法を求めなければならない。それには何うしても、腕力の支配に代へるに道理の支配を以てしなければならない。道理の捌きのみが、凡ての事を終局的に解決し得るものなのである。昔の頭で云ふと、道理の解決が出来ないから腕づくの戦争と云ふことになつた。戦争は即道理の無力なる結果である。処が、今度は腕力の解決を不可なりとして、世界の人心が挙《こぞ》つて道理に向つて注いで来たから、其処で従来無力なりし道理は、始めて有力なる勢力となる。斯う云ふ傾向が今度の戦争の半頃から、段々と頭を擡《もた》げて来た。従来屢々説いた事であるが、勝負なしの平和と云ふことを提唱したのは最も明白に、此の新機運に乗じたものである。

(二) 戦争の目的の抽象化。戦争の目的に就きては、各国各々宣戦布告を発して、美辞麗語を列ぬる事を例とする。然しながら、各国の戦争に依つて達せんとしたる現実の目的は、土地並に金に対する野望に外ならずと云つても好い。従て之等の物質的関係に於て、利害の相衝突する間柄でなければ、容易に戦争の起るものでもない。而して之等の利害関係は、各国個々別々のものであるから、所謂戦争の目的は、本来個別的な具体的なものである。従て戦争は道理上、各々目的を異にする、多数の個々の戦争の機械的集合と、見なければならない。即英独の戦争であり、仏独の戦争であり、日独の戦争であつた。然るに戦局の進行と共に、容易に勝利が得難いと見るや、作戦の実際上の必要は、之等の個々の戦争の間に、有機的関係を附するの必要を見るに至らしめた。実際の必要が、先づ第一に各国の機械的関係を、有機的関係にならざるを得ざらしめた。之が即戦争の目的抽象化の第一歩である。その初めは、同趣意を単独不媾和条約やら、各種の密約やらで繋《つな》いで居つたが、夫れでは到底《とて》も遣り切れなくなつた。其処で段々共同の目的の為に戦ふと云ふ意味に変つて来ねばならなかつたのである。即例《たとえ》ば、英なり仏なりが尚一層密接に作戦を共同にせんとせば、互の個別的野心を多少譲合ふと云ふことが必要である。そう云ふ処から、特殊な目的は、段々と蔭になつて、共通の点が特に高調される事になる。其の結果戦争の目的が、普遍的抽象的なものになることが当然の順序である。

(二) 戦局の拡張に伴ふ戦争目的の普遍化。前段に述べた傾向は、更に戦局の拡張と共に著しく促進された。其は聯合側が、少しでも余計に独逸を世界の交通から封鎖して、一日も早く勝利を収めんと、焦つた処から、あらゆる国に参戦を勧めた。其の結果東洋ではシヤムなど迄、参加するに至つた。然し此等の国は独逸側と直接の利害関係はない。斯かる国々をも仲間に入れると云ふことになると、最早《もはや》英仏側は全然其の特殊的な目的を捨てねばならぬ。慾の為に戦ふ自分達の戦争に勝つたとて、何も取れる見込の無かりさうな、第三者の参加を勧める訳には行かないからである。其処で此の段取りになると、今度は戦争は国際正義の為だとか、自由平等の為だとか云つたやうな、抽象的な普遍的な目的を樹《た》てなければならぬことになる。斯くして、目的が然《そ》う云ふ事に変つた結果、今度の戦争は当事者は多数あるけれども、戦争其のものは一つの目的の為に戦はるゝ一個のものと云ふことに、ならざるを得ない。斯くして、戦争の意味が従来とは全く変つた。前の考では多数国の戦の集合であつたが、今度のは渾然たる単一の戦である。国際聯盟などと云ふ思想も、実は斯う云ふ見方の変遷から促されたのである。何となれば、単一の戦争と云ふ事になれば、敵国からの分捕品の如きは、直接に取つたものは誰であるにせよ、所有権の帰属は同盟国全体であり、従つて全体の名に於て、占領地の処分を決める当事者が設けられねばならなかつたからである。

(四) 米国参戦及び露国革命の影響。米国の参戦と露国革命とは、互に相連絡なき二個の出来事であるけれども、殆ど時を同じくして起つた出来事であるから、一括して説くことにする。而して此の事に就きては、又従来屢々繰返して述べた処であるから、凡て簡略に言ふことにする。詳細は其の当時の本誌を参照せられんことを希望する。

米国の参戦は、戦争の目的の抽象化と云ふ事に、更に大なる影響を与へたものである。シヤムの様な小国の参加さへも、可なりの精神的影響を与へたと云ふことは前にも述べたが、米国の様な大国が、然も独逸から何等かの得る処あらんとする野心あるに非ずして、参戦したのだから、英国や仏国は、夫れでも自分達の戦争目的の中に、色々の不純の野望を隠す事が出来なくなつた。米国に引摺《ひきず》られて、不純の分子を、否や〳〵ながらも捨てなければならなかつた。斯くして居る中に、露国革命の結果が段々に響いて、是れ又戦争の目的に何等の不純の野心を、包蔵すべからざる所以《ゆえん》を力説して止まなかつた。露国は、米国の立場と異る社会主義の立脚地から、無賠償、非併合を執つて立つたのだが、兎に角戦争の目的の中から、最も露骨に、不純分子を捨つべきを迫つた点に於ては、著しいものがある。而して当時の形勢上、米露両国の意向が甚だ重きをなして居つた処から、之が聯合国戦争目的の純化の上に、非常に有力であつたことは想像に余りある。

以上述べた様な事情に基きて、戦争の目的に関する思想が、著しく訂正を要求せられ、即此の戦争に依りて達せんとする各国の目的は、個々特殊の野心ではなく、抽象的主義原則で、而も其の主義原則は、此の世界の凡ての人に採りて、住み心地好きものたらしむべきものでなければならないと云ふ次第であるから、是が取りも直さず、最も有力な国際平和思想である事は云ふ迄もない事であらう。此の思想の力が、やがては戦争終結し、媾和会議を指導するに至つた。尤も媾和会議には、之と反対の思想も有力に働いた。永く草根木皮に親んで居た者は、西洋医者の名薬の効能を信じながらも、不用意の間に、時として古い式たり〔仕来り〕に執着する事を免れざるが如く、古い世界に教育された政治家が、媾和会議に集つたのだから、世界の問題と共に、又自国の利害を提げて、随分妙な議論も闘はされたのである。斯くして、出来た媾和条約は、思想の一貫しない、得体《えたい》の知れぬ鵺《ぬえ》的なものになつたが、然し、あれ丈け迄に漕ぎ付けた処を見ても、従来の媾和条約とは、大に選を異にする事が判る。理想から云へば、今度の媾和会議は明白に失敗だ。然れども理想が、全然容れられなかつたのではない。理想が、全然容れられなかつたのなら、あれ丈けの成績すらが出来なかつた筈だからである。要するに、昨今平和思想は勃然として興りつゝある。唯だ之に対する反動思想も非常に強い。単純に、現在丈けを切り離して考れば、平和思想も未だ世界を支配するには至つて居ないが、過去に於ける状態から、将来に対する予想を加へて、全体から達観する時は、吾々は此の平和思想の前途を楽観視せざるを得ない。然し吾々は只だ此の事実に満足するのみでは好けない。更に吾々は道徳的努力に依りて、国際平和思想の勃興を更に大に助長する処あらせねばならない。

〔以上、『新人』一九二一年九月〕

軍備縮小会議に就いて

軍備縮小を問題とする国際会議は愈々《いよいよ》華盛頓《ワシントン》に於て開かる丶事になるらしい。特に此会議が我国にとつて重大な意義を有するのは、併せて太平洋並びに極東に関する問題もが討議さる丶と云ふ点である。由来我国の対外政策は吾人の屢々《しばしば》本誌に於て指摘した如く甚だ曖昧《あいまい》なものであつた。今や厭やでも応でも之れを明白に決定せねばならぬ場合となつた。或人は之を以て帝国の一大危機だと云ふ。併し考へやうに依つては、帝国の本当の進歩開発を導き出すべき絶好の転機であるとも云へる。此の会議夫れ自身は、日本の将来を禍するとも幸するとも定まつて居るのではない。寧《むし》ろ政治家の技倆如何に依つて吉凶禍福が定まるのである。そこで我々国民にとつて差当り重大なる問題は、此大切なる時機に際して政府当局が如何なる態度を以て此会議に臨まんとするかと云ふ点である。

米国が軍備縮小の国際会議を提唱すべき事は、今年の春以来略々《ほぼ》予想された事であつた。されば今年の議会に於ても、誰れやらが政府に向つて此問題に対する態度を質問した者があつたが、原総理大臣の答弁は未だ正式に何とも云つて来た問題でないから考へても居ないが、未だ研究する必要もないと云ふのであつた。愈々具体的の問題となるまで研究をもしないと云ふのだから、今日愈々具体的の問題となつても、恐らく臨機応変の処置を執らうと云ふ位に軽く考へて居るのではあるまいか。併し原総理大臣の一場の答弁を以て、政府の本当の態度を推測するのは誤りであるかも知れない。何故ならば人の質問に対して好んで木で鼻を括《くく》つたやうな答弁をするのは、原総理大臣の癖だからである。あれ程の人だから斯う云ふ大事な問題に就いては多少の経綸はあるだらう。只彼の人と為《な》りが不当に秘密を好むと云ふ所から、外部の我々に明知せられないのを遺憾とする者である。

依つて我々は転じて社会の有力な階級の此問題に対する態度を観よう。之れ等の意見は亦政府の政策決定の上に著るしい影響を有するものであるし、政府も亦殊に外交上の問題に就いては、右顧左眄《うこさべん》世上の思惑に顧慮する事多いから、之れ等の世上の議論を観察する事は亦政府の態度を推定するの材料にもなる。斯う云ふ考へから昨今の新聞紙上に現はるゝ種々の人の意見を綜合して見ると、二種の見解があるやうだ。一は米国提唱の真意を悪意に解釈するもので、他は其反対に善意に解釈するか、又は少くとも虚心坦懐何等先入の偏見なく此会議に臨むべしとする見解である。

亜米利加《アメリカ》が軍備縮小の問題に兼ねて、太平洋並びに極東問題をも併せ議すべきを提唱した真意は、ヤップ問題等の如き日米間の単独交渉で達し能《あた》はざりし目的を、此新らしい会議で達せんとするのだと云ひ、又此会議で多数の力を借り日本の鼻先きをへし折る積りだと見、又斯くして日支両国を離間し、東亜に於ける其政治的並びに経済的野心を充さんとするのだなどと云ふ者がある。斯かる見解の誤りである事は、我々の従来の立場を諒解せらるゝ読者諸君には甚だ明白の事であらうと思はれるから、茲に管々《くだくだ》しく弁明はせぬ。今日の国際関係に流るゝ思想の大勢に通ずる者から見れば、こんな浅薄な動機で、こんな大袈裟《おおげさ》な会合が開催さるゝ道理がない。仮令《よし》んば誤つてこんな浅薄な動機で国際会議が開かれたとしても、それなら此会議で日本の立場と利害を弁明擁護する事は一挙手一投足の労に過ぎない。此度の会議は斯う云ふ卑劣な米国の魂胆に出づるのだから、我国は大いに危険に瀕《ひん》して居るなどと云ふ理屈が分らない。我国の運命に大関係あるのは、此度の会議が真面目の動機から起つたからである。不真面目の会合なら之れを一挙に蹴飛ばす事も出来る。

尤も此度の会合に於て浅薄なる動機が全然働かないと云ふのではない。従つて愈々会合となつた暁、さう云ふ不純の動機がチヨイ、チヨイ頭を擡《もた》げる事もあるだらう。併しながら察する所彼等は決して之れを公然露骨に主張する程蛮勇を逞《たくま》しうするものでない。腹では何う考へて居ても表面は矢張り何処までも世界全体の平和幸福と云ふ事を目標とするであらう。故に我々も亦何処までも此標目を武器として堂々として進むならば、恰《あたか》も王師の向ふ所敵なきが如く、容易に隠れたる不純の目的を打砕く事が出来る。故に提唱者の真の動機が不純だと云ふなら不純でも構はない。我々が何処までも順にとつて進み、容易に彼等を押へる事は出来る。加之《しかのみならず》今日世界の人々が此会議に多少の望を懸け、又陰に陽に之れを声援して居るのは、其表面執る所の目標が善且つ美なるが為である。隠れたる所謂不純の魂胆を後援して居るのではない。世界の民衆は欺くべからず、仮令《たとい》如何に巧妙に活動しても不純な動機は到底民衆の法廷に道徳的勝利を占むる事は出来ない。尤も会議の席上では種々の議論が戦はれ、種々の利害が争はれて理想的な決定を見る事は出来ないかも知れない。其限りに於て我々も亦或点までは理想の要求を犠牲にして現実に妥協すると云ふ事になるかも知れない。それにしても結局に於ける道徳的勝利は其公明正大なる平和的立場に帰すべきは殆んど云ふを俟《ま》たない所だ。綱目の点に就いてはいろ〳〵計量すべき点はあらう。けれども大体如何なる覚悟を以て此会合に臨むべきやの大綱は初めより明白であると信ずる。

会議を支配する思想の如何なるものなるかが明かになつたとすれば、会議に日本を代表すべき使臣選定の方針は自《おのずか》ら之に由つて定まらなければならない。偖《さ》て方針が定まつても誰を遣るかといふ具体的の問題になれば、我々は国民と共に大いに惑はざるを得ないのである。

英吉利《イギリス》ではロイド・ヂヨーヂが行く、ことによるとカーゾン卿も同伴するかも知れない、仏蘭西《フランス》からもブリヤンが行くと云ふ。そこで日本では原首相と内田外相と二氏を遣れといふ議論があるが、斯ういふ形式論には全然感服が出来ない。外国君主の戴冠式に参列すると云つたやうな、直接政治上の意味の無い会合なら、向ふが総理大臣を出すに対して我からも総理大臣を出すと云ふに相当の理由はあるが、今度のは兎に角国家の将来の運命を決する重大な会合だから、人選は一に其の人の能力によつて定められなければならない。ロイド・ヂヨーヂの出るのは単に首相だからではない。ブリヤンの出るのは能力が認められて居るからであらう。能力が有るから大臣に成つて居る。従つて会議に出掛けると云ふのであるが、我が原首相の如きは、日本のやうな変妙な政界に於いてこそ之を泳ぎ廻る若干の能力が認められて居れ、到底世界の檜舞台に出て世界的問題を討論するの柄ではないからだ。能力は有るかも知れないが、之を推定すべき証拠を曾《か》つて示した事が無い、従来の言論行動を見ても、かういふ方向にはまるで了解の無い人のやうに国民は認めて居る。凡て総理大臣を出すと云ふ事は規則で定まつたとしても、我々は何かの理由を捜し出して原首相を出して世界の物笑ひと成る事だけは避けたい。

内田外相については多く其の人について知る所なきが故に玆に之を論じないが、唯人選の方針につき一言して置きたいのは、国際儀礼法則其他いろいろの技術的智識に通暁するを要するは勿論ながら、更にかゝる会合の指導的精神として、深く今日の時勢の内面に動いて居る思想に通ずる者を選ばねばならぬといふことである。従来のやうに無理にも安い金で沢山の物を買つて来るとか、是が非でも我が主張を少しでも余計に通して来るとか、さういふ押の強い事を以つて全権使臣の要件とした時代の頭を以つて此問題を取扱ふてはならない。

右述べたやうな要件に適合する人物があるか否かは一つの問題であるが、よしあるとしてもさういふ人物が果して其選に当るかを考へて見ると甚だ心細い。かゝる人材の其の選に当らんことは我々の切なる希望である。けれども実際の形勢を云へば我々国民の希望は恐らく顧みられないであらう。さうすれば切《せ》めて我々の希望するやうな人材を正式の使臣以外の列に加へて会議地に派遣したいと考へる。先年の巴里《パリ》講和会議にも正式の使臣以外にいろいろの人が行つた。其成績については今茲に批評する限りではないが、切めて是等の人々の中にもつと世界の大勢に通ずる者があつたなら、日本国民の真の立場を紹介するに余程都合が好かつたらうと思ふ。

かういふ見地から予輩は政府当局に向つて華盛頓に派遣する一行の中には、是非思想家を加へて貰ひたい、而かも各種の思想家を加へて貰ひたい事を希望する。各種のと云ふ意味は政府の好む所に偏せざるを意味するのである。日本として予《あらかじ》め意見を一定しよう。其一定したる意見に調子を合せないやうな考の者は除外するといふやうなことになつたら、其時は必ず日本の外交の失敗する時である事を知らねばならぬ。一言にして之を云へば、我々は誰が派遣されるにしろ、使臣の言動は会議の大勢と、例によつて調子が合ふまいと想像する。それだけ之と反対の思想を会議の内外に紹介して置くことが、日本に取つて極めて必要であると考へる。当局は或は之を以つて日本の不為めと考へるかも知れない。然し此考が巴里講和会議の失敗を見た主たる原因なるを思ふ時、我々は切に反対思想の表明を許すの雅量を示されんことを希望せざるを得ない。

世界の平和と幸福とをいやが上にも増進せんとする希望が今度の会議を促した、少くとも今度の会議の成功を祈つて居るとすれば、我々は出来るだけ此希望を実現の方向に此会議を利導しなければならない。換言すれば世界の平和と幸福とを促進すべき方法を講ずる絶好の機会として十分に之を利用するの態度に出でたい。若《も》し我々が真に世界の平和と幸福とに熱心であるなら、発企したのは亜米利加であるけれども、我々からいろいろ問題を提供して然るべきだ。故に我々は米国の提唱に接するや日本としては一も二もなく之に応諾の返事を与ふべきであつたと考へる。此点に於て太平洋及び極東問題の意味とか範囲とかを問ひ返したと云ふ事は、或る意味に於て大いなる失態だと考へる。何となれば好い事をやらうと云ふのに、問題の範囲と種類とを制限する必要は無いからである。

裁判所で物を争ふやうに、一つ一つ争点を理窟で埋めようといふのなら、問題の範囲を出来るだけ制限するのが便利だ。然し之れでは懸案の部分的解決といふことは出来るが、世界の平和と幸福とを根本的に促進せんとする大希望とは調子の合はないものである。日本政府の質問の主意は何ういふ所にあつたのか分らぬが、少くとも外見上之によつて日本の政治家の思想的調子が如何にも低劣を極めて居るといふ感を世界の各方面に起さしめたことだけは疑を容れない。寔《まこと》に残念な事だ。

大体の理窟から云つても、問題を如何なる範囲に限るべきやは皆集まつた上で極める筈のことである。此点は米国の回答として伝へられて居る説の通りである。よしんば米国で問題の範囲を限るとしても、我々は之に拘束されねばならぬ理由はない。真に世界の平和と幸福との為めに必要だと信ずるなら、彼の意に反して討議の範囲を拡張して差支へない。又利害の打算より云つても、出来るだけ広い範囲に当つて国際紛議の種をどん〳〵取扱つて行くといふのが、日本の立場としても得策だ。根本的の財政の整理をすると云ふ場合に、今度返すべき借金は何の口かと訊《き》くのはまるで相談の趣意を了解しない態度ではないか。

前項の問題と関聯して、世上には次のやうな俗説が行はれて居る。今度の会議には山東問題やヤツプ問題は当然除外さるべきである。なぜなれば既定の問題であつて更に之を再議に附するのは、国際信義の上から許すべからざることであるからであると。山東問題とヤツプ問題とを除外するのが善いか悪いか、之は自ら別問題である。よし之を除外すべしとするも、其理由を玆に求むるのは宜しくない。少くとも再議に附するのは国際信義に反するといふ理窟を引合ひに出すは滑稽である。一遍定めたことを後に至つて変改するといふ事は勿論悪い。併し乍《なが》ら変改にも二つの場合がある。我が儘から変改をするのは無論許すべからざることであるが、前の決定の根柢に重大なる誤謬《ごびゅう》あることが双方に理解せられて、其上で再議に附するといふ事は、寧ろ不正なる状態を正しきに引直すことであつて、喜ぶべき理由こそあれ毫も之を咎むべき筋は無いのである。山東問題やヤツプ問題の再議が果して此型に入るや否やは事実を調べた上でなければ分らないが、兎に角前の決定の誤謬を理由として再議を求め来る以上、一応之に耳を傾けるのは当然の事である。少くとも主義として或る種の再議要求は之を認めなければならない。一概に之を国際信義に反すると云ふのは余り軽卒な妄断と云はなければ〔な〕らない。

之を要するに今度の会合については、事柄の重大なる為めにや、日本に対する関係の極めて緊密なるの結果にや、之に対する国民の議論は多少狼狽《ろうばい》気味に見える。会議の結果は局部的に見れば、或は日本に取つて損にならぬとも限らない。然し世界の平和と幸福との熱烈なる欲求に推されて此処まで来たからには、過去の小利小益に未練を残さず、正々堂々の陣を張つて自発的に活躍する所あつて欲しい。新聞等に観ると多くの意見が概して消極的受動的なるは、我々の甚だ快しとせざる所である。

〔『中央公論』一九二一年八月〕

石井・ランシング協約と太平洋会議

今度の太平洋会議で石井・ランシング協約も問題になるだらうといふ説がある。否、亜米利加《アメリカ》辺には初めから此協約の無効を説く議論すらあるとの事だ。協約の無効を説く議論は余りに乱暴だが、此協約を根底とする議論の恐らく通用せざるべきことは疑を容れない。此等の点については他日尚ほ詳論する積りであるが、玆に特に読者の注意を乞ひたい一事は、条約の文面の解釈の結果がかうなると云ふやうな議論は、昨今の世界に於いて著しく無力になつたと云ふ事である。例へば米国がヤツプ島問題を云々する、それに対して我国は此条約は既に定まつたではないかと云ふ。山東問題について支那が文句を云ふ、すると我国はまた之も条約で已《すで》に定まつたではないかと云ふ。其外かくかくではこれこれの不便があると愬《うつた》へて来ると、不便があらうが条約で極《き》めたことだから致し方が無いと云ふのが、問題解決の従来の遣り方であつた。ところが昨今は条約の定めが何《ど》うであらうがそんな事には頓着なく、直ちに事物直接の関係に立入つて其便不便を見る。条約で何んなに堅く約束したことでも、それが実際に不便であり不都合なことであればどん〲之を改良して行かうと云ふのが昨今に通有の思想である。最後の権威は事柄其自身の正不正である。条約の取極めを唯一の金科玉条とするのは馬鹿げた事だとされて来た。今度の会議でも日本に関するいろいろの事が問題になるであらうが、之に対して若し日本側が条約の取定めなどを盾として抗弁するならば、それは以つての外の謬《あやま》りだ、世界の平和、東洋の幸福と云ふ実質的の立場から其の必要を説くのでなければ日本の主張は支持されない。よし理窟を捏《こ》ねて一時の勝利を得たとしても、道義的同情は恐らく我を離れるであらう。

〔『中央公論』一九二一年八月「小題小言四則」のうち〕

太平洋会議に対する米国の正式招待

八月十三日附を以て米国から正式の招待状が来た。新聞に発表せられたる所について見るに、六月以来内交渉に示された所と大差無いが、念の為め簡単に其要領を撮《つま》むと次のやうなものになる。(一)軍備制限問題並に之に関聯して太平洋及び極東問題を討議すべき会議を開催したい。(二)一般の安定、社会的正義の保障並に平和の確保の為めには軍備に対する過大な出費を制限する実行的協定を為す事が急務だと思ふ。(三)其の為めには海軍方面の問題が第一の急務である。がまた他方面の軍備に関する問題をも除外してはならない。(四)其の外人道的見地から戦争の新式手段の使用を適当に抑制すべき案を作製する事が必要である。(五)偖《さ》て平和に対する願望の熱烈なる事は以上の仕事の遂行に非常に必要であるが、其の為めには先づ各国間に存する誤解の原因を除去する事が必要だ。此点に於いて米国は太平洋及び極東問題に関し他の諸国と共通の諒解を見出し得ん事を希望する。(六)太平洋及び極東に関する討議の範囲は、会議開始前に行はるべき意見交換の題目として残すべく、予《あらかじ》め二三国の間に予定する事を得策としない。大体に於いて以上六項に竭《つ》きて居ると思ふ。

正式招待に表はれた米国の意図につき、少くとも表面日本は何等之に異議を唱ふべき点は無い。恐らく近く発表せらるべき答弁の中にも、満腹の誠意を以つて賛同の意を表するといふ事が述べられるであらうが、独り此処に問題となるのは、日本側の予《か》ねぐ\希望して居つた討議範囲の限定、もつと具体的に云へば所謂特殊国間の問題並に既定の事実は如何に之を取扱ふべきかの点である。出来る事なら日本側は特殊国間の問題並に既定の事実には、今度の会議でも触れないといふ風に云つて貰ひたかつたのであらう。所が米国は討議の範囲を予め制限する事を欲せざるのみならず、共通の諒解を見出したいと希望せる太平洋及び極東の問題については「既に列国の利害に関聯し来り、又現に関聯せる諸般の事項」と註釈して、日本の希望を容れるのやら容れないのやら甚だ曖《あい》昧《まい》になつて居る。其処で此点については新聞紙上等に於いてもいろいろの意見が表はれて居るが、まだ明白に彼我の論拠を明白にしたものが無いやうだ。之について少しく予輩の観る所を述べて見よう。

第一に討議範囲の限定といふ事について昨今の考が従来と余程変つて居る、といふ事に注意しなければならない。従来の国際会議では何と云つてもお互に利害の主張に熱中し、大局の平和を何うするといふ高い見地から物事を見るといふ訳には行かなかつた。従つて何んな問題でもなかなか協定を見るといふ事が困難であつた。されぱと云つて折角の会合が何の効果をも奏せず物別れとなつたと云ふのも不面目だと云ふ所から、出来るだけ討議の範囲を切詰め、問題の数も少くしたのであつた。而かも難しい問題は皆後廻しにし、極《ご》く纏《まとま》り易《やす》い点だけを取つたのである。だから討議決定された問題は些細の点に渡るのが多く、国際平和の大局に重要の関係あるものは、多く手を着けられず残つたものである。兎に角昔は討議の範囲を制限した方がいゝといふ事になつて居つたので、古い頭の人は国際会議と云へば直ぐに範囲の制限、問題の限定を云々する。併し昨今は時代が一変した。畢《つま》り今までの世の中が一時の功を急いで肝腎な問題を残したのが間違ひだといふ事に気がついたので、難しい問題を而かもどん〳〵手を着けて行かう、殊に全局の平和を熱望して居るのだから、討議の範囲の広い事、問題の数の多い事を厭はない。実際の政治家は或は此処までの決心を持ち兼ねて居るかも知れないが、今日世界の民衆の国際会議に対する衷心からの期待によつて見れば、将《まさ》に右云ふが如くであると思はるる。討議範囲の限定は、少くとも今度の国際会議に於いては、会議を成功せしむる所以《ゆえん》の前提条件ではない。否、こんな考は旧時代の間違つた思想だといふやうな精神で会議を進めて行かう、といふのが当節の気分である事を注意せなければならない。従つて特殊国間の問題並に既定事実を除外しようといふやうな我が国の希望に対しては、其事自身が正しいか何うかは暫《しばら》く別問題として、概して甚だ興味を有《も》たないといふ事実を隠す事は出来ない。

第二に、特殊国間の問題並に既定の事実を除外すべしといふ此原則の適用については、日本の主張と相容れざる思想が又かなり盛んに行はれて居る事を認めなければならない。そは何かと云ふに、日本の見て以つて既定の事実とするヤツプ島の処分、又特殊国間の事件とする山東問題の如きを、亜米利加は純粋な既定の事実若しくは特殊国間の問題と認めざらんとして居る。之と同じ立場を取る者が今日世界に甚だ優勢なのである。敵を知り己れを知るの筆法で、吾々は兎に角此違つた立場を精密に諒解して置くの必要がある。それは何かと云ふと、即ち予輩が前々号に於いても(本巻所収「日米交渉の一問題としての山東問題」)、詳しく説いたやうに、戦争観の一変に基く戦利品の観念の一変である。当初は敵に対する吾々仲間の個々の戦争の集合で、吾々の独逸《ドイツ》との交渉は他の仲間と独立に決定する事を得たのを、半ば頃から此戦争は共同の目的の為めに多数の力を合せて戦ふ一つの戦争といふ事になり、従来我国が独逸に対する単独の関係だと思つて居つたやうなものも、一緒に仲間となつて戦争に努力した凡ての人のものといふ事になつたのであるから、ヤツプ島にしても、山東省にしても、之はもはや昔のやうに第三者の容喙《ようし》を許さない特別の問題だといふ訳には行かない。戦勝の結果として得たるものには、共に手を携へて戦争した凡ての国の容喙権の及ぶ所である。であるから山東問題にしてもヤツプ問題にしても、米国其他一般同盟国は皆平等の権利を有するもので、其範囲に於いて「既に列国の利害に関聯し来り、又現に関聯せる諸般の事項」といふ事が出来る。即ち山東問題もヤツプ問題も特殊国間の問題若しくは既定の事実といふ事は出来ないのである。之に関聯して序《ついで》に一言すべきは、米国の山東問題やヤップ問題を再び討議の範囲に入れようといふのは、例へば既定の事実も之を再議するを遮《さまた》げずとするの見地からするのではなく、ヤップ問題を既定の事実と見ないから、最終の決定を与へる為めに改めて討議しようと云ふのである。吾々の所謂既定の事実を彼等は既定の事実と見ないからである。米国が吾々の所謂既定の事実を再議に附せんと頑張つて居るからとて、直ちに朝鮮問題までも担ぎ出すであらうなど、誤解するのは、菽麦《しゅくばく》を弁ぜざるの愚論と云はなければならない。

第三に、今度の会合に対して世界の民衆の挙《こぞ》つて期待するのは、軍備制限に附帯して、世界の平和と幸福とを事実上実現するやうな協定をして貰ひたいといふ事である。古い条約取極めに基いて各自《めいめい》の権利の範囲を法律的に定めるといふやうな事はまるで要求して居ない。従つて吾々は吾々の立場を主張するに当り、何時の条約では何うの、何時の密約では斯うのといふ様な形式的議論で押通すのは余り見好くない図であらうと思ふ。之で押通しても形式上一旦の勝利を見る事はあらうが、併し之れで世界の道徳的後援を繋《つな》ぐ事は断じて出来ない。要するに昨今の世の中は密約其他形式上の取極めよりも、然《そ》うする事が果して世界の幸福と平和との為めになるか何うかの標準一点張りでどん／＼進んで行かうとするのである。

第四に、日本の立場としては以上の論点を詳《つまびら》かに研究した上で其主張を支持して貰ひたい。敵の立場を相当に理解せずして唯我が主張を押通さうとするのは、少くとも今日の新しいやり方ではない。尤も考へ様によつては、米国の立場は之を支持するに頗《すこぶ》る困難なものかも分らない。例へばヤップ島問題にした所が、最高会議の決議にウヰルソンも署名した以上、今更ら之を無効なりと宣言する訳には行くまい。是等の点で正々堂々と彼等の論拠に突進するだけの余地が吾々に残されて居ないではない。

終りに、一歩を譲つて米国の立場が正しいとしても、吾々は只漠然として彼等が為す儘に盲従してはいけない。

最高会議の決定をも否認せんとする米国の立場が正しいとすれば、吾々は潔く原《も》との白紙状態に還り、ヤツプ島に対する米国の容喙権を認むる。斯くて米国の希望を卒直に云はしむれば、海底電線の国際化といふに外ならないと云ふだらう、そんならそれを認めてやつてもいい、但し之は或は一つの抽象的原則を認むるので、ヤツプ島の処置は単に其原則の適用に過ぎない。他に同じ様な場合があつたら、皆此の同じ原則の適用を受くるといふ形に取り極めたい。而して更に吾々はヤツプ島を国際的のものとする如何なる必要あつたかを尋ねて見る。さうすると彼は答へるであらう、海底電線のやうな国際交通の上に必要なものは、なるたけ国際的管理の下に置きたい、俄《にわ》かに全部を同一の組織の下に網羅する事が出来ない事情もあるから、先づ以つて共同の力で敵から取つた場所に限り、それより漸次他の方面にも及ぼして、国際化の事業を全般に押し拡めるつもりだ、と答へるであらう。然らば吾々は直ちに其趣意を捉へ、独逸から取つた領土の上にあつては共同勝利者の全部に、完全に均等な機会を提供するといふ原則を立てよう、其原則の適用としてヤツプ島に関する米国の言分を立てゝやると云ふてやるべきだ。斯くしてヤツプ島に関して潔く譲歩すると共に、同時に何人も対抗し得べき「均等の機会」を承認せしむるといふ大綱はある。かういふ風に行けば吾々は勝利を犠牲に供して大いなる利益に浴する事が出来る。而かも其利益たるや実に世界の平和の進歩と相伴ふものなる点に於いて、本問題の将来の解決は吾々の最も刮目《かつもく》を要する所である。

〔『中央公論』一九二一年九月〕

国際会議に於ける形式上の成功と道徳的の成功

昔の本でこんな事を読んだ。黒船からいろいろ面倒な問題を持ち込まれて困り切つた際、幕府方の外交事務を取扱つて居つたさる小役人が単身黒船に乗込み、無鉄砲な事を云つて、理が非でも自分の顔を立てて呉れなければ、君公に対して申訳が無いから君と差違へて死なうと、本気になつて剣を抜いた、相手方は吃驚《びつくり》して、遂に其男の無理を通したといふのである。理窟の如何を問はず、之れだけの決心があれば大方の無理も通せたに相違ない。支那の外交家が外交談判が紛糾して来ると、「理窟は先方にあるが、俗衆からの対外軟の非難を恐れて無理を通す必要に迫まられる事が稀でなかつた」、私《ひそ》かに金を遣《つか》つてボイコットを起させる、こんな手段で外交上の懸け引に有利な形勢を作らうといふやうな事は袁世凱の好んでやつた慣用手段であるが、之も亦幕末外交家のやり方と異曲同工と云つていゝ。外交談判に只形式上勝さへすればいゝといふのなら、こんな方法でも勝てぬ事は無い。

子供の時大久保利通が支那に談判に往き、彼の国の容易に決せざるを見て憤然旗を巻いて帰り掛けたといふ話を聞いて非常に痛快に感じた事を覚えて居る。云ふ事を聞かないなら実力に愬《うつた》へると啖呵《たんか》を切るのは気持が好い。外交談判は押が強いに限る。こんな風に、外交を廃兵の押売り同様、目的を達しさへすればいゝといふ風に考へて居る人は今日でも多いやうだ。フユーメ問題で伊太利《イタリア》の首相が、旗を巻いてヴェルサイユ会議を見捨てた時など、吾々日本人は大いに痛快がつたものだ。之は啻《ただ》に当時日本の山東問題について伊太利と同じ様な逆境に居つた許《ばか》りではない。外交談判については此位の無理押しが必要だといふ考をかなり抱いて居るからであらう。併し此頃は人間も段々利巧になつた。殊に外交官などは西洋の儀礼に嫻《な》れて、子供らしい意地張りはやらないやうになつた。其代り彼等は昔の人が腕づくや意地張りで成功し得たものを、法律や条約の訓詁解釈で得んと心掛けて居る。此事についてはかういふ内□〔規〕があつたの、条約の解釈から行けばかういふ事になるのと、形式的の理窟で自家の言分を通さうとする。之れでも相当に目的を達する事が出来たに相違ないが、併し時勢は段々進んで、こんな事だけで国家の重きを世界に成す事は出来ないやうになつた。

吾輩が屡々《しばしば》繰返して述べたやうに、今日は条約で何うなつて居るの、法律が何う定めて居るのといふ点に、それほど重きを置かない。法律や条約の定めが何うであらうが、事実何うする事が□〔社〕会全体の平和と幸福との為めになるかを専《もつぱ》ら考へる、従つて何事を主張するにも道徳的根拠より議論を立つべく、法律的根拠では甚だ重きを成さないのである。

殊に今度の戦争に関聯する問題については、条約(殊に密約)の中には、苦しい時に不本意ながら作つたといふやうなものがある。例へて云ふなら、青島《チンタオ》陥落後も日本をして依然戦争を継続せしめる為めに、将来斯く〳〵の報酬をするといふやうな類ひの事もあつたらう。併し今となつては斯くする事が果して全体の平和幸福の為めに善いか悪いか分らないといふやうな事もあらう。さればと云つて密約などは全然顧みてはいけないと云ふのではない。只何事を主張するについても、主張の根拠を条約等のみに置かず、更に斯くする事が世界の平和幸福の為めになるといふ実質的道義論にも置く事が必要である。此処まで行かなければ、吾々は国際会議に於いて堂々たる成功を収め得たと云ふ事は出来ないのである。

従来の国際会議は、謂《い》はゞ局部的の利害の調節を目的とするものであつた。甲の利己的要求と乙の利己的要求と、之を何う調節つけるかと云ふのだから、原被両告が法廷に争ふやうに、兎に角勝ちさへすればいゝ。併し今日の新しい時勢に於いては、世界の民衆はかかる浅薄な仕事を国際会議に期待して居ない。之に参列する政治家は何んな考で出て来るか知らないが、少くとも民衆は世界の平和幸福を実質的に進める為めの議論と協定とを期待して居る。而して此期待に背かない態度を一貫するのが即ち真の成功であつて、形の上で無理を通しただけでは、結局永く世界の民衆の道徳的支持を受くる事が出来ない。勝負を唯一の目標とする相撲でも、汚ない勝を仕続けると人気が無くなるやうに、吾々は国際談判に於いても形式上の成功許りでなく、道徳上に於いても立派な成功を占むるやうに心掛けねばならない。今度の会議でも、参列する諸国の代表者は流石《さすが》に時勢の影響を受けて、それ〴〵頭が変つて居るやうだ。併し政治家は兎角余りに現実に拘泥するの弊がある。直接の対手は是等の政治家だけれども、吾々は更に欧米諸国の民衆一般の要求といふものに通じて居なくてはならない。

〔『中央公論』一九二一年九月〕

軍備縮小の徹底的主張

近く開かるべき華盛頓《ワシントン》会議は軍備縮小の協定を主題とする会合である。太平洋及極東に関する複雑困難なる問題も附議せらるゝからとて主題を曖昧《あいまい》にしては不可《いけな》い。飽くまで軍備縮小の会議たらしめなければならぬ。而して吾々は之を機として是非とも海陸両面の厖大《ぼうだい》なる軍備の大縮小を決行するの覚悟が無ければならない。

よその国はいざ知らず、今日の我国の軍備は誰が見たつて不釣合に厖大である。政府の予算を見るがいゝ。有らゆる文化的設備を犠牲に供して軍備の充実に全力を傾倒して居るではないか。交通機関の不完全、何よりも大事な教育的設備の欠乏、之等は何の為めか。座敷を塵埃《ごみ》だらけにして飯も食はず子供も学校に遣らないで只管《ひたすら》門と塀とのみを堅固にしたつて何になる。所謂軍備の充実に依つて国力の発展を夢想する者は、鰒《ふぐ》の腹のふくれるを喜ぶの類にして、図に乗ると軈《やが》て破裂するの悲惨を覚悟せねばならぬのである。

夫れでも、其の厖大なる軍備が帝国の防備として完全に其の任務を尽し得るのならまだいゝ。国家の防衛が兵隊と軍艦とばかりで動くと思ふ者は、自働車を買つてガソリンを用意しない様なものだ。軍器弾薬の供給を如何する。石油は如何。将《は》た戦時に於ける国民の衣食は如何。之を全然等閑に附して而かも仍《な》ほ今日の軍備を其儘維持せんとする者の妄や驚くに堪へたるものがある。本当に自動車を活用せんとならば、其中二三台を売り飛ばしても速に多量のガソリンを買へ。ガソリンを用意せずして自動車を買ひ揃《そろ》へよと勧める自働車屋に警戒するを要すると同じく、産業教育等を等閑に附して軍備の充実拡張を説く軍閥者流の言を、吾々は眉に唾《つば》して聞くの必要があるではないか。

今ある丈《だ》けの軍備を有効に活用するが為にも、軍費の一部を割いて他の文化的施設に転用するの必要はある。軍国主義者でも真に国を思ふの至誠があらば、少くとも此点に於て軍費制限論者とならねばならぬ筈だ。併し乍《なが》ら吾々は更に一歩を進めて、今日の軍備は果して帝国の防衛に必要なものであるか否かを省量して見たい。軍国主義者は動《やや》もすれば曰ふ。我等はたゞ帝国の消極的自衛の為に策するのみと。然し、国防に積極消極の別を立つるは抑《そもそ》も人を欺くの甚しきものである。四隣に敵なしとする見地を取れば、国防は国内の警備を以て最高限とする。が、東も敵だ西も恃《たの》めぬと疑つてかゝれば、之等の敵を優に圧倒し得るに至るまでは、国防の安全――消極的の意味に於ても――を語ることが出来ない。所謂積極消極の別は主観的の観念で、自分丈が自衛の為と思ふても、過度の拡張は相手に於て之を積極的の脅威と感ずるや必せりである。此意味に於て、帝国今日の軍備が東洋に於ける一大脅威であることは、残念ながら、争ふことの出来ぬ明白な客観的事実である。之がたま〳〵国際間の問題になつたからとて今更驚くには当らない。

併し国際的一大脅威として問題になるのは固より日本の軍備ばかりではない。英国の海軍然り。仏国の陸軍然り。北米合衆国の海軍拡張の計劃に於て殊に然りである。而して其結果自《おのずか》ら軍備拡張の競争といふ不祥の形勢を馴致し、各国共に苦むことゝなるのである。而して軍備の問題は、各国共に、如何に苦しいからとて単独に縮小制限の断行には出で兼ねる。一旦剣を抜いて起つた者は、中途如何に闘争の過誤を悟つても我れひとり剣を棄つる訳には行かない。是れ即ち軍備制限の国際的協定の必要なる所以《ゆえん》である。

軍費の負担が国民の生活を脅すの甚しきは、近代国家の通有の現象である。如何にかして此苦痛を脱せんと熱望するも、単独では何とも始末の附け様がない。と云つて互に睨《にら》み合つて居ては益〻拡張を競ふのみである。斯くして国際的協定は必然起らざるを得なかつた。第一回万国平和会議はこの為に出来たのであつたが、不幸にして目的を達しなかつた。軍国主義者は、此時の失敗を指摘して軍備制限の国際的協定の不可能を説くも、吾々はあの時以来二十年の長きに亘り、世界の人々の良心が如何に此問題に思ひ悩んだかを識るが故に、今次の華盛頓会議を最も厳粛に迎へざるを得ざるものである。之を一時の権略に出づると為すが如きは妄誕の甚しきものと謂はねばならぬ。

さらでも我国は不釣合な軍備の拡大に苦んで居る。之が結果たる各種の欠缺《けんけつ》が最近到る処に暴露して、最早や単独でも緊縮の断行に出でねばならぬ必要に迫られて居るの際、華盛頓会議の提唱に接したのは実に勿怪《もつけ》の幸である。必要の上から云へば、日本は最も多く此機会を利用すべき地位に居る。現に今回を機として最も多くの利益と幸福とを得るものも我が日本であらねばならぬ。若し此際権衡問題がどうの相手方の肚裏《はらうち》がどうのと、巧に国民を瞞着《まんちやく》して這《こ》の好機の利用を誤らしめんとする者あらん乎《か》、吾人は之を眼中軍閥ありて国家なき不忠の徒輩として断々乎として排斥しなければならない。

〔『中央公論』一九二一年一〇月「巻頭言」〕

愛蘭問題の世界的重要意義

華盛頓《ワシントン》会議の論議に隠れて愛蘭《アイルランド》問題は一寸我国論壇の視聴に遠ざかつた形になつて居る。愛蘭問題は英吉利《イギリス》にとつて重大な問題であるばかりでなく、其最近に於ける発展の模様は実に世界の将来に向つて非常に重大な関係を及ぼすもの、やうに思はれる。其成行如何によつては、華盛頓会議にも劣らない程の大きな意味を有つことになるかも知れない。経世家の注目を怠るべからざる所以《ゆえん》である。

単に之を英国丈《だ》けの問題としても自称大統領デ・ヴアレラとロイド・ジヨーヂとの最近の交渉は国技館の横綱角力《ずもう》にも比すべき壮観である。由来愛蘭問題は英国政界の暗礁と称せられた程の難問題であつた。戦前に於けるアスキス内閣も之が為めには大いに困迷して居つた。而かもそれはシン・フェーン党の擡頭以前の事である。戦争開始後間も無く愛蘭国民党は跡形もなく消え失せ、愛蘭人はつまり自治の要求を以つて満足せず、絶対的独立を主張するシン・フェーン党に傾投すること、なつた。自治を与ふべきや否やについてさへ困り切つて居つた英国が、今や絶対的独立の要求に会つて困り切つて居ることは想像に余りある。シン・フェーン党の執拗なる、英国今日の内外両面に渉る苦境と相交錯して英国政界の陰影をさらでも一層濃厚ならしめて居る。併し流石《さすが》にロイド・ジヨーヂは偉大なる手腕の所有者である。此難境に処する彼の手捌《さば》きはなか〳〵鮮かなものだ。之に対して自称大統領デ・ヴアレラの不屈の態度も亦嘆賞に値する。たとへ南亜の人傑スマッツ将軍の仲介を恃《たの》んだとは云へ、此の堂々たる二大英雄が従容《しようよう》迫らず、一歩一歩問題を解決の彼岸に進めて行く有様は、朝鮮に於いて同じ様な問題を有つて居る我々に向つて大いなる教訓を与ふるものである。

併し僕が此問題を事々しく此処に持出すのは、我々日本人に学ぶべきものありとするが為ばかりではない。況《いわ》んや英国多年の懸案であつたが為めではない。此問題の蔭に将来の世界の運命に重大な関係を及ぼす問題が潜んで居るからである。他の言葉を以つて云へば、現に現代を動かしつゝあり、近き将来に於て強く世界的解決を迫つて来るに相違ない、或る重大問題の先駆をなすものと思ふからである。

前にも述べた如く、愛蘭問題に於ける今日の争点は最早や自治ではない、絶対的独立である。英国政府の相手方は最早や国民党にあらずしてシン・フェーン党なることを記憶しなければならぬ。然らば彼等の要求は如何。委《くわ》しい事は今茲に述ぶるの暇《いとま》を有たないが、最近スマッツ将軍の調停によつて細目の点に多くの一致点を見出し、余程解決の曙光を認めたと云はれたけれども、肝腎な点に於て遂に双方の間に根本的の不一致を発見した。其事はロイド・ジヨーヂの八月廿六日の書面に対するデ・ヴアレラの回答に明白である。其中に彼は一歩も譲ることの出来ない根本的主張として二点を挙げて居る。一は「愛蘭人民は断じて英国との任意的結合を認めず、自己の運命を自ら自由に決定するの根本的権利を主張する。絶対的大多数を以つて独立を宣言し、共和国を設定したる所以である」。一は「英国政府が愛蘭を遇するに恰《あた》かも単独に分離するを許さざる結合の盟約あるかの如き態度を取ることを極力排斥する」。従つて英国政府が愛蘭に自由なる独立国家として英国聯邦中に加はらんことを勧誘し来るのならいゝ。ロイド・ジヨーヂは此点に於いてデ・ヴアレラの立場を完全に承認しないから細目の討議に入るも無効だと主張するのである。而して双方此点を固く執つて動かないのは、已《すで》に読者の知る所であらう。妥協的政治家は細目の点に於いて一致するなら、こんな形式的な面目問題はどうでもいいではないかと云ふだらう。英国政府が愛蘭の言ひ分を立て難きは云ふまでもないが、デ・ヴァレラの意気込は又此点に於いて断じて譲歩せざらんとするの態度を固執して居る。又之を譲つてはシン・フェーン党のシン・フェーン党たる面目も立たない。而して之れ豈《あに》彼の所謂《いわゆる》民族自決主義の極端なる固執ではないか。茲に我々は此局部的問題の世界的重要意義を看取するものである。

今度の戦争が米国の参戦、露国の革命の二大機運に醸成されて非併合主義、無賠償主義、民族自決主義の国際的三大原則を産んだことは屢々《しばしば》説いた。戦争に伴ふ至大の惨禍が欧米の民心に及ぼせる影響は実に怖るべきもので、彼等は自ら此等の道徳的原則によつて世界的紛争を永遠に絶滅せんと熱求するに至つた。此要求が或る意味に於いて独逸《ドイツ》の崩壊を促し、戦争の終結を速かならしめ、軈《やが》て又講和会議を支配する根本動因となつた。講和会議の開催に至るまで、国際関係の主動的原則としての前記三大主義の勢力は実に偉大なるものがあつた。不幸にして講和会議に集まつた各国の代表者は、多く旧時代に活躍した政治家であり、政治家は又常に余りに現実に執着するところから、一般民衆の如く単純に時代の要求に応じ得ない傾がある。之に加ふるに戦争の終結に安心して新に起り初めた各国の国民主義的精神、又戦後社会改造の要求切なるに対して起つた一部の保守的精神等が互に結び合つて、理想的原則の其儘の実現を少からず妨げた。故に巴里《パリ》講和会議の成果は戦争終結の前後、さしも優勢であつた道義的要求を大いに裏切るものであつた。それでも今度の講和条約は従来のあらゆる戦争に伴ふ講和条約と異る要点は、兎も角も不完全ながら彼の三大原則の要求を根柢とする点にある。此事は条約の各条について論証することが出来るけれども、今一々之を列挙するの煩を避けて置く。

講和条約は欧米の民衆の道義的要求を裏切つた。此事実は隠すことは出来ない。軽卒なる論者は之によつて今尚国際関係を実際に支配する原動力は各国の利己的希望だと云ふ。けれども公平穏健なる見解としては道義的要求が、あれ丈け各国の利己的希望を抑へた点を買つてやらねばなるまい、事一度国際間の問題になると、法律も条約もないといふのが、十九世紀百年間の状態であつた。茲に非常な苦悶が起り、遂に欧洲戦争の一大破綻を来して世界の民衆が深刻なる経験を積み、其結果局面を転回していよ〳〵新生活に入らんとするその最初の事業としてあの程度の講和条約は已《や》むを得まいと考へる。個人の生活に於いても過去の惰性は容易に抜き難い。況んや国際社会に於いておや。我々は旧い勢力の今尚多少跋扈《ばつこ》するを憂ふるよりも、新しい生命の已に鬱勃《うつぼつ》として起り来りつゝあるを悦ばねばならない。否、進んで其新しい生命の健全なる培養に努むるところなければならない。此点に於いて昨今の民衆が寧ろ微温《なまぬる》い講和条約に不満を表して、更に三大原則の徹底に動きつゝあるの現象を悦ぶものである。

講和条約締結の当時と、昨今の状勢とを比較すると、実に思ひ半ばに過ぐる者がある。条約締結の当時は可なり旧時代の伝統に遠慮したものであつた。之を民族自決主義の適用を例として見ても、委任統治の原則を採用した点は兎も角も新しい考の要求を容れたものである。独逸から取つた植民地を国際聯盟がそれ〴〵各国の委任統治に附したけれども、結局は其民族の開発を促し、他日独立の出来るまで之を誘導するの責任を負うたからである。それでも此主義の適用は今度の戦争に関聯して問題となつた植民地に限ると云へ、此限られたる範囲内に於いても、大いに関係諸国の利己的要求を顧慮するところがあつた。余りに各国の要求を無視しては、徒《いたず》らに事態を紛糾ならしむる恐れがあつたからである。然るに今日は如何。已に愛蘭問題に於いても顕はれて居るが如く、講和条約締結当時に遠慮した線を飛び超えて民族自決主義は露骨に主張されて居るではないか。之を単純な愛蘭人丈けの要求と思ふならば、極めて怖るべき短見だと云はなければならない。

政治家の造つた講和条約には、締結の当時から已に其不徹底を非とする民衆の声は高かつた。時の進むと共に民衆の良心に芽生えた道義的要求はどん〳〵生長発達して已まない。独り民族自決主義ばかりではない。領土の分配についても賠償金の問題についても、欧米の民衆は講和条約の決定如何に拘《かかわ》らず、どんどん新しい問題を提供して行く。我々は何日《いつ》まで之を不問に附することが出来るか。東洋には欧米ほど沢山問題が複雑して居ない。けれども我々にはまた我々相応に六《む》つかしい問題が無いではない。どう之を解決するかは固より彼我同一なるを得ないけれども、疑のない一事は、何時までも惰眠を貪《むさぼ》る事が出来ないといふ点である。一葉落ちて天下の秋を知るといふ意味に於いて愛蘭問題が我々に取つて大いなる教訓であると共に、問題の解決は其度毎に世界に磅礴《ほうはく》する思想と要求とを培ふものである事を忘れてはならない。

〔『中央公論』一九二一年一〇月〕

国際協働的精神に徹せざる我操觚界

毎日の新聞を読んで一番不快に感ずるものは、醜穢《しゅうわい》なる三面記事と党派根性で曲筆せられた政治記事とである。政党幹部の政談など、来ては、歯の浮く様な手前味噌に顰蹙《ひんしゅく》させられるが、機関新聞の偏僻なる政論に至つては往々にして正直な市民をあやまることあるを恐れざるを得ぬ。

市井日常の報道は兎も角、内外の国家的併《ならび》に社会的大問題の評論に至ては、極めて的確公平なることを要する。社会全体の為めから云つても斯事の緊契《きんせつ》たるは言ふまでもないが、吾人の様に正確公平なる見識を養ひたい希望を有する者の主観的要求から云つても、不偏不党の有力なる新聞の発達は頗《すこぶ》る願はしい事だ。幸にして日本には、如何いふものか、政党の機関新聞といふものはサツパリ発達しない。少しはある。が、何れも有るも無きも同じ様なものばかりで、公人の机上に欠く可らざる底《てい》のものは、言葉の正しき意味に於て、一つもない。信用のある新聞といへば悉《ことごと》く政府にも政党にも関係のない中立の新聞である。之を政界の不具的発達より来れる一つの結果と観ずれば悲しき現象たるを失はないが、又一面に於て為に幾分偏僻の政論の横行に累せられざるを得るといふ点に於て幸だとも謂《い》へる。

併し乍《なが》ら、不偏不党の中立的新聞の発達に依つて比較的正確な報道と比較的公平な評論とに接するは、孰《いず》れかといへば内政の方面であつて、事一度渉外の問題になると必しもさうとは云へぬ。何故に然るかといへば、惟《おも》ふに是れ我が国民未だ全く鎖国時代の陋習《ろうしゅう》より脱し切らず真の国際協働的精神に徹底し居らざるが為めであるまいか。内政問題に就ては既に政党者流の我田引水の僻説に超然たり得るに至つた国民も、国際問題になると彼我の立場を超越して姑《しばら》く事物当然の理の何処に在るやを冷静に正視するの雅量を失はんとする。即ち我執の偏見に囚《とら》へられ自家の利害を以て直に事理の正否を分つの標準と為さんとするのである。斯くして我国の諸新聞は、少くとも国際問題については、今なほ一党一派の機関新聞と殆んど択《えら》む所なきの陋態を示すのは、新聞のために惜み又社会の為に甚だ之を惜まざるを得ないのである。

　試みに最近最も公平を以て鳴る某大新聞の大連会議に関する報道の一句を引かんか。チタ側を論じては「是れチタ側の猾策にして、斯く部分的に会議を開き、鉱山権に就ては日本は何を欲するや、森林権は如何……夫々日本の具体案を知り、是等の条件が悉く自家に有利なるに於ては更に談判をすゝめ、不利なるに於ては直に之を破毀し、日本の要求過大を宣伝して協商不調の責を日本に嫁し……対外的に日本を西伯利《シベリア》より駆逐せんとする悪辣手段にして云々」といひ、日本側については「其要求は極めて機会均等の主意に叶ひ、何等チタ側の如き利益主義のものにあらず云々」とある。之は或は本当の事かも知れないが、併し我々は何んだか其間に不安を感ぜずには居られない。モツト公平な正しい報道に接しないと容易に此の問題についての見解を定め難い様な気がするのである。

　白いものを黒いと言つて貰つて只自家の都合さへ善ければ喜ぶといふのは、政党の陣笠の事だ。政党員でも少し利口なものは、少くとも腹では斯んな陋態を潔《いさぎよし》とせぬ。自分に都合がよからうが、悪るからうが、事実を有りの儘に視、其理否の岐《わか》るゝ所を公平に識《し》るといふは、現代識者の最先の要求である。公正不偏の報道批判は国内の問題に於てよりも殊に昨今は対外の問題に於て必要とされる様になつた。而して我国の新聞が此点に就て未だ十分の満足を与へないのは、我々の太《はなは》だ遺憾とする所である。

新聞のこの未発達の状態は、蓋《けだ》し国民其者の此方面に於ける未発達の反映であらう。とは云へ国民のこの未発達は矢張り新聞等によりて之を開拓するの外はないではないか。国民多数の対外的見識は、兎にも角にも新聞の供給する材料に依つて作らるゝからである。昨今の様に国際問題の格別日常の話題に上るの際、而して世界全体を通じて、国際的精神の格別躍動してゐるの際、わが新聞が此方面に於ても亦社会の木鐸《ぼくたく》たるの任務を十分に尽さんことは、吾人の切なる願である。

然るに我が新聞界の現状は如何。

吾人は徒《いたず》らに新聞界を咒《のろ》ふものではない。只其の更により良き発達を冀《こひねが》ひつゝ、其の必要の迫れるを警告したるのである。而して此点に於て我が中央公論が、多年内外各方面の実際問題につき、常に公正穏健の評論を発表し、聊《いささか》にても這般《しやはん》の欠陥を充たし来つたことは、また読者諸君の諒とせらるゝ所だらうと思ふ。

〔『中央公論』一九二一年一一月「巻頭言」〕

重ねてヤップ島問題に就いて

ヤップ島問題の事はこれまで度々論じた。事柄も今は大体解決が着いたと云つて好い。重ねて之れを論ずるのは余り煩《うるさ》いやうだけれども、之れに絡む二三の問題の未だ明白に知られざる点あり、のみならず之れに依つて外交上の時事問題に対する国民の見解を正すの便もあると思ふから、かた〴〵更に貴重なる紙面を割く事にした。

米国の所謂「均霑《きんてん》要求」の根拠如何。

米国は海電陸揚、電信局及び無線電信局設置並びに之れに要する土地所有及び収用等、ヤップ島に於ける陸上の諸権に関し、日本と同等の権利に均霑せん事を要求したのだが、其要求の根拠如何に就いて我国では十分明白に了解して居ないのではないかと疑はるる節がある。先頃某大新聞は其社説に於て、国際聯盟に這入《はい》りもせで、権利のみを要求するとは不都合だと論じて、丁度米国の態度を会費を払はないで御馳走ばかり食ひたがる者かのやうに見て居つたが、之は飛んでもない見当違ひであらう。向ふの言ひ分はそれを正しいと許すべきや否やは別問題として、斯う云ふ所に根拠を置く。曰く、此度の戦争では皆の協力で独逸《ドイツ》に勝つた、従つて独逸は其海外属領諸島を「主たる同盟及び聯合国」の為めに放棄した。故に米国は有力な仲間の一人として之れ等の諸島の上に一部の権利を有する。そして夫れは日本などの有する権利と多少の差あるべき筈はない。日本の持つ丈《だ》けの物は自分も当然持ち得る筈だと。見るべし、国際聯盟に加入すると否とは毫末も米国の権利に関係がない。米国の立場よりすれば彼れの権利は国際聯盟に加入する事に依つて初めて発生したものではないのである。

米国の要求に対する日本の当初の抗弁は如何。

ヤップ島は他の属領諸島と共に其初め皆の物であつた事は疑ひない。然るに米国も参加せる最高会議に於て、ヤップ島等は日本の委任統治区域に割当てられた。最高会議は所謂「主たる同盟及び聯合国」を代表するものである。而してヤップ島は所謂C式委任統治区域に属するが、之れは自国領土同様に統治し得ると定まれば、ヤップ島は即ち日本の専属的統治区域にして、他国は最早や之れに容喙《ようかい》する事が出来ない。米国の要求は此点に於て成り立ち得ないと云はねばならぬ。如何なる権利を如何なる国に認むるか認めざるかは日本の自由であつて、他国の指図を受くべき問題ではないのである。

斯くの如く日本側の主張する通り最高会議の決議を有効とすれば、米国の言ひ分は其儘通り得ない。米国は初め最高会議の決議を承認し、只海底電線に就いては他日の協議に留保したと主張したのであつたが、日本が厳格に之れを拒んだ事は先きにも述べた通りである。そこで米国は論法を一変し、全部否認の態度に出で、ヤップ島の処分は何等の協約もなかつた昔の白紙に還つて出直さうと云ひ出した。さうすると即ち前段に述べたやうな所謂均霑の要求が一つの理窟になるのである。

そこで此問題の解決は米国の言ひ分を通すか、日本の言ひ分を通すか、二者其一を選ばねばならぬ事になつた。細目の点に就いては双方の便宜の為め妥協譲歩の余地はあるが、此根本問題は主義の相違であるから断じて妥協は出来ない。ヤップ島問題は略《ほぼ》解決したと政府では声明して居るが、予輩の茲に問はんと欲する点は、此主義の争点はどう決つたかと云ふ事である。

仮りに米国が日本の立場を承認したと想像して見やう。

米国は今年春頃の交渉に於て日本の立場は認めても好いから、海電問題に就いては自発的に開放するの措置に出でないかと申し出た事がある。して見れば米国では海電問題に関する要求さへ通れば日本の立場を強ひて争はない考へらしい。当時日本政府は之れをすらも厳しく拒んだので問題は紛糾するに至つたのだが、もと〳〵米国の考へは右述ぶる通りであるから、話を又元に戻し得ないとも限らない。そこで此度の解決に於て米国の要求する諸権利を仮りに認めたのは、一旦日本に帰属した権利を改めて米国に〔が〕承認したものと見れば、根本問題に就いては米が我れの立場を承認したものであつて、此問題は日米両国限りで解決し終つたものと見なければならない。多くの新聞は斯くの如く解釈して居るやうであり、時々政府当局が発表する所に依つて見ても同様の見解を有して居るやうだが、併し此点は米国も果して同じ考へであるかどうか疑はしい。重大な外交問題として我々は明白な答弁を責任ある当局者から聞きたいものだと考へて居る。

日本が米国の主張に譲つたのではあるまいか。

前後の事情、彼我当局の発表する所などに依つて推定して見ると、どうも日本が米の立場を認めたものではないかと思はれる。少くとも米国自身に自家本来の立場を少しも枉《ま》げたと云ふ考へのない事は疑ひない。米国は斯う云ふ積りで居る事を日本側で相当に理解して居るかどうか。之れを理解しないと向ふの為す事為《す》る事が分らなくなつて、徒《いたず》らに無用の猜疑を逞《たくまし》うする事になる。

予輩の見る所では米国は第一通信事業に関する権利均霑の要求を貫徹し、此本来の目的を達した以上は、委任統治割当てに就いての抗議を強ひて固執するに及ばずとして、ヤップ島等を日本に与ふの最高会議の決議の趣意を承認した。そこで初めて最高会議の決議は総ての関係国の承認の下に完全に成立し、日本とヤップ島との関係も確定したのであるが、併し問題はこれで全部終了したとは云へない。米国は抗議を撤回したとは云へ、兎に角一旦「主たる同盟及び聯合国」の一員たる自分の承認なしに独逸諸島の処分を勝手に決めるのが不都合だと云つて、米国の承認なしには何事も終局的に確定しないと云ふ原則の承認を求めた。之れは独りヤップ島のみに関する問題でないのみならず、又日本のみに対する交渉でもない。して見れば日本と関係する範囲に於て総て円満に解決したとは云へ、最後に残る主義の問題は改めて列国の協議に附する必要があるのである。列国の問題に持ち出したからとて別に変つた解決を求むるのではない。君達の云ふ通りにして好い、只一応は自分にも断はつてくれろと云ふ丈の問題である。形式一遍の手続きに止まる。併し之れを踏まなければ完全に話が着いたとは云へない。故にヤップ島問題が日米両国の懸案として解決を見たるに拘《かか》はらず、猶ほ米国が之れを華府《ワシントン》会議の議題に上提せんとするの怪しむべからざる所以《ゆえん》である。

最近米国は議題私案中に委任統治に関する一項を追加したと云ふ報道がある。それに対して、我国では米国の意を知るに苦しむと云ひ、又は一切の解決が華府会議以前に解決せられない所から之れを問題とするのだらうなどと云ふ説があるが、夫れは皆誤りだ。上提するのが当然で、日米の懸案が会議以前に一切の解決を見ると否とに拘はらない。又之れが華府会議に上提されたからと云つて日本の不利益でもなければ不面目でもない。

帝国政府は何故にヤップ島問題の解決を急ぎしや。

現に政府の発表する所に就き精細に之れを研究するに、ヤツプ島問題の解決は完全に米国の当初主張せられた通りになつて居る。新聞では米国が前に提出したる委任統治権に対する抗議を固執せざる了解と交換的に、陸上諸権利に対する米政府の均霑要求を悉《ことごと》く容諾したと発表せしめて居るが、之れは些《いささ》か羊頭を掲げて狗肉を売るの嫌ひなきを得ない。米国は取らうとする丈けのものを完全に取つた。之れに対して日本は失はんとしたものを恢復したと云ふのではない。米国は委任統治権に対する抗議は申し出でたが、之れは日本にやらないと云ふのではなく、日本にやると云ふ事は自分の不承認のために終局的に決つたのではないと云ふまでの事である。其裏面には改めて自分の承認を得んとならば、陸上諸権利に対する自分の言ひ分を容れろと云ふのである。夫れを厭やだと云つて問題を此処まで引つ張つて来たのだから、今更先方の云ふ通りに致しましたと云ふのでは一寸面目は立たないのかも知れない。けれども事実は完全に先方の要求を容れたに過ぎない事は明白疑ひを容れない。予輩は之れを以て日本の不利益だとも、又譲るべからざるものを譲つたとも思はない。只どうせ譲るものなら何故に早く譲らなかつたかを責むる者である。同じく金を出すのでも早く出すのと、愚図々々云つて余儀なく出すのとは大変な相違だ。此意味に於てヤツプ島問題の交渉は日本の道徳的声望を大に損じたと云ふ点に於て外務当局の失態を断定して好いと思ふ。

又も一つ文句を云つて見ようなら、どうせ恁《こ》んな解決をするなら寧ろ華府会議の問題とした方が有利ではなかつたか。政府は恐らく華府会議の問題となるのが損だと見て、少くとも米国と直接に交渉する事が幾分有利の解決を見ると期待して解決を急いだものだらう。けれども結果は少しも芳しくないではないか。丁度三越の番頭に知つて居る者があるとて、こつそり行つて買物の談判をしたが結局正札通りに物を買つて来たと云ふ形である。正札で買ふ程なら何故堂々と表門から這入らないか。格別の利益もないのに内密で物事をさばかうとする丈け、人の侮蔑を招くばかりだ。此点に於ても我々は外務当局の為す所を是認する事が出来ない。

〔『中央公論』一九二一年一一月〕

平和思想徹底の機正に熟せり

飯を食べたばかりで腹が一杯になつて居る人に対しては、いくら熱心に説いても食事のことを真剣に考へさせる事は困難だ。此場合には正面から理窟を説よりも、運動でも勧めて自然と腹の減るやうに仕向ける方がいゝ。腹が減つて食事のことを考へねばならぬやうになつた時、何を食ふべきか、又食べれば何うなるかと云つたやうな事を説くと、それがしつかりと腹に這入《はい》る。単に机の上で理論を捏《こ》ねるのなら別だが、天下の大勢を実際に動かさうと云ふなら、何よりも先きに社会の現実の状況を視察する事が必要だ。平和思想についても同じ事が云へる。平和思想の寔《まこと》に結構なものである事は疑を容れぬが、之れが普及と徹底との実際問題を考へる時、吾々は先づ社会其物が之に適する状況に在るか否かを考へなければならぬ。

斯ういふ立場から観察して見ると、少くとも戦争以前までの世界の形勢は、平和思想の徹底は勿論の事、其普及に対してすら甚だ不適当の状態に在つた。即ち殺伐なる侵略的競争の時代で、謂はゞ弱肉強食といふ有様であつた。斯ういふ時代に平和論を説くのは、乞食に向つて慈善の必要を勧むると一般、殆ど何の効果も無いと云つて可《い》い。無論斯ういふ状態を憂ふべしとなして、之を打破するに努めると云ふ者もあつた。斯う云ふ人の真剣な努力が、又一つの原因となつて、今日のやうな新時勢を造つたとも云へるが、それにしても戦争以前に於ては、彼等の努力は容易に酬《むく》いらるべくもなかつた。人々が真気《むき》になつて競争に憂身を窶《やつ》し、少しでも隙があらば自分の利益を図る為めに他を陥れる事を厭はないといふ時勢に於て、よく〳〵のお人好しでない限り、平和論などに真面目に耳傾くる事が出来なかつたのである。是等の点は管々《くだくだ》しく事例を挙げて説明するの必要もあるまい。

唯一つ予輩の専攻する政治外交の方面から一つの例を引いて戦前に於ける国際社会の如何なるものであつたかを説明しよう。戦前に於いて既成の事実《フエー・タツコムプリ》といふ原則があつた。之れは強弱其勢を異にする隣接二国間に適用さる原則だ。例へば甲強国が境を超えて乙弱国内に何等か自国の支配権を延長したとする。乙は之に屢《しばしば》抗議したけれども、弱国の悲しさに顧《かえりみ》られない。泣寝入つて数年を経た。甲は侵略に由《よ》つて占め来つた地位を更《あらた》めて法律的に承認せん事を乙に迫る。乙は固《もと》より之を諾《うべな》はない。けれども諸外国は之を一つの既成事実と見て、甲の言ひ分を後援するのである。斯くして弱い者は結局其の正当なる主張を国際間に貫く事が出来ない。次に之と相並んで権力平均といふ原則がある。勢力相若《し》く隣接の二国間には既成の事実といふ原則は適用する訳に行かない。同じ様な問題が起れば戦争になる。其処で斯ういふ両国間は常に武装的平和の状態に在るのである。であるから少しでも相手国が優勢の度を増すと、黙つて居れぬから、勢力平均といふ原則を持出すのである。例へば甲国が勢力の劣れる乙国より若干の領土を割取したとする。さうすると甲に対立する丙が新に均衡関係の紛更せられたるを名とし、甲の新勢力と相等しきに至るを範囲として、別に無名の侵略を他の弱国に試みるか、甚だしきに至つては甲に向つて若干の分け前を要求する事すらある。此後者の例は一九一二年の頃、ルーマニアがブルガリアに向つて行つた事がある。少くとも前者の例は勢力平均の原則によつて已《や》むを得ざる事と従来の諸国は認め来つたのである。それでも時としてそれが巧く行かないとすると、新に同盟を結んで対抗の方策を講ずるといふやうな訳で兎も角相手が十の勢力を有《も》てば、我も亦之れに劣らぬ勢力を有たねばならぬといふのが各強国の意気込みである。而して此目的の為めにする各強国の行動は、多少弱国の権利を冒す事あるも、已むを得ぬ事として承認されて居つた。斯くして既成の事実といふ事にしても、勢力平均といふ事にしても、之を表向き国際法上の原則と云ふ訳には行かないが、少くとも国際政治を実際に支配する慣例であつたといふ事は間違ひない。弱い国丈けが好い面《つら》の皮だ。だから弱い国は又弱い丈けにそれ〴〵方策を講じ、同時に又非常な排外思想をも養成するに至るのである。斯ういふ時代に於いて、どうして平和思想がすら〳〵と普及し徹底する事が出来ようか。

それでも少数の真面目な人は何とかして局面を転換し、平和な天地を造り出さうとして苦心して来た。之を外にして又平和思想を説く者は可也《かなり》あつたが、それは実は多く強国の圧迫に対抗する弱国の悲鳴に外ならなかつた。而して平和思想が弱国の殆ど唯一の武器として利用されて居る間は、強国が之に殊更らに面《かお》を背向《そむ》けるのは已むを得ない。之れ戦前に於いて強国の責任ある有識階級が兎角平和問題に対して熱情を有し得なかつた所以《ゆえん》である。斯く考へて観れば、戦争以前の世界の形勢は、何う考へて見ても平和思想の普及と徹底とに適当なる地盤ではなかつた。

然るに今度の戦争を機として此形勢は全く一変した。今度の戦争が非常な苦痛を経験せしめた事、其結果として欧米の民心は未だ曾《かつ》て見ざる程の深刻さを以つて将来の天地を平和的に造り換へやうと熱心するに至つた事、これが主たる原因となつて平和的世界の建設に関する積極的研究の極めて旺盛を極めて居る事、是等の点は本誌の之まで屢説いた所であるから、今また此処に之を繰返す事を略する。謂はゞ戦争と云ふ一大事変によつて現実の社会状態が一変したと云つてよい。即ち戦争は腹の一杯になつて居る者に、大いに運動するの機会を提供したやうなもので、五年も経つた今日彼等はもう腹が減つて堪らない。平和思想が善いのか悪いのかそんな理論的判断は何うでもいゝ。兎に角あんな苦しみは二度と繰返したくないから、否やでも応でも平和の生活を築き上げたいと云ふのが今日の民心の痛切なる要求だ。之れが社会に於ける一つの不可抗的大潮流をなし、従つて又大いに当局者などをも動かして居る。斯う云ふ風に実際の境遇が変つて来ると、之れに伴つて又前とは違つたいろ〳〵な新しい思想も起つて来る。之れ取りも直さず、今や社会の実状は少くとも平和思想の普及に最も適当するに至つた結果でなからうか。故に少くとも欧米に於ては平和思想の普及の為と云ふ事は殆ど問題にはならない。只如何にして之を徹底すべきかを研究すればいゝと云ふ状態にまで進んで居る。

我日本も有繫《さすが》に此世界の大勢に押されて、昨今平和思想は大いに普及して居る。此事についても証明を要せず、読者も既に認められて居る事であらう。が、唯欧米程十分に機運が熟して居ないと云ふ事丈けは残念乍《なが》ら認めざるを得ぬ。一つには戦争の惨禍を経験する事が足りなかつた、言ひ換へれば運動が未だ不十分で十分腹が空《す》いて居ないと云ふ点もあらうが、も一つには我国には特別に平和思想の這入り難い理由があるからではあるまいか。さう云ふやうな所から、我国に於てはまだも少し平和思想の普及と云ふ事について劃策努力する所あるを必要とする点がある。

其処で平和思想の普及の為めに何を為るがいゝかと云へば、予輩の観る所では差当り二つある。一つは世界昨今の形勢を如実に見、且つ之を説く事である。世間には戦争以前の考を以つて今日の世界を観測する人が少くない。吾々はもつと戦争を転機とする世界的形勢の一変に透徹した眼光を放たねばならない。第二には吾々の先輩に特有な反平和思想は如何にして造られたかを反省せしむる事が必要だ。幕末の頃排外思想が如何に強かつたか、又当時外国に留学したものは何を学んで来たか、斯くして造くられたる彼等の思想が如何なるものであるべきかを考ふる時、吾々の先輩が反平和思想を懐くのを吾々は寧ろ却《かえ》つて当然とする。併し乍ら彼等の教育された時代と今日とは違ふ。子供の着物は大人に用は無い。是等の点も予輩は屢他の機会に於て述べた所であるから此処に繰返さないが、要するに是等の点を明かにすれば、吾々は先輩の国際観から解放されねばならぬ所以、新時代に適当な新見識を啓《ひら》かねばならぬ所以が明かにならう。斯くして初めて十分に平和思想の普及を図る事が出来ると考へる。大体に於いて地盤は相当に耕されて居る。平和思想の種子をして十分に成長繁茂せしめんが為めには、取残されたる多少の荆棘《けいきょく》を取除ければいゝ。

終りに平和思想の徹底については、他の諸国に於る同志と共に尚ほ深く研究を重ねたい。時勢が変つて平和思想の普及に適当な時代になつたと云ふ丈けで安心しては本統の平和は来ない。運動の結果自然腹が減つて来たと云ふ事に委《まか》して置いては、遂に暴飲暴食の弊を見ないとも限らぬ。否やでも応でも平和と云ふ事を考へねばならぬやうになつたのだから、之から先きはそれに理論上の背景〔骨?〕をつけてやる事が必要だ。平和に対する本能的要求に、更に理論的確信を附与してやる事が必要だ。此点に成功して初めて平和思想が現代に徹底し得るのである。

是等の点に対しては既に論究を要する点が甚だ多いが、幸にして最近何故に吾々は平和を要求せざるべからざるかについていろ〳〵の方面からの研究が盛んに発表せられる。之れからもます〳〵盛んになるだらう。是等の研究に譲つて此処には述べぬが、只一つ多くの人の説かざる而かも最も重大な一事について一言するに止める。そは何かと云ふに、平和思想の徹底と否との問題は、結局する所人生に対する吾々の気分如何と云ふ事に帰すると云ふ事である。人をどう観るか、人間は動物の進化したもので、其本性に於ては野蛮な争闘性を有するものである。悧巧《りこう》な丈けに段々之を押へて社会に調和を求むるの工夫を建てゝは居るが、結局の本性が此処だと云ふ立場を取れば、平和思想は結局に於て徹底する事は出来ない。平和思想の徹底は人間の本性を理想主義的方面に立つる人生観とのみ相伴ふものである。人の本性は無限に発達するもの、相信じ相扶《たす》け得るものと観るに非ざる限り、本統の平和を前途に期待する事は出来ない。故に平和思想の徹底の為めに吾々の結局に於て努むべき所は、人生問題に対する哲学的研究であり、更に進んでは宗教的情操の涵養でなければならぬ。之に基かざる一切の平和的論究は畢竟《ひっきょう》砂上の楼閣に過ぎない。

〔『中央公論』一九二二年一月〕

四国協商の成立

日英米仏の四国協商は西電の頻々として報ずるが如く、其成立に於いて殆ど疑を容れない。本誌の読者に見《まみ》ゆる頃までには多分完成を告げて居るだらうと思はるゝが、之を書いて居る今日でも、こは只時の問題に過ぎないと云つて可《い》い。何れにしても予輩は本協約の成立を心から祝する者である。

此協商の如何なる箇条から成つて居るかは今の所未だ精密には分らない。分つたとしても一々之に細目の説明を附するが如きは他に自ら其人があらう。今暫く新聞の伝ふる所に拠つて之を概観するに、要するに太平洋並に極東に於ける国際的交渉問題は今後互に胸襟を披《ひら》いて相談し合ふ、単独の行動には出でまいと云ふ事を約束したのである。此処に予輩は非常に重大な意味を認むるのである。

従来でも太平洋及極東の問題に関しては、所謂国際的協約と云ふやうなものは沢山あつて、表面の目的は各自の権利を防護し、東洋の平和を確保すると云ふては居るが、其所謂平和とは、謂はゞ自国の利益の侵されざる事、更に進んでは自国の勢力発展の他より遮《さまた》げざらん事を意味するに外ならず、其自国の利益なり又発展なりが、大局の平和の上に如何なる関係があるかは、表向きは何と云つても事実に於て殆ど顧みられなかつたのである。例へば日英同盟にしろ或は日露協商、日仏協商乃至日英共同宣言にしろ、大局の平和と云ふやうな事は殆ど附けたりで、主たる目的は互に承認せらるべき各自自由行動の範囲を定めたものと云つて可い。各自の縄張りを定めると云ふ事は、其等の人々の間に辛《かろう》じて一時的の平和は保ち得るかも知れないが、それ丈けでは到底大局の安定は得られない。何故なれば、虐げられて居る者の地位は、どの協約に於ても依然として変らないからである。而して戦争以前のやうな武装的対立の世界に在つては、到底之れ以上の協約の実現を見る事は出来なかつたのである。強い者も弱い者も一様に其堵《と》に安んじ得べき大局の平和を確立するが為めには、根本の気持から変らなければならない。而して予輩の数次説けるが如く、今や世界の人々の是等の問題に対する気持は根本的に変つた。彼等は今尚ほどうすれば自分の利益を支障なく伸□〔張〕し得るかを考へないではない。けれども又同時にどうすれば大局の安定は得らるゝかをも痛切に考へて居る。而して此の第二の目的の為めには、第一の点に多少の犠牲をも忍ぶ事を辞せないと云ふ態度に出て居る。どうして斯う云ふ変化が来たかについては、屢々《しばしば》述べたから此処には繰返さない。兎に角斯う云ふ風に気分が変つたとすれば、其間から一つの新しい協約が出て来ると云ふのは当然であらう。四国協商の成立は斯くして華府《ワシントン》会議の当初から既に予期せられた産物だと云つて可い。

　四国協商は世界人心一変の結果として生れたものである。而して世界の平和的進歩の上から見て、此気分の一変が肝要な出来事で、協商其物に重きを置くべきものではない。但気分の一変と云ふやうな事は謂はゞ吾々の感得で、眼や耳で之を指示する事の出来ないものであるから、一つの歴史上の出来事としては、四国協商の成立並に其運用と云ふやうな事実に之を徴するの外はない。此意味に於て今度の協商は斯う云ふ新しい時代の特徴を語る一の明白な標識として重大な意味があると云ふのである。

　尤《もっと》も四国協商の条文其物が完全な理想的要求に合するや否やは今明白でない。書いた文字はどう表はれやうが、斯う云ふものを出来しめた根本の気分、即ち銘々独特の希望要求を抑へても、東洋の問題を隔意なき協商を遂げて処断しようと云ふ気分の、今日を端緒として将来に発展する事の上に重要な意義を認めなければならない。胸襟を披いて相談すると云ふ事は、取りも直さず自分の都合ばかりを主張しないと云ふ事を意味する。自分の都合ばかりを主張しないと云ふ事は、今後起るいろ〳〵の問題は凡《す》べて道理に基づいて整へて行かうと云ふ事を意味するに外ならぬ。道理に基いて凡ての問題を整ふと云ふ事になれば、小弱国の要求も亦漸を以つて強大国の観る所とならう。道理の前には強弱大小を区別しないからである。

次ぎに四国協商の成立の我国の思想界に及ぼす影響を考へると、又一層大きな意味がある事を思ふ。従来我国の識者階級には、東洋問題の解決に他国と共同するを厭ふと云ふやうな風があつた。例へば支那の問題についで之を観ても、特殊地位の承認を迫るに急にして列国共同の活動を避けた例は幾何《いくばく》もある。相手方の誠意を十分に信用する事の出来なかつた時代には之も致方は無いが、其外東洋の事は俺が先達だと云たやうな自負心、東洋に外国の手の伸びるのは、即ち我国に対する脅威だとか云ふやうな謬想《びゅうそう》も手伝つたのであらう。支那の財政の共同管理とか、東洋鉄道の国際管理とか、皆んなで一緒にやらうと云ふ問題になると、何時でも頭を背向けるのであつた。何でも自分一人でやらねば承知が出来ないと云ふ風であつた。それを今度の協約で一転して共同的態度に出でたのだから、此処に大いなる気分の変動を認めない訳には行かない。蓋《けだ》し我国が此協約の仲間に入つたのは、暫く一歩を譲り、周囲の形勢に迫られ已《や》むを得ずやつたものとしても、之を機として国民の国際的精神を大いに振ひ起す事を得るに於ておや。予輩は四国協商の成立の報を聴いて東洋の平和の為めに欣《よろこ》び、更にもつと強い程度に於て、日本自身の為めに欣ぶ者である。

附　記

本稿を草し終りて後、四国協約成立の西電に接した。其条文の内容略々《ほぼ》従来伝へられたものに異らない。之等の点に就ては追てまた論究するの機会もあらうが、茲に一言読者と共に考へたいことがある。(一)成立に至るまでの内情を兎や角悪意を以て解釈せざること、(二)今後批准に至るまでの経緯にも神経を悩さぬこと、是である。今日の文明人は、事を決するまでは十分腹蔵なく異見を戦はし、云ふべきことも言はずに遠慮するといふことはないが、其代り一旦事が定つたら、坦懐《たんかい》之を遵奉して光風霽月《せいげつ》の如き態度を常とする。口矢釜《やかま》しく議論をしたから後で事がきまつた時気まづいだらうの、又這《こ》んな風に腹を見らるゝが嫌だから言ひたいことも言はずに置くといふ様なことはない。我々も亦こんな女性的態度をすてゝ男性的に堂々と出たいものだ。兎角我国には国際問題になると女性的態度に出づるものが多く、既に四国協約成立に関する政治家の漫評の中にも、こんなのが見へたから序《ついで》に玆に一言して置くのである。

〔『中央公論』一九二二年一月〕

外交に於ける国民的示威運動の価値

華府《ワシントン》会議に於て支那の言ひ分が十分に通されないと云ふので北京上海を初め各都市に於て例の国民的示威運動が始まつて居るやうである。あゝ云ふ運動は今日の外交上の懸引きの上にどれ丈けの値打ちがあるものだらうか。

同じ様な事を日本でやつた者もある。海軍比率の七割六割の問題について、何とか云ふ会が国民大会の名に於て電報を米国に送つたが如き、即ち之れである。斯くする事が我国の全権を督励し、併せて他の外国の全権使臣の感情を動し、以て問題の解決を我が有利に導き得べしと思ふならば、それは大なる誤りである。

尤《もつと》も斯うした方法が全然無効だと云ふのではない。けれども斯うした運動の最も有力に効果を奏したのは旧い時代の事だ。凡《す》べて国際会議と云ふものが骨董の商売のやうに、双方の懸引の上手下手で安くもなれば高くもなると云ふのなれば、味方危しと見た時に後から大々的に輿論の声援を与ふるも可《い》い。然し今は国際問題を懸引きによつて定める時代は過ぎた。商売で云ふなら誰が見ても相当とする正札でなければ通らない時代だ。全然懸引が無いとは云はないが、兎に角昨今の国際問題処理の標準は、凡べての国に通ずる道理である。道理は声援によつて枉《ま》ぐる事は出来ない。此点に於て国民大会の示威運動の如きは、一円の正札の物を五十銭に買はうとして、妻子眷族《けんぞく》がぞろ〳〵主人公の後に随いて三越に押懸けるやうなものである。

が予輩の之を此処に説くのは、国民的示威運動が無駄だと云《いう》の点に主点を置くのではない。之を無駄だとするに至つた時代の変遷に読者の注意を喚起したいのである。兎に角今日は相当に道理が幅を利かす世の中だ。力無き正義は役に立たないと云つたのは戦前の事で、今日は道理を内容とせざる力の誇示は反感を挑発せずんば、少くとも物笑ひの種となるに過ぎない。示威運動其物は馬鹿気て居ると云ふのではない。やるならば理を極め義に仗《よ》つて正々堂々とやるが可い。軽挙妄動は寧ろ事の成功に遮《さまた》げになる。

〔『中央公論』一九二二年一月〕

政治家の料理に委かされた軍備制限案

総ての社会的政治的問題は、民間の輿論と云ふやうな形で思想家から取扱はれて居る場合と、それがいよ〳〵政治家の手に渡された場合とを区別して考ふる必要がある。殊に這《こ》の必要は我日本に於て多い。何故なれば思想家の頭と政治家の頭との隔りは、我国に於て非常に遠いからである。例へば普通選挙の問題にした所が、民間の輿論としては殆《ほとん》ど疑問が無くなつて居るのに、一度び政治家の手に渡されると、未だ早いとか、或は独立の生計と云ふ条件が必要だとか、いろ〳〵の異論があつて、其間にかなり大きな妥協を許さないと実行に一歩を進むる事が出来ない。妥協するのが可《い》いか不可《いけな》いか、それは姑《しばら》く別問題として、政治家が実際上何とか之を落着けようと云ふ必要に立ち至ると、必ず妥協と云ふ事になる。之れが不都合だと真剣《むき》になつて怒れば、所謂迂儒《うじゅ》時務を知らずと云ふ事になるのであるが、又まるで理想的要求を顧みないと云ふのでも困る。何れにしても単純な理論の問題としてはどう、実際政治の問題としてはかうと其間に区別して見るでなければ、所謂事情に通ずる者と云ふ事は出来ない。之と同じ理窟でかの軍備制限論の如きも、亦之を純理論の立場よりすればどう、又華府会議に於て実際政治家の取扱ひに上ればかうと、二つに分けて議論する事が必要である。純理論から云へば、どうせ平和の理想を実現しようと云ふのなら、軍備撤廃まで行かなければならぬ、と云ふ論が一番徹底的だ。けれども若し此見地から、ヒユーズの制限案が甚だ理窟に合はないなどと論ずるならば、それは取りも直さず甲の立場によつて乙の立場を論ずる者である。制限に伴ふ比率の問題をそれ〳〵の国の国防的見地から議論すると云ふのも、やゝ此嫌ひは無いか。どうせ華府会議の制限案は平和論の理想的要求に促されたものたるは疑が無い。然し現在の場合に於て、其理想的要求の其儘実行し難きは、丁度阿片《アヘン》吸飲の禁を直ちに中毒者に適用すべからざると同一である。現実に着眼する政治家の立場としては、最後の理想を着眼しつゝ、現実に一番行い易い方法を工夫するの外は無い。其処がヒユーズの覘《ねら》ひ処であり、又吾々の議論の標準でなければならぬ。惟《おも》ふに最近各国は共に殺伐なる武装的対立の形勢に倦《う》んで居つた。其際限無き財政的負担に苦しんで居つたのは第一回万国平和会議以来の事である。然し如何に苦しいからとて軍備の制限は独りでは出来ない。独りでも拡張するものがあれば、如何に苦しくとも之れに伴《つ》れて自家の安全の為めに図らなければならない。それが堪え難き苦痛であるとともに、又甚だしく戦争の危険を挑発するものであるから、若し各国の間に満場一致の協定を見る事が出来るなら、皆で約束をして此苦しみを抜けやうと云ふのが、最も卑近な制限の動機だ。政治家は先づ此処に着眼する事が必要であるのみならず、又此着眼点からする制限案が一番実行し得べきものである。斯う云ふ立場から云へば、何も理窟なしに何割減と云ふ風に天引きするのが最も理想的の案だ。只此際一割引にすれば、甲に都合好く乙に都合悪しき事あり、二割引にすれば、乙に都合好く丙に都合悪しと云ふやうな事が有り得るので、出来る丈け多くの国の承認し得る程度の割合が何処に在るかを発見するのが、即ち政治家の手腕に待つ所である。若し之を純粋に理論家が理窟に合はないの、機械的に過ぐるのと云ふならば、そは甚だ政治に盲目なるの譏《そしり》を免かれない。華府会議に於ける討議の模様がどうのかうのと云ふ訳ではないが、只世上の評論のうちには此理論的見地と政治的見地とを甚だ混同する者があるが故に、此処に一言せる所以《ゆえん》である。

〔『中央公論』一九二二年一月「小題小言六則」のうち〕

華府会議成績批判の標準

○華府《ワシントン》会議の成績に就いて成功、不成功の批評が新聞などにも論ぜられて居るが、今度の議会でも定めし矢釜《やかま》敷《し》い問題になる事であらう。併し成功、不成功と云ふも、何を標準として之れを論ずるのか此点が甚だ明瞭でない。

○或人は此前の巴里《パリ》講和会議に比して今度は成功だと云ふ。各種の会議に於ける日本全権の手並は、此前の会議では頗る《すこぶる》拙《まず》かつた。之れに比較すると今度の全権連中は先づ可成りよくやつたと云へる。無論十分満足は出来ないが、併し今日の事情の下に於てあれ以上の人物を使臣として遣ると云ふ事は一寸難かしい。此意味に於て今度の会議では、多少日本も面目を上げたと云ひ得るかも知れない。が、併し之れ丈けで以て日本が実質的に今度の会議に成功したと云ふ事は出来ない。之れ多数の国民が全権の人選に一部の満足を表しつゝ、尚ほ全体の成績に就いては概して不成功を叫んで止まざる所以《ゆえん》である。

○華府会議の不成功を説く者の中最も多く聞く説は、全権使臣が結局当初の主張を貫徹し得なかつたと云ふ事である。海軍協定の主力艦比率の問題にしても、四国協約の所謂《いわゆる》、日本本土の解釈問題や、又防備制限区域問題にしても、譲歩に譲歩を重ね当初十を要求したものが結局せい〴〵七八を得るに止まつて居る。恁《こ》んな例は他の国にはない。日本独り譲歩せられたと云ふのが、丁度国民の眼には我々独り損失を忍んだと云ふ風に見えるので、全権使臣の腑甲斐なきに憤慨すると云ふ訳なのである。之れも一応尤もではあるが、併し我々は全権の腰の弱いのを今更非難しても仕方がない、のみならず此問題は冷静に考へて見ると、もう一段高い所から観察して見る必要がなからうか。早い話が我々が友達と一緒に三越に買物に行つたとする、正札が附いて居るにも拘《かかわ》らず我輩独り値切つて見たとする。負けて呉れる筈もないから、結局正札通りに買つて来た。此場合当初の主張を貫徹し得なかつたと云ふので、我輩独り損をしたと云ふ訳には行くまい。尤も店に依つては正札なるもの丶怪しい場合もある。其時に値切らないのは無論損だ。であるから問題は第一にあの場合値切つて特別の要求を出したのが正しいかどうか、第二に値切るのが相当だとして其値切り方の程度が其当を得て居つたかどうか、第三に相当な値引をさせるために十分努力したかどうかと云ふ点に帰する。斯う問題を分けて冷静に且つ慎重に事件のいきさつを見ると、我々は今度の会議に於て本来得べかりし物を特に失つたと見るべきかどうかの大体の見当は付くだらうと思ふ。

○当初の要求を貫かないのが悪いと云ふ説の中に、当方の要求の正否の議論を棚に上げて、只亜米利加《アメリカ》の尻馬に乗つたのが癪に触ると云ふ議論もある。此考への中には発議者たる亜米利加の提案其物が元来利己的なものだと見る考へもあるが、又之れ等の実質的内容までに入らずに、只訳もなく他国の提説に引き摺《ず》られて行くのが面白くないと云ふ立場もある。良い事でも、悪い事でも人のやつた事に附いて行くのが厭だと云ふやうな事は積極的に自家独特の発案を出す丈けの独立的見識を欠く者の稍々《やや》もすれば執る態度で、云はゞ痩せ犬の遠吠のやうなものである。亜米利加の発案だらうが、或は飛んでもない弱小国の発案だらうが、道理のある主張には悦んで従ふと云ふ雅量を我々は大国民の襟度として持ちたいと思ふ。若し夫れ亜米利加の発案が実質的に彼れの利己的野心に出づるものであると云ふ説に至つては、公平に見て果して之れを適切に証明する事が出来るかどうか。若し之れが立派に証明し得るものなら我々は他の参列諸国と共に忽《たちま》ち之れを粉砕するに苦しまなかつた筈である。

○当初の主張を貫かないのが不可《いけ》ないと云ふ主張の中で、所謂当初の主張其物に譲るべからざる価値があつたと見る考へは大に傾聴するの価値はある。之れを容易に譲るべからざるの根拠と理由あつて、而も之れをオメ〳〵と譲つたと云ふなら之れは明白に失敗だ。只此際価値批判の標準を何処に置くかに就いては少しく眼界を広くするの必要があると思ふ。そは此度の会合は世界の平和を促進すると云ふのが主たる目的である。之れが為には一国のみの利益の多少犠牲に供せざるべからざるは止むを得ない。只今日の時勢に於ては犠牲の提供にも多少の制限なきを得ない。我々個人の生活に於ても公共事業に金を寄附するのを辞すべからざるが、併し社会が総ての人の生活を未だ確実に保障して居ない限り、総ての有《も》てる物を投げ出すと云ふ訳には行かない。自家独立の体面を維持する事と、世界全体の幸福の為めに貢献する所と、其間に適当な均衡を保つて行く処に政治家の手腕を恃《たの》むのである。斯う云ふ考へからすると我々の所謂当初の主張なるものは、日本と云ふ立場其物の利益の為めであつた事は疑ひがないが、之れと同時に世界の平和の促進を妨げる底《てい》のものでなかつたかどうかを吟味しなければならない。仮令《たとい》日本其物の利益を若干犠牲に供しても、若し夫れが世界全体の平和と幸福とに頗る貢献するものであつたなら、其犠牲を忍んだと云ふ事が即ち会議の目的から見て成功であつたと云はなければならない。何故なれば我々は多少の犠牲を忍ぶ事に依つて今度の会議に参加するに至つた高尚な目的の達成に大に貢献する処あつたからである。而して斯くの如き犠牲を我日本独り払つたのでない事は云ふまでもない。予輩の此立場は今度の会議で日本の譲歩した者は皆正しいのだと具体的に主張するのではない。只抽象的に判断の標準としては斯う云ふ立場も念頭に置かなければならないと云ふ事を主張せんとするのである。

○ところが此立場に対して全然正反対の見地に立つ批判が可成り坊間に多いやうだ。兎に角日本の為めに主張するのは少しでも余計に主張すべきで、一点一劃の譲歩でも一切の譲歩は総て之れ失敗だと見るのである。之れに依つて他国がどう云ふ影響を受けやうが、又全体の空気がどうならうが一向構はないと云ふのである。云はゞ国際的個人主義を極度に固執する態度だ。併し之れは今日の国際協働の精神と相容れないものである事は云ふを俟《ま》たない。国際会議など云ふものは表向き何と云つても皆慾と慾との競争だと見るのが彼等の立場であるが、之れ等は丁度三越の正札だつて買ひやうに依つては負けない事もあるまいとたかを括《くく》つて行く田舎者と同じ態度だ。斯う云ふ立場の甚だしき時代錯誤である事は屢々《しばしば》述べたから、今改めて論じない。つまり斯う云ふ考へで居る以上は到底我々は現時の国際関係に於て重要な積極的役目を働く事は出来ない。

○我々は兎に角華府会議の招待に対して欣然快諾の意を表した。今更ら金持ちの寄附のやうにお付き合ひには出すが出来る丈け少く出さうと云ふやうなケチな態度は執り度くない。政府の考へはどうであつたか、又全権の手腕がどうであつたか、即ち此度の会議の成績に就き若し成功、不成功を論ぜんとならば、我々はどうしても次の標準を執る事を忘れてはならない。(一)会議の成績が果して世界平和の進歩に幾分でも貢献したか。(二)之れに貢献したとすれば斯くの如き結果の成立に就いて日本はどれ丈け積極的に貢献したか。(三)此世界的目的と日本独自の利害との調和は如何。全体の目的の為めに余りに独自の利害を傷けるやうな事はなかつたか。又其反対に独自の利益を過度に主張する事の結果今迄が進歩に戻《もと》るやうな事はなかつたか。独り自ら戻らざりしのみならず、他国が同じやうな誤りを為すものを十分に制したかどうか。而して之れ等の標準から考へて見ると此度の会議に於ける日本全権の活動は決して見事な成功と云ふやうな事は出来ない。が、只会議の成績其物に就いては大体に於て世界全体にも、又日本にも有利な効果を将来に持ち来すべきものだと信じて居る。

〔『中央公論』一九二二年二月〕

愛蘭問題解決の側面観

愛蘭《アイルランド》問題がシン・フエン党の英愛条約の承認に依つて目出度く解決を告げた事は、最近の電報に依つて読者諸君の既に知らるゝ所であらう。此問題が啻《ただ》に英国にとつて重大な問題たるのみならず、又世界的に非常に重要な意味を有《も》つて居るものである事は、去年十月号の本誌にも之れを論じた事がある〔本巻所収「愛蘭問題の世界的重要意義」〕。他の問題に隠れて此問題の比較的我々の耳目から遠ざかつて居るのは予輩の甚だ遺憾とする所である。併し茲に重ねて此方面の事は説かない。茲には又他の方面から此問題の我々に与ふる重大な教訓を考へて見ようと思ふ。

去年の暮までの模様に依ると、愛蘭問題は容易に解決しさうに見えなかつた。前記十月号の本誌にも説いた如く、ロイド・ジヨージの声明せる極度の譲歩は実質的には愛蘭民族の容認し得る所であつたけれども、彼等の闘将として戴くデ・ヴァレラは形式問題に拘泥して最後まで英本国と妥協せんとしなかつた。即ち彼の立場からすれば、問題は何れ丈《ど》《だ》けの譲歩を英本国から得るかでなくして、愛蘭は本来独立の民族であり、英本国の之れ迄愛蘭を統治して居たのが間違ひであつたと云ふ、名義を正したいと云ふのである。云はゞお前の金を十円貰ふと云ふのでなくして、其十円は本来俺の物だと云ふ事にしたいと云ふのである。甲から乙に十円の金を移すと云ふ実質の問題には文句はない。只名義を何うすると云ふのである。ロイド・ジヨージは飽く迄愛蘭民族を英国王の忠誠なる臣民として之れに広汎なる自治を認めやうとするのであるから、此形式問題にこだはつて居る以上は到底解決を見るべくもない。であるから愛蘭問題は或意味に於ては殆ど解決し、又或る意味に於ては殆ど解決の緒にも着いて居ないと云ふ有様である。

所が最近愛蘭では、多数はデ・ヴァレラの頑強なる態度に反対し、実質的に得たるものを以て満足し、之れで解決を告げやうとする事になつた。其の結果デ・ヴァレラは大統領の職を退き愛蘭議会に於て云はゞ少数党の地位に立つ事になつた。多数党が先達《せんだつて》英愛条約の批准を議決した事は既に読者の知らるゝ処であらう。

さて斯くの如き現象は一見するとデ・ヴァレラに対するロイド・ジョージの勝利であり、又或意味に於ては愛蘭に対する英国の勝利であるやうに見える。が、併し之れを勝つた負けたの見地から批評するのは大に誤りであると思ふ。それは日本の労働争議などに於て常に見るが如く、一方が刀折れ、矢尽きて如何とも為し難く、遂に兜《かぶと》を脱いだと云ふのとはまるで趣きを異にするやうである。愛蘭民族は決して進退谷《きわま》つたのではない。ロイド・ジョージの提案を以て適当と見做《みな》し、デ・ヴァレラの立場を固執するの必要なしとして条約の承認と云ふ事になつたのである。即ち余儀なくして敵の軍門に降《くだ》つたのではなく、自ら問題となつて居る解決を相当と認めて折合つたのである。玆に本当の意味の妥協がある。窮して折れたのではない。

そこで問題となるのは初めデ・ヴァレラを戴いてあれ程頑強に英本国に反噬《はんぜい》した愛蘭民族が、どうして斯くも易々《やすやす》と妥協的態度を執るに至つたか。一見すれば余りに腑甲斐ないやうであるが、其処に予輩は一つの大なる教訓を見出すのである。此点を明かにする為めに例を日本の労働争議に取らう。資本家乃至官僚は余りに争議の長引くのを恐れて一種の妥協案を出す。労働者も余りに長引くの苦痛に堪立〔ママ〕かねて此位の案なら容れても好いと云ふ考へになつたとする。が、併し彼等は資本家乃至官僚の誠意を信ずる事が出来ない。窮余斯くの如き提案で一時の纏《まとま》りは着けるが、軈《やが》て労働者の昂奮状態から収るに及んで、更にどん〳〵喰ひ込んで来る。約束も何もあつたものではない。して見るとうつかり甘言に乗る訳には行かないと云ふ事になる。案其物は好いとしても、之れを容れると云ふ事は其先き又どんな苛酷な案で苦しまなければならぬか分らないと云ふ事になる。併し同じやうな考へは資本家の方にもある。労働者の要求はそれ丈けの問題としては之れを認むるに苦痛はない。が、今日一歩を譲れば他日二歩、三歩と飽くなき慾望を逞《たくま》しうして来るに相違ないと見る。斯くて彼等はお互に相手方の主張を其儘に見ず、更に飽くなき要求の第一歩と見て居る。一言にして云へば彼等は互に相手方の誠意を信じないのである。公平誠実に問題の紛糾を収め、出来る丈け平和の状態を長く続けやうとする考へはないと見える。斯う云う風に相手方の誠意を疑つて居れば、一旦云ひ出した事は無理にも押し通さずには居れない。即ち総《あら》ゆる手段を以て完全な勝利を博する事の外に自ら生くる途がないと云ふ事になる。斯くして争ひの極度に紛糾するのは多くの場合に於て当事者間に誠意の流れて居ない事を証明するものなのである。

其半面に於て紛糾せる問題が結局に於て円満なる妥協を見るのは、時としては物事を徹底的に持つて行かないと云ふ精神的弱点の発露である事もあるが、多くの場合に於ては当事者の誠意を相互に信頼すると云ふ事実を語るものである。愛蘭問題の如きもロイド・ジヨージの提案は一時の胡魔化《ごまか》しでない筈だと愛蘭民族は見た。ロイド・ジヨージも亦愛蘭民族は一旦独立を得たら何をするか分らないと云ふ風に疑つても居ない。玆に誠意の信頼があるから実質的に満足な解決があれば形式的の点に深く拘泥せずして解決すると云ふ事にもなるのである。玆に我々は大に学ぶべき何物かゞ存する事を思ふ。

我々はレーニンが英国政治家の如く妥協的弾力性を有たぬ事を怪まない。露西亜《ロシア》のやうな極度の圧制の行はれた国に於て誠意の信認が政界に流れて居る筈がない。妥協は露西亜に於て無論禁物であらう。レーニンの露国に於て偉いのは一には其の非妥協的態度にある。けれども単に非妥協的だと云ふ点丈けで、同じくデ・ヴァレラを彼と均《ひと》し並《なみ》に讃《ほ》める訳には行かない。デ・ヴァレラを惜し気なく棄てた愛蘭民族に又一種の面白味があると思ふ。昨今日本の一部の人の間にはレーニンなどに同情して、非妥協的態度が最も男らしい立派な行動だと云ふ風に見る者があるけれども、同じ筆法で英国や愛蘭の妥協性を罵倒する者があるなら大なる誤りである。我々は寧ろ朝鮮問題などに於ては勿論の事、内政問題などに就いても容易に妥協的態度に出で難い程度に在る事を甚だ遺憾とする者である。

〔『中央公論』一九二二年二月〕

華府会議協定の側面観

華府《ワシントン》会議の成果たる諸協約は昨今漸をおうて発表されて居る。其大要は既に新聞にも報道されて、一ト通りは内容についての批評も公にされた。之等に関する詳細の評論は何れ今後時々本誌の論題に上ることがあらうが、茲には只吾々が之をうけ更に之に基く各種の施設をするに当つて、如何なる態度を持すべきかに関し、一二の注意を述べて置きたいと思ふ。

＊

華府会議の成果たる各般の協約に付てはやがて批准の問題が起るだらうが、之に付て早くも協約の憲法違反を説く者がある。曰く、海軍縮少の如き又属領諸島の防備の如き、もと皆陛下の専決親裁を憲法上の要件とするもの、之を内閣の権限に奪つて全権使臣が勝手に取極めるのは越権でないか、否、憲法上の大切な要件の蹂躙《じゅうりん》ではないかと。

＊

憲法の理論として右の提説の誤なることは論を待たないが、仮りに然《そ》うだとしても、今日の世界の形勢は、我国ひとり斯んな形式論に拘泥して折角の協調を破ることを許さない。吾々は今やもつと広く経世的眼光を鋭敏にして世界の平和に実質的貢献を為すべきを要求されて居る。

甲の町では道路は左側を行くものと決めてある。然るに乙では右ときめ、丙では中央と定まり、区々まち〳〵

になつて居る。交通機関の発達に伴ひ各町村の往来が頻繁となつて来ると之れでは大変不便になる。況《いわ》んや交通機関にもいろ〳〵の新奇なもの丶発明を見るに於ておや。於是《ここにおいて》広きに亙る交通の安全を期せんとて、各々の町の代表者が集つて或る事を相談することになる。此時もし、かくして出来た新協約が従来の規定に背くとて不満を表するものあらば、人誰れか其迂愚《うぐ》を笑はぬ者があらう。

未開草創の時代なら、格別の意義なき規則にも無理にも服従を強制して人々を法的生活に訓練するの必要はあつたらう。現代の文化人には、形式よりも先に内容の意味の方が重ぜらる丶。而して斯うした立場から法制其ものの改革が叫ばれるのだが、其の叫びの甚しき今日の如きは蓋《けだ》し従来に其比を見ざる所である。有らゆる方面に於て改造の力強く唱へらる丶今日に於て、仍《な》ほ過去の規則に拘泥して時代の要求を抑へんとするは、子供の身長の伸びたるを罵《ののし》つて強いて去年の衣物に甘ぜしめんとするのに外ならない。

斯くいへばとて僕は只漫然として法律の権威を侮蔑するのではない。況んや憲法おや。然れども、今日の如く急激なる変遷を経過しつ丶ある時期に際会しては、法の権威も時代の要求には一歩を譲らねばならぬと思ふ。「時」が新しき秩序を作るのだ。憲法の規定——而かも其の誤りたる解釈に累されて新時代に相応する新秩序の創成を阻むのは、往々反動思想の巧妙なる発露と誣《し》えらる丶の恐れあるのみならず、少くとも時勢を識《し》らざるの譏《そしり》を免れない。

但し華府会議の成果が新時代の新要求を完全に表現するものなりや否やは別個の問題である。現に米国上院に於ては、此観点から近く辛刻なる批評を受けんとして居る。かうした内容の吟味からではなく、只憲法の在来の型に入らざるの故のみを以て其の採否を決せんとするのなら、夫《そ》は余りに矇昧《もうまい》な時代錯誤だといふのである。

僕は子供の時斯う云ふ話を聞いた。仙台の藩祖伊達政宗が諸大名と共に家康の前に出で、愈々《いよいよ》封禄の辞令を貰ふと云ふ時、家康は政宗の名を呼び上げ、奥州仙台三十一万石と云ひ渡した。政宗は故《わざ》と聞えぬ振りをしたので、家康は更に一段と声を張りあげて三十一万石と繰り返したのを、政宗すかさず合せて六十二万石有り難く頂戴と御受けしたと云ふのである。無論事実あつた話ではないが、機智によつて勝を制するといふ点に世俗が一種の値打を認めた気持は能《よ》く分る。而して国際談判などは万事此の調子で国利国益を謀るべきものとする思想は、実は今日でも多くの人々の胸の中に往来してゐる様だ。所謂使命をはづかしめぬ人材とは、斯うした当意即妙の機智に富む者をいふとさへ考へて居る者が頗《すこぶ》る多い様である。

斯う云ふ頭で今度の華府会議の成績を観る。遺憾の点甚だ多いことは申すまでもない。が、また見様に依ては、頗る成功と云へぬでもない。理窟なしに無理押しに押した所も可なりある様だからである。併し僕等の考では、斯うい ふ頭で現代の国際談判を観るのは、飛んでもない誤りだと思ふ。

国際関係が事実上道理に依て支配されず、弱い者は虐げらるゝ一方で、強い者同志はまた一時の苟安《こうあん》をぬすむ為に各自の言ひ分を調節しやうといふのが、所謂国際問題であつた昔の時代に在つてなら、其談判に掛引の余地あるは固より言ふを待たない。冷静な国民の判定を全《まる》で眼中に置かない夫《か》の議会の論難と同じ様なものだ。下らぬ隙《すき》に揚足を取り、つまらぬ欠陥に乗じて相手を困らせて喜ぶのだから、悪く智慧の伸びた者が一番調法がらるゝ。国家の利益とか、世界の平和とか、本当に実のある問題に通ずるだけの者は殆んど無用の長物視されて仕舞ふのである。

併し今日は最早《もはや》こんな時代ではない。少くとも戦後の世界は大に面目を一新した。旧来の弊習を一掃したと云つたら若干言ひ過の嫌あるかも知れぬが、主たる潮流が世界の平和と幸福との実質的確立に在る事だけは疑を容れぬ。斯くして国際的協同の精神の漸く盛ならんとする時に、ペテンに掛けて人をごまかす様な小策は、最早黙つて通されまいではないか。腹に一物を蔵《かく》して出掛けて来る政治家の間には、御互だからまだ可《い》いとして正直な周囲の民衆が承知しない。昔なら会議の談判をさへうまく切り抜ければ万事が了《おわ》つた。今は談判の席上に於ける表裏一切の事情が直に赤裸々にさらけ出されて、永久に世界の民衆の道徳的批判の的になるのである。民衆の同情が今後の国際関係に重要な作用を為すものなる限り、我々は大に昨今の新形勢に眼を開いて、国際談判に対する態度を改めなくてはなるまい。

之を政宗の昔噺《ばなし》にくつ付けて考へる今日の頭で往けば家康の三十一万石といふ見当が正しいか、政宗の六十二万石といふ要望が正しいか、当時の天下の客観的形勢に基いて判断されるので、偶然の言ひ懸りできめるなどいふことは許されない。仮令《たとい》家康と政宗との掛引で多少の出入があつたとしても、仙台藩の禄高の幾ら位であるべきかは道理上始めから定る所がある。華府会議に於ける海軍割当の決定の如きも此の見地から是非すべきであつて、全権の出様に依てはもつと割が能く定め得たるべしと思ふのは大間違である。若し夫の割当に不満だとすれば、そは独り帝国全権を責むるばかりではなく、会議其ものを責めなければならない。

*

大局から観て今度の華府会議の協定は其の当を得て居るかどうか。之に付ての愚見は屢々《しばしば》述べたから今また之を繰り返さないが、世人が一般に此問題を正当に解するに当つての一つの障害となるものは、東洋に於ける日本の従来の地位といふ事であると思ふ。この点を反省する毎に僕はつく〴〵強者の悲哀といふ感に打たれざるを得ないのである。

茲に両親に死別した孤児があるとする。莫大な遺産を管理する為に叔父御が世話を見る事になる。其の苦心に依て本人も立派に育ち財産も殖へた。斯くして長い年月を経るに従ひ少しく叔父御の我儘が現れて来る。子供ももう一本立になつたから御世話は入らぬと、そろ〳〵叔父の排斥が始つて来る。遺産の管理に依て優勝な地位を占め、之を利用するともなしに種々便益を得て居つたのに、急に逐ひ除けられては立つ瀬がない。のみならず、折角有つて居るものに執着し未練を残すのは概して人情の常だ。無理に除け〳〵と責められると、あべこべに曩《のう》日《じつ》の恩を忘れたかと云ひたくなる。従来の歴史を無視してひた責めに責めて来るのも穏《おだやか》でないが、生中《なまなか》恵まれたる地位に置かれた者が兎角その地位に執着して公平の態度に出で得ないのは悲しむべき事実だ。理窟がなくとも強い者は或る点まで既に有てる物を保留し得る。此意味に於て強者の力を認めるが、併し此力あるが故に、譲るべき時に譲り得ずして時勢の要求に面《かお》を背《そむ》ける。我々が自分の生活を道義的に組み立てゝ行かうとする時、つく〴〵強者の悲哀を思はざるを得ないのである。

日本の東洋に於ける地位は正に親戚の子供を預る叔父さんの夫れだ。西欧諸国の侵掠を幾分喰ひとめたといふ功労がないでもない。併し功労があるからとて己れの言ふことには万事従へと強ふるのは正当であるまい。最近の日本は強者の動《やや》もすれば陥る所のその過《あやまち》に陥らなかつたと誰か言ひ得るものぞ。斯くして段々生長しつゝある子供達の間から非難の声が起る。今度の華府会議では日本は或る意味に於て被告の地位にあつた。此の事を吾々は忘れてはならない。

日本に対する今日の世界の要求は、東洋平和の確立である。実質的に且つ積極的にこの仕事の完成のために指導的地位に立たん事である。而して強者としての力に恋々たることは全然此使命と両立しない。東洋に於ける強者なるが故に此大使命を与へられながら、強者なるが故に従来の地位に未練を残して這《こ》の世界的期待に裏切る様では是れ実に日本国民の恥辱ではないか。

〔『中央公論』一九二二年三月〕

YMCA万国大会に於ける話題

（来る四月北京に開かるべき）

来る四月四日から九日まで、北京で基督《キリスト》教学生青年会の第十一回万国大会が開かるゝことになつて居る。此大会で懇談さるべき題目を一つの参考案として北京から送つて来た。数は頗《すこぶ》る多いが之を五種類に彙《い》別《べつ》してある。第二類以下は普通の信者にも一ト通り答案は与へ得らるゝと思ふが、第一類は国際問題及び人種問題と銘打ち、多少専門的智識がないと即答し兼ぬる底のものだ。殊に時節柄軽卒に答へると誤解を招き易い種類のものである。日本の基督教界には、従来政治上の問題などには立ち入らない方がいいといふ考が強かつた。従つて特に之を避くるか、然らざるも世間流通の俗見に捉らるゝ人の少く無いのは予輩の遺憾とする所である。何の問題だとて我々の手を触れて悪るい問題はない。政治問題の如き此節最も基督教主義の指導を要するものではないか。

斯んなことを思ひめぐらしつゝ、第一類に例示した諸問題に簡単に答へて見る。之に由て吾々はまた今日の支那の教友がどんな事を考へて居るかの大概をも察知することが出来て面白い。

全体で十四問ある。之に限る意味でないことは言ふまでもない。大体こんなことを懇談し合つて見やうといふ趣意なのである。

（一）　国家間及人種間の誤解衝突の主たる原因は何か。

之に対して「人種の相違」といふことを以て答ふる人があるが、之は無条件には納得出来ない。

歴史的に云へば、人種が違ふといふことだけで誤解を生じ衝突の原因となつた事は沢山ある。併し之は文化の開けない時のことだ。目色毛色が変つてゐるとか、甚しきは一寸見慣れぬ者が来たとて、之を怖れたり果ては之を窘《くるし》めたりしたのは未開時代のことで、今でも野蛮人の間にはある。世の中が開けると、段々同類だと云ふ観念が強まり、始めて見た人でも彼も亦我と同じ様な感情や欲求を有するものだと疑はない様になる。後には毛色目色の相違にも一向頓着しない様になる。此意味に於て文化の開発の一つの象徴は同類意識の拡張だといへる。人間を自然物としてのみ観れば、人種の相違は誤解衝突の原因なり得るが、絶へず発達する霊体として観れば断じて然らずと謂《い》はなければならぬ。少くとも基督教の信仰からすれば人種の相違といふ様なことは断じて衝突の本質的原因ではあり得ない。但し未開不文の人類の間に於ては今猶然ることあるは敢て承認を拒まない。

現に多くの国家や種族の間には誤解衝突の事実〔が〕あるが、一体あれは何に因るかといふに、之等は概して歴史の結果である。即ち過去に於て長い間烈しく相戦つたといふ遺伝的記憶がその原因なることが多い。更に通〔遡〕つて此の事の原始的原因を探ると、或は人種の相違といふことであつたかも知れないが、今は此本源より離れて、只久しい間喧嘩して互に苦めら〔れ〕たといふだけで、互に和合し兼ねて居るといふ次第だ。なほ之を外にしては強国の横暴といふこともある。強い者が弱い者に譲るを肯《がえん》じないといふ様な事情もあらう。要するに人種の相違といふ様なことは、決して誤解衝突の根本的原因ではない。文化の相違とかいふやうな事も算《かぞ》へ得るが、併し今日の様に交通も開けては、各自固有の文化を異にしても、其間互に相当の理解もあるから、之を誤解衝突の根本原因と視ることは出来ないと思ふ。

(二)　人種間には根本的な差異ありや。分離と結合と何れか強きや。

人種の相違といふことは疑ふ可らざる事実で、我の汝に非るが如く明白であるが、只此相違といふことは、人類としての世界的結合を妨ぐるものかといへば、我々はさうは考へぬ。結合といへば直に同化といふこと〔を〕連想するが、予輩は同化を以て根本的に不可能なものではないかと考へてゐる。併し同化の不可能といふことは決して結合と両立せざるものではないと思ふ。

手には手の役目あり、足には足の役目がある。而かも人としての有機的結合を妨げない。否、却《かえつ》て手が足の真似をするやうでは困るのだ。相異れる人種として各相異れる天分を賦与せられた以上、各人種は各々其特長を発揮して其天分を極度に開展せしむることが、実に人類としての有機的結合を本当に発達せしむる所以《ゆえん》である。人種の相違といふことを中心とする分離と結合とは、互に相戦ふ観念ではない。従つて其間に強弱を論定せんとするは間違だ。各人種は其天分の開展に於て大に分離すべく、而かも之あるが為めに結合を妨ぐることはないと観ねばならぬ。

㈢　教育に由て結合を強むるを得るや。

無論である。人類の世界的結合を妨ぐるものは偏見である。偏見は無智の賜である。教育のみ独り之を打開し得る。但教育の方針が人類本然の自然の性能を枉《ま》ぐるやうに出来て居てはいけない。

㈣　人種中特に政治的材能《さいのう》に富むものあり、従つて全体の政治の事は専ら其人種に托するは人類の利益なりとの思想は正当なりや。

多くの人種中或るものは特に政治的材能に長ずるといふ事実はあるだらう。個人にしても其の天分は必しも同一でない。種族に就ても此点は同一だらうと思ふ。併し其為に全世界の政治を其人種に一任するの可否に就ては、容易に速断は出来ない。

分業の利益といふ事から観れば、右の説を肯定しても差支ない様だが、併そは全世界の人類が直《ただち》に一体たるの社会意識を内面的に完全に発達せしめた上の話である。人類の生活の遠い先の目標が此処に在るは申すまでもないが、現在の所世界の人類は未だ此処まで往つてはゐない。人種と人種との間には誤解もあれば嫉視もあり猜疑もある。之には永い歴史がありて容易に抜け難いのだ。之を取り去ることに努力するは我々の勤めであり、又基督教の発達は吾々の此努力を甚だ効果あるものにするのだけれども、兎に角現在の世界は吾々の理想にまだ中々遠いのであるから、其処に整然たる一体社会に行はるべき分業を直に行ふのは得策でないと思ふ。

民族自決主義は少くとも現代に通用する真理である。政治的材能に長ぜざる民族にも、他より圧せらるゝことなくして安穏なる生存を遂げ得る様な、住み心地よき世界に立て直すといふのが、現代国際精神の第一原理である。

＊

（五）　独立を維持し得ざる国民及他民族の脅威となる様な行動に出づる国民ある場合に執るべき手段如何。

戦争以前には、互に国家の独立を尊重すべしとの考から、漫《みだ》りに他国に干渉す可らずといふ原則が立つて居つた。国際法が斯うした個人主義を基調としては自《おのずか》ら強いもの勝になり、強い者は窘〔弱〕められ通しである。夫れが世界紛乱の基だといふので各方面に改造の精神が起つたのだから、此新要求のほとばしる所、最早従前の所謂非干渉の原則は必しも左程重視せられなくなつたのは、自然の道理である。野心のために他国に干渉するは固《もと》より許されぬが、世界の平和の為には非干渉の原則も譲らねばならぬことになつた。先づ此事を念頭において本問題を観る必要がある。

此の新しい観点からすれば、独立し得ざる国民に対しては好意ある援助が与へられねばならぬ。速に独立し得るに至る様たすけなければならぬ。他国の脅威となるやうな国民に対しては、共同の力を以てする警告が与へられねばならぬ。必要あらば適当の抑圧を加ふることも已《や》むを得ないだらう。

＊

(六) 善を以て悪に勝つの基督《キリスト》教主義は国際問題にも適用せられ得るや否や。

無論である。悪に対するに悪を以てするは如何なる場合にも許されない。只何が悪かに付ては形式的に考へてはいけないと思ふ。禁酒といへば絶対的に酒精分に触れぬとか、嘘《うそ》をいはぬといへば君父の秘事でも遅疑なく人に洩らすと云ふ風に、概念的に各自の行動を規律することは吾人の執らざる所である。行為は芸術でありたい。嘘をいはぬに感服し、嘘をいふ処に亦無限の味ひを見る。要は人格そのものである。

＊

(七) 国民は個人と同じ意味に於て人格を有すといひ得るや。

之は何の意味で出されたか分らない。文字に現れた所では純然たる社会学上の問題であつて、宗教的会合に特殊の関係ある様にも思へぬから答弁を略する。

＊

(八) 基督教国が他国〔の〕侵掠を蒙れる場合には何を為すべきや。そが基督教国に非る場合に於て基督信徒たる国民の為すべき所如何。又基督教徒は如何なる場合に国家に服従を拒むべきや。

此問題に対する答案は、戦争以前に在ては甚だ困難なものであつた。弱い者の強い者に対する、其為すが儘に委《まか》して何等其枉屈《おうくつ》を訴ふるを得なかつたからである。今日に在つては、斯かる小弱の者にも真に其の処を得ささうといふ気分の強い時勢となつたのだから、斯かる国家は固より、国民も亦益々斯かる気分の濃厚になる様につとむべきである。強い者には気自ら誇るの弊あると共に、弱い者には徒《いたず》らにひがむといふ疾がないでない。中正を失ふことは全体の空気の改善に妨げあること今も昔も変らない。少し頭を擡《もた》げ始めた小弱者に遺憾な点はいつも此辺にある。

基督教徒に取つて信仰と国家的服従との衝突が問題となつた時代はもう過ぎたと思ふ。今日の国家は正面から宗教の信仰を捨てよなどといふもの〔こと〕はない。国家の命令は吾々の生活の外形に及ぶに止るので、之に従ふことが信仰と矛盾する様なことは殆んどない。内心の信仰は如何なる場合でも立派に今日の国家から保障されて居る。もし夫《そ》れ一見両者相容れぬ様な事があつたとしても一方信仰を確持し一方国家の所命に服し、其間国家を道徳的に導くに最善の努力を尽すことに依て良心の満足を得る途は幾らもあると信ずる。

*

（九）　戦争は基督教と両立するや。戦争に依て基督教の精神を現はし得るや。若し然らずとすれば、如何なる場合に戦争の手段に訴ふるを是認さるゝや。又目的は手段を潔《きよ》むといひ得るや。善の実現のために悪を為し得るや。

戦争は基督教と両立せず。已むを得ずして自衛の為に起つは予《あらかじ》め概念的に之を是否すべきでないと思ふ。目的は如何なる場合にも手段を潔めず。凡ての良きものは必ず良き手段よりのみ来る。一歩一歩善き事を積むことが独り終局の善の到来の因を為すものである。此意味に於て吾々は基督教徒として戦争に絶対に反対する。

但し国家の命令として出陣の命を受けたる場合に、之に抗拒して服従を肯《がえん》ぜぬのが基督教徒としての義務か、更に進んで他を煽動までして出征せしめぬ様に努むべきやは一つの大きな実際問題だ。而して之は独り基督教徒に限るのではなく、仏教徒にも起り得る問題である。自分の立場は飽くまで堅く把持するも、他の行動を批評するときには此問題に対しても概念的に型に捉へらるゝことは慎むべきである。

（十）　教会は事実上国際関係の発達に助成し得るや。教会は戦争を防止し得べきや。得るとせば如何なる変化を必要とするや。世界の基督教学生青年は教会と社会とを助けて戦争を避くるの途の発見を助け得るや。

世界の進歩の一つの著しい象徴は同類意識の発達だとは先きにも述べた。四海同胞の人道的精神は基督教の最も高調する所、従つて国際関係の発達に最も有効に(間接ではあれど)貢献し得るもの教会の如きはない。只此目的を最も適切に達するためには、教会に取つてもつとよく実際の問題を理解することが必要だ。積極的に之に触れないまでも、世上の俗説に捉へられて、識《し》らず〳〵坊間の謬説《びゅうせつ》に無意識的に誤られぬ様戒心するを要する。此点に於て最も望をおかるゝは学生青年である。何となれば彼等は一方に於ては比較的過去の歴史の影響を蒙ること薄く、他方に於ては新しき時代の脈搏に最も敏感であるからである。青年会は大に此方面に使命を感ずる所なくてはならぬ。

＊

（十一）　国際紛擾排除の精神及方法として何を吾人は提供すべきや。

之を内にしては人道主義の徹底である。之を外にしては国際的交通に依る人道的精神の実際的訓練である。国際問題の研究も必要だが、根本に於て先入の偏見があつては時として事実の正視が妨げらるゝものである。故に吾々は自ら人道主義に徹底し、凡ての物の考へ方が人道主義的になつて居るやうにしなければならぬ。之と同時に夫が空理空論であつてはいけない。実地に証明して之を体験してゐなければならぬ。此意味に於て今度の万国大会の如きは正に絶好の機会といふべきである。

＊

（十二）　個々の学生信徒が自ら国際的精神の涵養をはかる方法如何。
之についても大体前と同じ主意のことを言ふの外はない。但之についての具体的方法としては、如何にして諸国の学生青年に屢々相会合して相識るの機会を頻繁に提供すべきやを講究しておきたいと思ふ。

＊

（十三）　異種族間の離婚は正当なりや又奨励すべきものなりや。
（十四）　例へば加州濠洲の如きに於て、経済上の理由と文明並に生活標準の異るの理由等により、外国移民排斥政策を取り居るが、之が是非得失に関する見解如何。
之については特別の専門的智識を予定する特別の問題として一般の解答を求めて居るのではないから略さう。之についての僕の意見は追て他日述ぶる機会もあらう。

＊

斯く一通り答へては見たが、我々の日常生活は一つの芸術であるべきで、一の典型的な概念に依て支配さしては不可《いか》ぬ。怒らないと一旦誓つた以上どんな事があつても腹を立てぬと頑なに考へては、人生も頗る殺風景なものだ。怒らない人といふに味ひあり、其人がまた時に怒るといふにも面白い処がある。其処に人格の統一ある時、吾々は信仰の華がいろ〳〵に咲き分れて人生といふ花園を快きものにしてゐるのだと考へる。

さうはいふもの丶、あんな問題を出されて見ると、日本人としては何となく気が後れる感がする。何となれば、過去の日本が余りに東洋に強者の権利を主張し過ぎた結果として、今や事毎に被告の地に立たされる嫌なきを得ないからである。夫につけても吾々は正直なる基督信徒として、出来る丈卒直に出来る丈淡泊に事実を見、譲るべきは最も大胆にゆづつて、常に正しい事の味方たるの実を挙げたいものだと思ふ。〔『新人』一九二二年三月〕

青年将校の観たる西伯利出征軍の実状

次の一篇は西伯利《シベリア》出征軍中の親しき友人からの音信である。真面目《まじめ》な青年将校が出征と駐兵とを如何に観じ、又軍事諸制度の上に何様の改革意見を有するかを観るに頗《すこぶ》る適切なるものあるを思ひ、茲に其大要を摘録することにする。

第一信

*

命を惜しむ様な将卒で組織された軍隊は、軍隊としての価値はない。併しいくら命を惜むなと云つた所で、野蛮人でない限り、命の惜しくないと云ふ者はない。そこで軍隊が真に勇敢なる軍隊たり得るが為には、二三の条件が要る。即ち総ての戦士が命を惜まず戦はなければならぬといふ訳《わけ》をよく理解することが一つ。其上に命を棄てると云ふことに一種の感激を有《も》つことが一つ。而して其の為には何よりも国民的後援があると云ふことが最も大切な一つである。然るに今度の西伯利出征には之等の要件が具備して居るかと云ふに、残念ながら然《そ》うとは云へない。第一に兵卒などは何の為に出征したのかを殆んど全く理解して居ない。次に国民的後援の方はと云へば、多数同胞は寧《むし》ろ出征の無意義を唱へてゐる有様である。そこで出征将卒の方から云へば、丸で無益の徒事《むだごと》に心力を空費して居る様な訳になる。如何にして其間に感激の起りやうがあらう。国民も出征将卒の労苦には同情して呉れることであらう。併し彼等の信念が既に出征を無意義として居る以上、其の慰問や其送迎やに更に熱のないのは当然だ。之を受くる将卒にした所が、痛し痒《かゆ》しの有様で、実のところ未だ嘗《かつ》て感情の興奮を覚へた事が無いのである。而して之等の事情が現に出征軍の意気なり行動なりの上に最も著しく影響して居ることは、何と云つても隠すことが出来ないのである。

*

西伯利に於ける我が軍人の行為は、何と弁護しても決して勇敢と称すること能《あた》はざるは、公知の事実である。私自身の見聞せる所だけでも随分数多い例があるが、併し私は其の一つをだに挙示するに堪へない。只之れ丈け は明白に断言し得る。かの適当な指揮官もなく又之といふ訓練もないパルチザンや馬賊などでも、若《も》しモ少し立派な武器を有つて居つたなら、或は我が軍を見事に負かしたかも知れぬといふ事是である。我が将卒の志気は実のところ不幸にして斯程《かほど》まで萎靡《いび》してゐる実状に在る。さる高級武官は、這般《しゃはん》の現象を説明して物質文明の旺《さかん》になつた結果だと云はれたさうだが、私は単に夫れだけではないと思ふ。帰する所は、戦争の意義に対する理解と感激とを欠くからではあるまいか。私の知つて居る或る将校は、こんな戦争で兵卒を殺すのは忍び得ないから、命ぜられた仕事を最少限の範囲に限局して、一人でも部下を殺さぬ様に努めたと云つて居た。所謂《いわゆる》志気の不振は必しも至誠報国の気魄の消耗とのみは云へない様である。

併し孰《いず》れにしても、志気の沈淪《ちんりん》と軍紀の弛緩とは軍隊に取つては最も憂ふべき事だ。其の原因の何れにあれ、一旦この病弊に取り付かれると、之は戦争終了の後までも長く継続するものである。殊に欠陥にみち〳〵て居る我国今日の軍隊の如きに於て然りとせざるを得ない。丁度病弱な身体が病菌の生育に都合がいゝ様に、今日の軍隊は思へば余りに欠陥が多過ぎる。夫れ丈け西伯利出征に依て誘起された志気沈淪軍紀弛緩の将来の影響は恐しいのであると思ふ。

第二信

＊

凡そ相手のない戦争ほどやりにくいものはない。西伯利に於けるが正に即ちそれだ。過激派が相手だ馬賊が敵だと口には云ふものの、過激派や馬賊だとて、鼻が二つあり目が三つあつたりする訳ではない。日清日露の戦争の時の様に、支那人や露西亜人《ロシア》を皆敵人と見てい丶のとは訳が違ふ。普通の支那人や露西亜人は、良民として之を保護してやらねばならぬのだ。而して之と同じ顔同じ装《なり》の馬賊やパルチザンだけを敵として攻めやうと云ふのだから甚だ遣りにくい。況《ま》して彼の国情にも通ぜず言葉も判らない下級の兵卒などに在て、良民と馬賊パルチザンとを見分け得ないのは、当然の話である。

たゞに夫ればかりではない。彼等は平常は良民をよそうて居るが、此方が少数で与《くみ》し易しと見ると、すぐ武装して不意打に出づる。故に幾ら油断をせず抜目なく警戒して居ても、時々飛んでもない大損害を与へらる丶を免れない。歩哨や斥候の往々敵にやられるのは之が為めだ。之を予防するためとて余りに厳重にやると、今度は徒《いたず》らに良民を苦める事になる。外の誰から頼まれたといふでもなく、謂《い》はゞ周囲の非難に拘《かかわ》らず勝手に出兵して居るだけ、さう手厳しい手段に出ることも出来ないといふ羽目にある。此処に西伯利出征軍の云ふに云はれぬ困難があるのである。

＊

歩哨の武器使用を例に取つて這般の苦境を明にしやう。陣中勤務令には三度誰何《すいか》して答へざれば射殺して可なりとある。併し此規定は西伯利には応用する訳に往かぬ。露国其ものを敵とするのではない。西伯利を一般臨戦地境の様に取扱つては、露西亜の良民は勿論のこと、在留外国人の迷惑此上もなからう。依て西伯利では舎営勤務規定に依ることになつて居る。之に依ると左の通りに定められて居る。

警急ノ場合ノ外、平常舎営勤務ニ服スル者ハ、左ノ場合ニアラザレバ兵器ノ使用ヲ許サズ。

一、自衛上止ムヲ得ザルトキ。

二、暴行鎮圧ノ為、兵器ヲ用ユルニアラザレバ他ニ手段ナキトキ。

三、人及物件ヲ防衛スルニ当リ、兵器ヲ用ユルニアラザレバ他ニ手段ナキトキ。

即ち衛戍勤務令に示してあるものと殆ど同一だ。然るにパルチザンとか馬賊とか我が軍に敵意を有つ者の頗る多い処に於て斯くまで武器の使用が制限せられては、十中八九機先を敵に制せられ、歩哨に取つては随分険呑《けんのん》な話なのである。そんならこの規定は不当のものかといふに、公平に考へてさうは云へぬ。そこに出征軍の苦しい立場がある。

私共の同僚中には、此の規定が不都合だと論ずる者もある。併し私は、舎営勤務の規定だけでは足りない様な――即ち露支両国民を丸で敵国人の様にしてしまつた、我が国官憲のやり方が悪い。否更に一歩を進めて云へば我が将卒をしてこんな苦境に立たざるを得ざらしめた出兵そのものが間違つて居るのではないかと考へる。

しばらく私の断案を容認して出兵そのものが間違の原《もと》だとせよ。這《こ》の第一歩の踏み誤りは、実に爾後のすべての行動を疵《きず》だらけにしてしまつた。事実陣中勤務令に依らざる可らざるが如き形勢を作りつゝ、而かも舎営勤務令の制限を踰《こ》ふる能はざる地位に居るのだから、その結果飛んでもない失態を来すのも怪むに足らぬ。其の最も顕著なる例に夫《か》のラングトン事件がある。元来最高軍事官憲は、舎営勤務規定に依て歩哨に許さるべき武器使用の場合を予め公示《あらかじ》してある。けれども臨戦地境に在る様な気持で居る司令官等には、不幸にして此の頭がない。従て歩哨として如何なる場合に武器を使用してい丶かを彼等は十分に教育して居なかつた。否、私《ひそ》かに聞く所に依ると、怪しいと思つたら直に射撃して可なりとさへ命令して居つたといふ。ラングトン事件は、上級者が誤りなく命令して居なかつたといふので、歩哨の無罪と云ふ事になつて落着したが、上級者のこの失態は、単に怠慢とのみ責めることは出来ない。迂《う》つかり彼等をして交戦地帯に在るかの如き思をさしむる所に、根本的な問題が潜むと思ふのである。

*

此種の例は外に幾らもある。之に依て下級者も困るが、一番可愛相なのは兵卒だ。殊に彼等が之が為に払はせらる丶無益の犠牲に至つては、実に言ふに忍びざるものがあるのである。

試に派遣軍部内で時々出す種々の訓令等を見るがい丶。よく見て居ると、一体どうすればい丶のか分らなくなる底のものばかりである。考へ様に依ては、如何様にも意味の取れるものと謂ても差支ない。そこで各種の命令は各指揮官の勝手な解釈に由《よつ》て運用さる丶結果になる。そこで部下の兵卒は自《おのずか》ら上官一個人の感情と利益との為に無益に駆使さる丶ことになるのである。例へば治安維持といひ過激派討伐といつても、どの程度まで軍隊を動していい丶のか、命令がもと〳〵甚だ曖昧《あいまい》である所から、指揮官は勝手な解釈を下す。而して指揮官の中には、自己の好悪に従て随分突き進んで討伐の鋒先を向ける者もあれば、別に援助すべき必要もない者に、因縁や私情に絡まれて格別の助勢を敢てする者もある。又助ける討つといふ特別の考もなかつたのに、近づけて居た者の奸言に乗せられて無益の骨折りをするに至るのもないでない。或る意味に於ては、我が軍は絶へず馬鹿〳〵しくも彼等に利用されて居る形にもなつて居る。其の一例を示さうなら、ハバロフスク撤退の風説の起つた頃、頻《しき》りに日本の歩哨が狙撃されたことがあつた。最初は全くパルチザンの所為《しよい》とばかり思つてゐたが、一度兵を伏して犯人を捕へて見ると、豈図《あに》らんや我が軍と特別親しい右党側の民警であつた。調べて見ると、日本軍の撤退が自分達の危険の因《もと》となるので、故《こと》らに過激派の跳梁《ちようりよう》なるかの様によそうて撤退を差控へさせやうとしたとの事であつた。

此外馬賊に対してもさうだ。我が指揮官の中には、随分好んで戦を仕掛けるやうな者もある。又そんなことをやればどの道戦は避け難いと云ふ様な処置に出づる人もないでない。而して以上挙げた様な各種の場合に、何時でも無用の犠牲を払はせらるゝのは、言ふまでもなく下級の兵卒のみである。

嗚呼《ああ》無意義の出兵! どうしても戦はねば〔な〕らぬといふ確信なくしての出征だから、命令が曖昧なのも無理はない。私も嘗て一夜ある町の市場を警戒する命令を受けたことがある。馬賊が支那人の商務総会を襲ふといふ噂があり、支那人の方から懇請して来た結果であつた。そこでいよ〳〵馬賊が来た時どんな態度を取つてい〻のか分らなかつたので、いろ〳〵訓令を研究して見たが、普通の警察事項には干与せなくてもよい様であり、又干与するも妨げない様にも見へる。馬賊に対しても傍観的態度を取るべしとする様でもあり、又進んで其不法行為を阻止すべき様でもある。干与して可《い》いのかどうか、干与するとしてもどの範囲まで突つ込んでよいものか、甚だ明瞭でなかつたので、私は発令者に就いて直接に質《ただ》して見た。之に対する答はかうであつた。「警戒に出てゐると聞いたら、馬賊も掠奪をやめるだらう。彼等を諭して其儘引き返させれば誠に好都合で、何も干渉といふ所まで行かなくても済むだらう。要するに駐屯地内のことを知らないとあつては軍隊の恥辱だからやるまでの事だ」と。果して馬賊は来なかつた。併し来たとしても之を抑止することが日本に取つて何の緊急の仕事であるか。斯んな事に貴重な兵卒を犠牲にされては堪つたものでない。而して斯んな場合に、得たり賢しと我から馬賊の根拠を索《もと》めて戦を売りに出たものも少く無いことは、私の敢て断言するに憚《はばか》らざる所である。

もつと非道《ひど》いのになると、警戒を命ぜられたのを機《しお》に、相手が本当の馬賊だらうが良民だらうがそんなことには頓着なく、盲滅法に突進するといふのもある。若し夫れ何か事があつた際、何の処置にも出でないでは如何にも無能か怠慢かの様に思はれはせぬかの懸念から、利害得失や効果の如何をも省みず、況《いわ》んや部下の労苦や危険などは全然念慮の外において、軽々しく部隊を動すと云ふ者に至ては、数限りなくある。橋梁が破壊されたといへば橋梁守備隊を繰り出し、鉄道が爆破されたと云つては線路偵察隊を派出する。其度毎に無用の犠牲を払はせらるゝものは常に下級の兵卒である。長い線路を完全に守備しやうとすれば、何十師団あつたつて足るものではない。二ケ師団や三ケ師団の兵をいくらバラ撒《ま》いたとて、破壊しやうと思へば訳はない。夫《それ》にも拘らず、敵に引かれて漸次兵力を分割すると、遂に不意の襲撃に我が虚を衝かれて思はぬ失敗をするに極つて居る。此の種の失敗を繰り返して如何に多くの兵卒が空しく異郷の鬼となつたかを思へば、我々は実に悚然《しようぜん》として膚《はだえ》に粟を生ぜざるを得ないのである。

然るに驚くべきは、斯んな苦い経験を繰り返し〳〵嘗《な》めて居るに拘らず、最高幹部が毫も其の過誤を覚らぬことである。彼等は口癖の様にいふ、敵にやられたからとて止《や》めては国軍の名誉に関すると。馬鹿〳〵しい。馬賊やパルチザンに勝つたつて何が名誉か。加之《しかのみならず》、我々の眉に唾《つば》して聞かねばならぬことは、所謂国軍の名誉なる言葉である。軍の名誉とは往々個人的野心の変名であることを看過してはならぬ。何をやつても命をすてるのは下級の兵卒だ。而して功は上長官たる自分が収める。そこで何か一手柄したいといふので、勝手な理窟を探し索め、かくして無益な討伐が行はれるといふこともあるのである。一将功成万骨枯とは、西伯利出兵に於て特に痛切に感ぜらるゝ。

序《ついで》だから云ふが、私は勲功表彰の今日の制度にもかねぐ〳〵不平を有つて居る。昔の戦争なら、個人の功績といふことも言ひ得るが、今日の戦争に於ては、果して何人の力が勝利の原因たりしかを判定し得るものではない。而して今日の制度は、集団的奮闘に対して国家の与ふる報酬の大部分を、上長官の一人占めに帰せしめて居る。之が自ら因をなして、下級軍人が上官功名心の満足の為に無遠慮に犠牲にさるゝことになる。此点宛《あたか》も資本家の労働搾取と異曲同巧である。為政家の深く思を致さねばならぬ所であらう。

第三信

＊

「露国ノ政治団体ニ対スル我軍ノ態度ハ、一ニ軍司令官ノ命令若《も》シクハ指示ニ依リ決スベキモノニシテ、此間些末トイヘドモ各自ノ私情若ハ意見ニ依リ之ニ斟酌《しんしゃく》ヲ加フルガ如キコトアルベカラズ」

西伯利の駐兵が幾多の失態を重ねた揚句、かう云ふ訓令が屢々《しばしば》派遣軍の本部から発せられた。是れ各級指揮官や独立部隊長などが、私意に依つて所謂右党側に各般の援助を与へ、以て我が対西方針たる内政不干渉厳正中立の地位を著しく困難ならしめた為に外ならぬ。

私の西伯利に往つた頃は、可なり八釜《やかま》しく厳正中立主義が守られて居たやうだ。夫れでも去年五月末の浦塩《ウラジオ》政変の場合の如く、日本軍の尻押しと云ふ様な噂が中々打ち消し難いやうであつた。あの政変後間もなく浦塩憲兵司令官が待命となつたのは、一部の風説の通りこの政変に何等かの関係があつた為めかどうかは知らないが、只同司令官が極端の右党贔負《ひいき》であり、従つて其配下の憲兵等亦挙《こぞ》つて赤ぎらひであつたことは、疑なき事実だといふ。而してかうした種類の偏見者流は、不幸にして我々軍人仲間のうちに余りに多いのである。

軍隊は一々上級者の命令通りに動く様になつて居るとは云ふもの丶、軍人も木偶《でく》の坊でない限り、命令事項の実施に方《あた》り其本人の私意の混るは免れない。故に上級者が幾ら露国の政争に濫《みだ》りに加はるなと訓令しても、受命者の頭が発令者と同じ程度に意味を呑み込んで居ない以上は、うまく行はれるものでない。殊に今度の様な政略的な出兵に於ては、各種将校の頭を開拓し、政府の根本方針を十分に理解せしむるは、格別必要なことである。所が、肝要の政府の方針なるものが元来グラ〳〵であつたのだから致方もないが、将校などは元来が没常識の教育を受け世界の大勢には頓《とん》と触れさせられて居ないのだから、今度の様な場合には全く臨時機宜の処置に出づることが出来ないのだ。而して世界の大勢に通じないのは、実は下級将校ばかりではない、上級官そのものも亦決して御多分に洩れぬのだから困る。

*

最高主脳部に居る連中も当初熱心な右党後援者であつたことは隠れもない事実である。夫れでも司令部の方は、直接陸軍本省の掣肘《せいちゅう》を受けたり外務官憲等との交渉も多いだけに、幾分——比較的の話ではあるが——開けて居るらしいが、交通部となると丸で没分暁漢《わからずや》の寄り集りである。彼等は純然たる参謀本部型で、何処までも保守党後援で押し切らうとする。虚実の程は確ならねど、嘗て大井軍司令官と星野交通部長とはかうした意見の相違から数時間に亘つて激論を闘はしたこともあるとか。チタ撤退の命に接した第五師団長が、中央の参謀長に向つて「高柳健在なりや」の電報を打つたと聞いて、手を拍《う》つて喜んだのは交通部の連中である。ハバロフスク撤退に際し、兵士を損せざらんと専心して執つた第十四師団の処置を、頗る軟弱だと極力非難したのも彼等であつた。遂に彼等は本音を吐いていふ。今日この儘《まま》西伯利を撤退するのは武士道の恥辱だと。

武士道の名折れを云々する説の中には、折角援《たす》けた者を途中見殺しにする訳には往かぬといふ意味もあるさうだ。成程我々に頼つて居る弱い右党側を今更見すてるのは気の毒である。併し彼等が今日孤立無援の窮地に陥つたのは何の故であるかを、我々は考へて見なければならぬ。又彼等を援けることがどれ丈け露西亜の為になるのか、更に我国の立場より打算して、彼等は陛下の赤子を惜気もなく犠牲にしてまで助けねばならぬものかをも、反省して見る必要はあらう。一切の先入的偏見を去り少しく注意すれば彼等の多くが何等顧慮するに足らざるツマラヌ人間ばかりであることは明白に分る筈だ。去年三月末の沿海州の反動革命にしても、又五月末の浦塩革命にしても、成功の上は誰が要塞司令官になる、裁判所長は誰れ、警視総官は彼れといふ様な方面は、巨細を極めて居るに反し、肝腎の革命計劃の方は、驚くべき程杜撰《ずさん》なものであつたといふではないか。之に由つても私利の外何物もない連中であることが分るであらう。私利でかたまつて居るのだから真の一致協戮《きょうりく》の欠けて居るは怪むに足らない。右党側に内訌《ないこう》の絶へないのは、畢竟《ひっきょう》之が為である。而して我々軍人には、不幸にして這般の鑑別が出来ないらしい。それといふのも畢竟我が国の軍人が由来独断的に又非反省的に物事の価値を決めることに慣らされ切つて居ることの結果であると思ふ。

*

軍隊では、立身出世の要訣として、㈠引《ひき》、㈡運、㈢技倆、㈣馬鹿、㈤理窟といふことを算《かぞ》へる。良い縁者を上級者に有つのが立身の第一捷径《しょうけい》で、次が運のよし悪し、本人の能力はやつと三番目、馬鹿では出世の遅いのは当然だが、夫れでも理窟をいふ者よりはよいと云ふ意味である。是れ実に一面に於ける軍隊の実状を穿《うが》つものだ。軍隊では、理窟をいふことは何よりの禁物である。否、殆んど罪悪だとせられて居る、価値判断の標準は、専ら上官の独断的指令に盲従することである。其間に決して独自の合理的省察を許さない。だから軍人の頭は頗る単純だ。之が帝国軍隊の長所だと誇つて居るのだから驚くではないか。

斯くて私共の仲間は、始めから右党とはよいもの、過激派とは悪いものと決めて怪まない。何故よいのか、何故わるいのか、そんな詮索は全然無用とされて居る。而してかうした考が西伯利ではドン〳〵実行の上に現はれて来るのだから堪らない。

＊

将卒が単純な頭で過激派を悪者《わるもの》扱ひにし〔て〕ゐるばかりでなく、西伯利に於ける失態の他の一面の原因は、著しく国際的精神に欠くる点である。否、従来軍隊が国際的精神の涵養を全然怠つたといふ点である。国際的精神の涵養を全然等閑に附して——否、之と相容れざる寧ろ正反対の教育のみを施して来て——さて突如として国際的精神を最もよく発揮せねばならぬ場所に兵隊を持つて来た。出征軍の事毎にヘマをやるのも考へて見れば無理もない話である。例へば夫のラングトン事件にした所が、本当の原因は国際的精神の乏しい所から起つた事なのだ。当時多くの将校連は「相手が米国人だからあんな面倒な事件になつたのだが、あれが露西亜人や支那人であつたら文句はなかつたのだ」と云ひ合つたが、即ちこゝだ。内地人は勿論、外人でも面倒な文句の起りさうなのは注意をする。さうでもない側の者共の事なら、如何でもいゝといふのである。真に人命を尊重するといふ精神がない。強弱に拘らず、保護すべきは十分に保護するといふ精神は、上下を通じて見られない。されば野外で射撃の演習をするにしても、内地などでは想像も出来ぬ程の不注意と無警戒との下に行はれて居る。是れ私の屢々実地に遭遇した所である。附近の村落や通行人の危険などは全然念頭に置いてないのである。故にラングトン事件以前にも、随分類似の事件はあつたのだ。私の知つて居る所でも、歩哨が無害の露人を射殺したり、又少くとも傷けた例は尠《すくな》からずある。余り乱暴だといふので憲兵が飛び出し、之に対して隊の方では正当防衛だと抗弁して、論争数次に及んだといふのもある。相手は弱者だけに黙つて居るが、之が為に日本帝国の声価がどれ丈け傷けられたか分らない。

下級兵卒の国際的精神に乏しいのは已《や》むを得ぬとして、将校までが、ラングトン事件の当事者たる歩哨の行動を裏面から勇敢だなど賞讃するものもあるに至ては言語道断である。夫れだから兵卒の中には、支那人や露西亜人を殺すのを面白半分に考へ、我から其機会の到るのを待つといふ様なものも出て来るのだ。相手が弱ければ夫れで済むと云《い》ふのは皮相の見で、米国の如く正面から抗議して来ないだけ、問題は却《かえっ》て永遠に済まないのである。米国の様なのは、一寸は面倒だが、交渉がすめば夫れで完全に事落着に及ぶのだが、泣き寝入りになる方は何時までも恨みを忘れない。朝鮮あたりの排日でも随分手を焼てゐるのである。我々はも少し此辺の事に反省してもい丶ではなからうか。

第四信

*

私は曾《かつ》て西伯利から還つた兵卒に其の偽らざる所感を尋ねたことがある。彼等の異口同音に答ふる所は、「兵卒といふ者のつまらぬ者だといふことを、今度しみじみ感じさせられました」と云ふのであつた。何故かと問へば、「将校方があんな贅沢《ぜいたく》をして居るのに、我々のみ散々苦しい仕事をさせられるからです」と云ふのであつた。聞く、日露戦争の当時、極東は露国士官の一大歓楽場であつたと。かくして上下人心離背して敗戦の因をなした。今日西伯利に在る我が派遣軍も、果して之に類する非難を免れ得やうか。私は自分の実際の見聞に基き、帝国将校の徳操の斯くも堕落せるに驚かされたことを断言するに憚らないものである。

浦塩方面に於ける歩卒の勤務は、可なり劇《はげ》しく又可なり辛《つら》いものである。兵卒は隔週毎に必ず歩哨勤務に服するを要し、猶其間巡察とか斥候とかにも服務せねばならぬ。零下何十度といふ厳寒に之等の野外勤務に服するのは容易なことではない。然るに此間軍司令部や其他高等官衙の自働車は、国旗をたなびかせつゝ、威勢よく料理屋さして馳《か》け行くではないか。夫の高柳参謀長恩賜煙草一件の如きは、偶々《たまたま》其数多き一例の運わるく外間に洩れたものに過ぎない。上の好む所下之に習ふで、弊風の滔々《とうとう》として流行すること、伝染病よりも早い。偶々之を攻撃するものはある。併し之は自分で自働車が乗り廻せないからのことで、之等の者にはまた夫れ〴〵身分相応に劣情を満足させる途《みち》は備つて居り、又現に之にはまり込んで自ら品性を傷けつゝ居るのでもある。

私はこんな話をきいた。市の警戒に任じて居た歩哨が、真夜中ブラ〳〵和服姿で通る酔漢があるので誰何《すいか》すると、「おれだ！　おれだ！」と平気で居る。「おれでは判らん」といふて捕へて見ると、豈図らんや自分のとこの中隊長であつたさうだ。之が翌日は真面目な顔して精神教育を云々するのだから呆れるではないか。

其外将校の日常生活を並べ立てゝ見ると、語学研究の名義で以て無作法に露西亜人の家に入り込む事である。交際上手な彼等が内心迷惑に思ひつゝも外面余儀なく好遇するのをいゝことにして、勝手な振舞をする事である。隊の加給品の酒の半分以上を自分達幹部丈で呑んでしまう事である。少し上の方になると、前にも云つた通り自働車で料理屋通ひをする。之に見倣《みなら》つてか交際費のあてがはれぬ下士などは、内々兵卒の分の頭をはねて、自分達の贅沢の資にあてゝ居るもあると云ふことだ。之れでも兵卒が温順にして些《いささか》の不平も云はぬとならば、夫れこそ稀代の不思議と謂ふべきである。

＊

其外に、兵卒をして自らつまらない者だと感ぜしむる原因はまだ幾らもある。其の中最も重なるは、現今の制度が上に著しく厚くして下に不当に薄いことだ。軍隊をして真に一致団結せしむるには、上下の間に感情の疎隔があつてはならぬ。利害の乖離《かいり》があつてもならぬ。此点に於て今日の制度は、余りに放漫であり余りに不用意である。

私は曾て部下の一兵卒から斯う云ふ愁訴を受けたことがある。曰く、「私の家では只ひとりの老父が頻りに私の帰郷を待つて居ります。人情として一日も早く帰りたいのですが、下士の方々は、も少し長くこゝに居りたい、一年を越せば戦役加算が倍になるからなど、云はれますので、兎角話のソリが合ひませぬ」と。彼は元来三年兵で、出征のために除隊が延びてゐるのであつた。帰りたいのは無理もない。況んや長く居つたとて、下士の様に何等の実益なきに於てをや。こゝにも重大な制度上の欠陥があると私は思ふのである。

戦争に依て与へらるゝ軍人の特典に、第一に従軍年加算といふがある。一年戦地勤務に服すると、別に二年の加算がついて三年軍隊に服役したと同じことになる。一年未満では仮令《たとい》一日足りぬのでも、この加算は貰へぬ。而して之は恩給の上に可なり重大な関係のあることは言ふまでもない。従て将校や下士やは、九ケ月や十ケ月も勤務すると、いつそのこと、もう二三ケ月居りたいと願ふ気分になる。併し恩給といふことに何等の関係もない兵卒に取つては、加算は何の役にも立たぬのである。此処に兵卒と下士以上の者との利害の衝突がある。

上に厚く下に薄い例としてはまた戦時増給を挙げることが出来る。準士官以上は本俸の四割、下士以下は給料の六割だ。当局は斯く下に厚く上に薄くしたと云ふだらうが、之こそ真に鬼面人を欺くものである。準士官以上の俸給には衣食住一切の費用も含まれて居るのだが、下士以下の給料は夫れ等を控除した本当の小使銭だけなのだ。故に準士官以上の四割は、下士以下の六割に比してお話にならぬ程の割高になる。詳しく云へば、一二等卒は月に僅《わず》か二円二十銭で、曹長は二十三円、中尉は四十円だのに、大佐となれば百六十円となるのである。加之、準士官以上の給料は、元来食料は自弁すべき予定の下に計算されて居るのに、戦時は下士以下と同様に給与されるのであるから、上下厚薄の差はそこで又いよ〳〵大きいものになる。而して勤務の方はどちらかと云へば下程苦しい。兵卒ほどつまらぬ者はないと感ずるのも無理はないではないか。

それに猶ほ聞く所によれば上級の者になると機密費とか交際費とかいふものも潤沢にあつて、種々私用の事も之で弁ぜらるゝとか。料理屋通ひの費用なども概して此の中から出るといふは妄誕であらうが、兎に角、上の者に対しては可なりの贅沢の出来る丈けに給与の行き届いて居ること丈けは、事実の明白に証明する所である。

中にも気の毒なのは、召集された兵卒や《〔が〕》除隊延期となつた兵卒《〔場合〕》である。彼等は既に二年の服役を終つたのである。本来家郷に在つて生業にいそしむを得べきのに、半年も一年も特別の勤務に服せしめらるゝ。そして毎月一様に五円や六円の小使を貰ふ丈けでは堪つたものではない。兵卒の中にはまた随分家の貧しい者もある。出征の為にどれ丈け多くの悲劇が此間に起されて居るかは、蓋し想像の外であらうと思ふ。

*

之は今度の事に限つたことではない、昔から言ひ古された事ではあるが、勲章幷に之に伴ふ年金賜金の制度も不公平なものと思ふ。普通兵卒の貰ふ金鵄勲章功七級の年金は、たつた百円であるが、佐官級の貰ふのになると五百円から七百円位になり、将官連のは千円乃至《ないし》千五百円に上る。而かも兵卒の方は、功七級すらが容易に貰へぬのに、高級軍人になると、司令部のうちに安坐して楽に之が貰へるのである。此の外旭日章や瑞宝章などに附く一時賜金にしても、兵卒のは精々百円を出づることなく、将校は五百円乃至七百円、上級将校は千五百円乃至二千円に上る。同じ様に働いても、こんな乱暴な差があり、其上本当に多分の苦労をした者のみが貰ふと限らぬのだから、下々の者に不平のあるのも無理はないではないか。

一体私共の考では、勲章などは無用の長物だと考へる。斯んなものが無くとも、働く丈の事は十分に働けるものである。強て拵《こしら》へるなら、感状と従軍徽章位で沢山だ。特別に立派な働きをした者には感状を与へ、余り目立つて、卑怯《ひきよう》な者には従軍徽章を与へぬとすればよい。信賞必罰は必要かも知れぬが、余り多くの階級に□み過ぐると、却て弊害がある様に思ふ。独り勲章や賜金の制度ばかりではない。戦時手当の増給にしても、従軍年加算の制にしても、之等は斉《ひと》しく昔の戦争に掠奪を許したり、分捕品の分配を約束したり、降つては勇敢なる武士に食禄の加増を保障したりするのと同一の心理的動機に基くものにして、徒らに好戦気分を奨励するの外何の効もないものだ。軍人自身は必しも自己の名誉のために又は其利益の為に戦争の継続を好むのだとは云ふまい。又事実さう意識して居ないのかも知れぬ。併し栄利の伴ふ所から自然少しでも長く駐屯して居たいと云ふ気分になることは、前にも述べた通りである。之と趣を異にして同じ動機に出づるものに斯んなのがある。某高級将官は嘗て、今度の出兵には成るべく全国の師団をまんべんなく出征させて平均に恩典に与《あずか》らせたいと云つたさうだ。余程公平な積りで得意らしかつたといふが、考へて見ると、丸で戦争を商売視して居るものと謂ふべきだ。斯かる流儀で万事をやられては国家が堪らない。斯んな事に徒費する金があるなら、私共は戦争の為に死歿した者や不具廃疾となつた者等に対する給与をもつと〱増して貰ひたいと思ふ。現在の制度は此点に於て甚だ薄い。と謂ふよりも、寧ろ全然顧みないと云つてもいゝ位なのである。

*

遺族扶助料なども、今の儘に放任して置いては、所謂戦場の勇者をして後顧の憂なからしむることは到底出来ない。扶助料の額は病死と戦死とで違ふ。前者は後者の三分の二である。戦死の方は、年額にして上等兵が百三十二円、一等卒が百二十円、二等卒が百八円、月に割れば僅々十円見当である。加之《しかのみならず》給与年限を遺児の廿歳に至るまでと制限したこと、扶助料を受くべき資格を単に寡婦遺児父母祖父母に制限し、廿歳未満又は廃疾不具にして産業を営む能はざる兄弟姉妹には、一時金を給与することにしたなども、適当とは云へない。孰れにしても、こんな少額の金と家の大黒柱との交換では、畢竟死ぬ丈損だといふことにならざるを得ない。斯くても猶国家の為に身命を擲《なげう》てと求むるのは無理では無からうか。況んや下々の待遇を斯の如くにして、而かも上級者の待遇は、比較的至れり尽せるものあるに於てをや。

傷者に対しても同じ事がいへる。給与額は遺族扶助料と同額なるを原則とし、一肢以上の用を失つた者には、傷疾の大小に依て六級に分ち、夫れ〴〵増加恩給が貰へるのである。そこで中どころの所謂一肢を失ひ或は二肢の用を失へる者には何れ丈の増加額があるかと云ふに、上等兵が百二十円、一等卒が百八円、二等卒が九十八円である。故に両方合しても月額やつと二十円見当にしかならない。

要するに死傷者に対する手当は余りに手薄である。否、余りに残酷である。此頃の流行語を用うるなら、之れこそ本当の人道問題だ。之は今度の出征に関しての問題ではないけれども、現に私の部下の間にも大に之を気にする者があつたから、殊に此機会を利用して述べて置くのである。

第五信

＊

戦勝に伴ふ物質上の利益のことは暫《しばら》く度外におく――私自身は結局何等得る所のないものだと云ふ論者だが――精神上の利益はと云へば、之も積極的には何もない、否、却て弊害を伴ふものだとさへ考へてゐる。けれども消極的にはいろ〳〵皮肉な教訓を与へて、我々を大に反省せしむるものがあるやうだ。斯う云ふ意味で、少しく西伯利出征の齎《もたら》した利益といふものを数へて見やう。

＊

私の識《し》つてゐる或る大隊長は、内地で初年兵教育に従事して居る部下の一将校に書き送つた手紙の中に、斯う云ふ事を云つてやつた。「此方へ来てから、実際の役に立つ様に歩哨や斥候を一と通り教へ直すに数ケ月を要した。今度の初年兵は充分注意して大に実戦的に教育して貰ひたい」と。

一体軍隊の教育は、何事によらず、総て皆戦争を基準とするものであるから、特に実戦的教育など称すべきものがあらう道理はない。其の之れあるは、平時の教育が徒に形式に流れて、実戦に役立たぬことを意味するものである。而して斯かる間違の起つた因《もと》は何かといへば、私は検閲制度であると考へるのである。

人或は云ふ。是れ制度そのものの悪きに非ず、検閲官の不明なるの罪なりと。併し私の考では、今日の検閲制度は、余程悧巧《りこう》な者が巧に善用して呉れなければ、どうしても弊害を生ぜざるを得ざる様に出来てゐるものと思ふ。夫れに今日の軍隊は、上になればなる程人間が馬鹿になる様に出来て居る。だから理論上の必要はともかくとして、現在の行き詰りを疏通する手段としては、しばらく検閲制度を全廃した方がよくあるまいかとさへ考へらるる。

何故検閲制度がわるいかと云ふに、之れあるが為に、今日軍隊の教育は、戦争を目標として行はれず、検閲を目途として行はれるからである。而して検閲官の頭は飛んでもない時代錯誤と来て居るから、之に迎合する軍隊が、徒らに形式の完備を競ふは怪むに足らない。之に概して八釜しく意見を述ぶる様の部下は、前にも述べた如く、黜《しりぞ》けらるるに決つて居る。故に人は皆口を緘《かん》して思ふ所を述べないのである。夫れが一朝戦争となると、何の役にも立たないので、そこで始めて実戦的教育など丶云ふ滑稽な言葉も生じて来るのである。前記の大隊長の属して居た聯隊は、已に第三期も終らうと云ふ頃の兵隊であつた。三年兵二年兵は無論のこと、初年兵と雖《いえど》も、歩哨や斥候の教育は殆んど終了を告げて居た筈だ。夫にも拘らず、戦場に臨んでから、更に数ケ月の訓練を与へねば、実戦に役立たぬとあつては内地での教育は何の為の骨折りであるか。議会で軍事当局は、兵卒訓育の困難を説いて在営期間の短縮に反対して居るが、今の様な教育では、何年やつたつて砂上に石を積むと同じ事である。今から思へば相手が馬賊やパルチザンだからよかつた様なもの丶、若しあれが立派な正規の軍隊であつたら、我が軍は開戦の初期に於て回復す可らざる痛撃を蒙つて居たかも知れない。実に寒心の至りである。現に第十二師団や第三師団の戦事行動の跡を見るがい丶。到る処で可なり見苦しい失敗を重ねて居るではないか。弁護する者は曰ふ。敵が不正規軍で其の戦闘方法が全く変則であつた為めやり損つたのだと。敵の行動が予想外であつたといふのは、我の平素の訓育が極端に型に捉へられ過ぎて居たことを意味する。実戦を型通りにする馬鹿が何処にある。我々は這般の失敗に鑑《かんが》みて大に反省する所なければならぬではないか。

併し之をたゞ出征部隊の指揮官の不明にのみ帰してはいけない。我々の先輩が日露戦役の戦勝に誇り、あの時の経験を金科玉条として爾後の世界の軍事上の進歩を研究せず、剰《あまつさ》へ有為なる青年将校の自由討究をさへ圧迫して、徒らに形式の完備に趁《はし》つた当然の結果が斯の如くなるは怪むに足らないのだ。而してかゝる弊風を助長したもの、否、之を牢乎《ろうこ》として抜く可らざるものたらしめたものは、実に検閲制度なのである。

この検閲制度の非を悟らしめ、併せて之に附随する幾多の改革に若干眼を開かしめた点に於て、西伯利出征は多少の功果をあげて居るといへる。

＊

今度の出征は、軍隊の軍紀問題について亦痛切に考ふる所あらしめた。派遣軍の軍紀の決して立派なものでないことは公知の事実だ。軍紀破壊の行為が既に外形に現れた所もある。そこで人は改めて其原因の如何を探究することになるが、多くの人は、例によつて例の如く、之を過激思想の影響と説く。併し軍紀の荒廃は、派遣軍そのものよりも、留守師団部内の方に却て甚しいといふ事実に打《ぶ》つ突かるに及んで、彼等は嫌でも応でも其原因を他に求めざるを得なくなつた。玆に於て心ある者は、少くとも従来軍紀維持の方法として執り来つたものが正しかつた〔か〕否かを反省する様になつて来た。軍隊に於ける新しい思想の動きは、斯んなところからも起つて来る。

軍紀維持の手段として従来執り来つた唯一の方法は云ふまでもなく強制であつた。而して自我に目覚めた近代人に取つて、この強制程苦しいものはない。従つて今日の様な世の中となつては、強制力の使用は、軍紀維持の絶対必要の場合に限るべく、又其の範囲内に在つても最少限度に留めなければならぬ筈だ。然るに従来は、何でも彼でも厳粛に見へるのが軍紀だと誤解した結果、強制力の使用をも有らゆる方面に拡張した。兵卒の生活の全局面を強制的に統制せんとした。其処に禍《わざわい》の根の潜むのは蓋し想像するに難くない。斯くして平時に於ては、立派に軍紀の保たれて居る外観を呈するだらう。が、そは只麩が静な池の上に浮いてゐる様なもので、少し波が立つと直ぐに壊れる運命に在るものである。現に平時に於てすらすでに軍紀壊頽の事実はチラホラあつたではないか。派遣軍や其留守隊に於て、其の崩壊の機会が俄然として与へらるゝことに何の不思議があらう。

強制一点張で維持せんとしたのが間違なのだから、今日之が壊れたつて構はない様なものゝ、平素強制で押し通して居ただけ、一度破綻が生ずると、正当な限度では中々留まらぬといふ心配もある。夫れ丈け所謂軍紀弛緩の問題は憂ふべき所なしとは云へぬ。が、兎に角病弊のもとは分つた。少しく注意して観る者には、平時からも明に分つて居つた事とは思ふが、西伯利出征を機として、軍紀問題が何人の目にもマザ〳〵と展開せられたので、今や我々は嫌が応でも軍紀なる根本観念につき徹底的に省量する必要に迫られて来た。併しそれでも上の連中が本当に此点に覚醒して居るか、又覚醒しても果して改革を断行するの誠と勇とありやは、聊《いささ》か疑しい。

*

以上述べた様なことは、元来平時に於てだつて分つて居るべき筋のことだ。夫れが分らずに居つたのは、畢竟軍隊内に於て言論の自由がないからである。言論の自由のない所に跋扈《ばつこ》するものは、上司の独断と、化石的頑迷とである。其結果進歩は停止し、苟安《こうあん》姑息と迎合阿諛《あゆ》とが流行するのは言を待たない。

明治三十八年十二月陸達第五十五号といふのに、次の様な定めがある。

第一条　本規則ニ於テ著作ト称スルハ、著作物ヲ出版シ、又ハ雑誌新聞紙ニ意見ヲ掲載スルヲ謂フ。

第二条　著作ヲ為サムトスルトキハ、学術技芸ニ属スルモノ、外、所属長官ノ認可ヲ受クベシ。

第三条　学術ニ属スル著作ト雖モ、現行ノ制度規則ニ対シ評論ヲ加フルトキハ、所属長官ノ認可ヲ受クベシ。

第四条　軍事上ノ妨害ト為リ其ノ他軍紀ニ害アル著作ヲ為スベカラズ。

第五条　軍事其ノ他官庁ノ秘密ニ関シ、公ニセザル事項ノ記述ニ関シテハ、一般ノ規定ニ依ル。

第六条　前諸条ニ規定スルモノ、他、著作ニ関シテハ所属長官ノ監督ヲ受クルモノトス。

か丶る規則の存する限り、軍人が絶対に意見公表の自由を有し得ざるは極めて明白であらう。所属長官の認可を得ればい丶とあるけれども、実際上か丶る認可は与へらる丶かといへば断じて与へられない。何となれば彼は認可を与うることに依て自分が首になる恐れが大にあるからである。さうでなくとも、上長官の頭があらゆる改革に対して極度の嫌忌を催す様に出来上つて居ることも考へねばならぬ。故に所属長官の認可を受くるの条件なるものは、つまりは絶対に許可せぬといふ趣旨を婉曲に書いたものに過ぎないのである。

該規則の発布せられたのは日露戦争のすぐあとであるが、同時に公示された陸軍大臣の訓示にも明なる如く、当時軍人中には、日露戦役の経験に徴し、改革意見を発表せんとするもの非常に多かつた。そは戦勝の栄誉を荷うて完全無欠の如く謳《うた》はれた軍隊も、内部から見れば随分醜い欠陥が多かつたのみならず、平時に在つて気附かれなかつた諸規則などの意外な無能が、戦場に於て見苦しくも立証されたが為であつた。とにかく厳正犯すべからざる事実の審判に教へられて、当時有為の青年将校は大に覚醒した。そして独立の研究と工夫とを積むべく大に発奮したのであつた。是れ真に喜ぶべき現象であつたのに、頑迷なる当局者は、彼等の言議往々制度規則の無遠慮な批判に亘るものあるを忌みて、遂に意見発表の自由を抑へることにしたのである。其結果は、彼等の作戦の期待した通り、我が軍隊を再び処女の如く活気なきものにして仕舞つた。かくして我が軍隊は、日露戦争後だん〳〵と老衰期に這入《はい》つていつたのである。而して之れ実に上長当局連中の兼《かね》ての希望に副《そ》ふものに外ならぬ。今度の西伯利出征に於て、其の当然の結果たる軍紀弛廃等の事実が現れたからとて俄《にわか》に狼狽《ろうばい》し、しかも其責めを他に嫁して恥ぢざらんとするのは、甚だ笑止の至である。

我が軍隊をもう一度生気あるものに復《かえ》らしむる為には、何よりも先きに前記の箝口令《かんこうれい》を撤廃せなければならぬ。殊に今日の様な、出征の当然の結果として青年将校間に批評的精神の大に鬱勃《うつぼつ》たる時に於て、最も其の必要がある。然るに当局の態度が依然として日露戦争当時の旧套《きゅうとう》を脱せざるは何事ぞや。某将校が「西伯利亜より国民に告ぐ」の一文を公表せんとして、違令の罪に問はれて陸軍刑法第百三条(政治ニ関シ上書建白其ノ他請願ヲ為シ又ハ演説若ハ文書ヲ以テ意見ヲ公ニシタル者ハ三年以下ノ禁錮ニ処ス)に擬せられたのは余りに非道《ひど》いが、水野海軍大佐の筆禍事件の如きも、局外から見たら如何に馬鹿々々しい事と映ずるだらう。斯う考へると、我が軍隊革新の前途も転《うた》た日暮れ途遠しの感なきを得ないのである。

〔『中央公論』一九二二年五月〕

国際問題の処理に関する驚くべき無智と無責任

国際問題の処理に関し、私共は今日程無智無責任の甚しい時代は嘗《かつ》てなかつたと考へて居る。日本が海外諸国と交通し始めたのは、もと左う久しいことではない。従て所謂外交を有《も》つ様になつたのも比較的新しい事だ。而して其の短い時期に於てすら、顧れば随分と失態を演じたのだが、併しその孰《いず》れの失態を挙げたつて、最近の夫れ程に醜と拙とを極むるものはない。年と共に進歩するといふが総ての物の通則なるに、外交のみは独り我国に於て儼乎《げんこ》たる一例外をなして居るのが妙だ。

失態の一つの原因は、云ふまでもなく世界の形勢に関する当局の驚くべき無智である。当局の総てを無智と誣《し》うるを穏《おだやか》ならずとせば、驚くべき程極度に無智なる一部の当局(例へば軍閥)の意見を外交界に跋扈《ばっこ》せしむることだと云つても可《い》い、之等の事実は別に証明を要するまでもなく明白だが、余りにヒドいから一つだけ例を挙げて置かう。そは先般世間の論評に上つた武器問題に関する当局の打算の大過誤である。長春会議に於て、我国は武器の獲得に垂涎《すいぜん》措《お》く能《あた》はざるチタ側の腹を見透した積りで、大に彼を譲らしめ得べしと期待したのであつた。そして愚図々々するなら武器は浦塩《ウラジオ》の白軍側にやつて仕舞うぞと豪語したのであつた。口善悪《くちさが》なき俗人は白軍に武器を遣りたいばツかりに長春会議の順調なる進行を妨げたとすら云ふ者もあつた。少くとも其の決裂を聞いて大に愁眉を開いた者のある事実は疑ふことを得ない。斯かる期望の是非は暫《しばら》く措き、所謂白軍なるものに若干の期待をおきし之等の打算には、抑《そもそも》何の拠《よ》る所があつたのであらうか。長春会議の決裂後間もなく、帝国駐劄《ちゅうさつ》軍隊の未だ撤退を了せざるに、所謂浦塩政権なるものは見る影もなく潰散して、白軍の残塁意外に脆弱《ぜいじゃく》なることを示したではないか。為に帝国政府は武器を交附すべき相手を喪《うしな》ひ、去ればとて先の声明の手前今更赤軍にやるといふ訳にも行かず、「放棄」の二字に辛くも面目を立てた積りで、而かも周囲の憫笑《びんしょう》の裡《うち》に、引き上げねばならぬ羽目に陥つたではないか。而して斯の如きもの皆責任ある当局者が赤白両派の勢力の判定を根本的に誤つた結果ではないか。

更に遡《さかのぼ》つて寺内々閣が段祺瑞《だんきずい》政府の勢力の打算を誤れる、軍閥の巨頭連が欧洲大戦の当初独逸《ドイツ》の優勢を誤信せる如き、算《かぞ》へ来れば際限はない。近くは張作霖《ちょうさくりん》の勢力を盲信し、之を後援するの意味に於て北京に於ける借款問題に断乎たる態度を示さず、為に英米と歩調を一にせずといふが如き、亦私《ひそか》に恐る、形勢の誤診よりして復《ふたた》び救ひ難き窮地に陥るなからんかを。

我国外交の歴史に由来失敗の跡は頗《すこぶ》る多い。併し其の多くは無智なる民間の盲論に累されたるに因し、当局の聡明辛うじて之を甚しからざるに救ふたことを常とする。今や形勢は全く之に反し、民間の世界的智識漸《ようや》く聡明を開けるに拘らず、廟堂の君子ひとり著しく蒙昧《もうまい》を極むる様になつたのは、誠に不思議の現象と謂《い》はねばならぬ。若《も》し夫れ失態に対する責任感念の欠如に至ては言語道断といふの外はない。西伯利《シベリア》の出征、金だけでも十数億は使つた筈だ。得る所は日本民族に対する不信と怨恨とのみ。而かも其の基く所は当局の誤算専ら重きに居るのに、彼等は恬《てん》として恥ぢる所なからんとする。私かに思ふに、彼等いまだ其の迷夢より覚めず、其の企劃せる所、仮令《たとい》失敗に帰しても、帝国の為に努めたるの誠意は以て誇るに足ると考へて居るのではあるまいか。若しさうなら、彼等に事を托するは益々険呑《けんのん》の沙汰だと謂はなくてはならない。

我々はこの糺弾《きゅうだん》に於て現加藤内閣を主《もっぱ》ら攻めんとする意思はない。同じ過誤は政友会内閣も其前の寺内々閣も大隈内閣も一様に冒したのだ。否之を後援した議員は固《もと》より、或点まで之を黙認した国民も全く責なしと謂ふを得ぬと考へる。何れにしても我々は最近余りに屢々《しばしば》繰り返した苦い経験に鑑《かんが》み、世界の形勢にもつと聡明を開かうではないか。殊に東北亜細亜《アジア》諸国の形勢に付ては、一層戒心して事実を有の儘に観且つ受取り、一切の偏僻から脱れようではないか。而して偏僻頑迷に加ふるに邪視盲聴を国民に強い、其の大に誤れる形勢の打算に基いて各種の企劃を樹《た》つる者に対しては、鼓を鳴らして排斥の陣を張らうではないか。

而して我等の敵は果して何処に在りや。読者の慎慮を促す所以《ゆえん》である。

〔『中央公論』一九二二年一二月「巻頭言」〕

日露交渉の前途

支那の話が長くなつたから、この問題は簡単に項目だけを列挙するに止めて置く。

㈠　目下北京で、芳沢カラハン両氏の間に折衝されて居る問題は、旧債権問題だの、旧条約問題だの、尼港《ニコライエフスク》問題だのと、いろ〳〵あるやうだが、我々の想像するところでは、或るものは完全なる了解を得、或るものは欧洲列強と同一歩調を執る事に双方の話が纏《まとま》り、今日伝ふるが如く、協定甚だ困難な点が残されてゐるとすれば、夫は恐らく利権問題の他はなかりさうに思ふ。当局の発表は多言にして然かも何も言はざるに等しく、文字は長いが、要点は全然隠されて居る。だから本当の事は薩張《さつぱ》り分らない。従つてこれが日露交渉の真相だなど、はつきり言ふ事が出来ないが、私の想像するところを遠慮なく言ふを許さるゝならば、大体問題は次のやうな点にあるのではないかと思ふ。

㈡　先づ、利権に就て日本の希望は何所にあるか。暫《しば》らく樺太《からふと》問題を限つて説明してみるなら、利権開発の区域の出来る丈《だ》け広い事、これが開発経営を独占したい事等でなければならない。そこで仮りに日本からさういふ要求を提出したとする。これに対して露西亜《ロシア》は何《ど》ういふ返事をしたであらうか。これも日本人の立場を離れて暫らく露西亜の立場に立つて考へてみる。第一に、この要求を提出するにつき、日本が若《も》し尼港事件の賠償責任と関聯せしめて、露西亜をして義務履行の一形式としてこれを承諾せしめようといふのなら、露西亜は必ずや断然これを弾《は》ねつけたに違ひない。も一つは、露領内に於ける日本側の産業経営につき、殊にその内部の資本対労働の干係《かんけい》につき、露国国内法の適用をさし控へよ、といふ要求があつたとすれば、これ亦露西亜は断じて承認を拒むであらう。露西亜の国内法が産業に於ける労働の地位を如何に認めて居るかは、多く説明する迄もない。所が、さういふ労働尊重の観念は嘗《か》つて日本にないのみならず、日本の在来の産業経営方法では、到底露西亜のやうな決め方に堪へ得るものではない。日本産業の資本主義は、露西亜国法の労働尊重主義と全然相容れないものであるが、露西亜としてはその労働尊重主義が実に立国の根本的大使命なるが故に、何を差し措《お》いてもこれ丈けは譲れまい。これを譲つては百日の説法も屁一つで新露西亜の面目はまる潰《つぶ》れだ。が又日本としても露西亜の国法をその儘適用されるのでは、資本家中一人もこれに手を出すものはあるまい。之をどう調和して行く積りであるか、新聞の伝ふる所によると、日本側は訳もなく国内法の除外例を露西亜に求め得るかの如く考へてゐるやうだが、これは大いなる謬《あやま》りであらう。まるで酒呑みが熱心な禁酒論者を捉へて、一杯位はいゝでせうといふやうな形に見える。

㈢　かう考へて見ると、利権問題は却々《なかなか》困難な案件だ。局外から見ると丸で出来ない相談ではないかとすら考へらるゝ。ところが、新聞の伝ふるところでは、これに就て段々細目の協議が初つて居るとやら。左すれば夫は必ずや露西亜側の若干の譲歩に依つたものと見なければならない。もしさうとすると、露西亜は必ずやその交換条件として労農露西亜の承認を求めた筈だ。ところが日本は承認を肯《がえん》じない。然らば露西亜が、そんならこの問題は漠然たる大綱だけに止めて、細目は追つて承認後に協議しようといふ事に出るのが当然だと思ふ。

㈣　承認は今しないのだといふから、そんなら細目まで決めて利権を急いでやらないといふ態度に出られても致し方がない。が、さうなると日本は事実困る。何故なれば利権の譲与せらるべきを予想して、既に開発事業は政府の保護の下に、初められて居るからである。既に初めたものは、喪《な》くするのは惜しい。これ丈は永久に継続さして行き度い。又今現に行《や》つて居る丈けの事は、これから先も滞りなく行らしたい。細目の協定は後日に譲つてもいゝが、それ迄の間は今日の事業をそのまゝ継続して行つてもいゝといふ事にして貰はなくては困る。これが日本側の言分だ。かういふ要求に接して、露西亜は先づ第一に何んな風に考へたらうか。これも仮りに露西亜人になつた積りで考へて見ると、うつかり現在の事業はそのまゝ継続してもいゝと言つては、陰微の間にどん〳〵範囲を拡張するかも知れない。その上後日細目の協定が纏り難いといふ場合にも、日本側は急に纏らなくても損ではないといふところから、何時までも延す惧《おそ》れがある。即ち細目の協定に就て露西亜は日本側に制御さるゝ惧れがある。早く細目を定めないでは損だといふ立場と、決めなければ決めないでいゝ、急いで決めなくても損はないといふ立場との間には大変な強弱の差がある。この点でも彼我の間には見解の開きがあるだらうと思はるゝ。これらの点がも少し明かにならないと、日露交渉の前途をはつきり卜《ぼく》することは出来ない。

〔『婦人公論』一九二四年一一月〕

近く開かるべき軍縮大会議

新聞の報ずる所に依れば、ジユネーヴの国際聯盟本部では先月はじめ軍備縮小国際会議開催の準備のため特別委員会を設け、其の報告に基いて理事会は本年中〔に〕この大会議を召集する段取りにならうと。広汎の範囲に亘《わた》り更に大に軍備を縮小するの必要ありとの意見は、先頃来英仏諸国の当局者の間にもより〳〵唱へられて居たから、如何なる形で開かれるにしろ、本年の軍縮会議は可なり大きな意味を有《も》つものと観なければならない。従来の同種の会議に比し更に一段の深き注意を要するは勿論である。

此時に当りこの重大なる軍縮問題に関し民間の輿論を観察批判するは強《あなが》ち無用の業でもあるまい。軍縮問題に関しては従来二つの極端なる観察が行はれて居た。一つは軍縮と聞いて直に戦争の絶滅を連想し、抽象的な博愛人道の絶対的支配に由る世界平和が直ぐにも来るかに夢想する感傷的平和論であり、他は徹頭徹尾人類の争闘本能を信じ、物質文明の進歩は益〻各国相互の爪牙《そうが》を研ぐに競はしめ、所謂《いわゆる》軍縮提唱の如きも実は出来上つた国が之からと云ふ新進国の鼻先をへし折る策に過ぎぬと慷慨《こうがい》する盲目的排外論である。斯うした二つの思想が第一回軍縮会議以来我国の上下に流れて居ることは読者諸君の既に熟知せらるゝ所であらう。

更に面白いのは、感傷的平和論者は少しでも己れの説に反対する者があると、之を以て直に頑迷なる攘夷思想家となし、少くとも徒《いたず》らに抑圧侵略を喜ぶ所謂人道の公敵と見做《みな》すに反し、盲目的排外論者は少しでも自分の立場に文句を云ふ者があると、是亦一も二もなく相手方を目して国家の存立を無視し外国の陰険なる宣伝に毒せられたものだなど、罵《ののし》る。即ち甲に非ずんば乙、乙に非ずんば甲と速断して、中間思想の存在を認めない。斯う云ふ頭では今日の軍縮問題は解けない。世界列強と提携して這《こ》の重大なる問題の解決に与《あずか》らんには、先づ頭の改造から取り掛るの必要がある。

街のまん中に公園がある。美しい花もあれば甘さうな果実もある。仕事のひま〳〵に此処に遊んで市民がどれだけ清爽の神気を恢復するか分らない。そこで感傷的人道主義者は絶対的開放論を主張する。ところが近所にはいたづら小僧が多い。監視の目をぬすんでは花をむしり枝を折り果物を取る。夥《おびただ》しく手数と金が掛り殆んど始末に了《お》へぬ。そこで頑迷なる排外主義者は絶対的閉鎖論を主張する。併し公園はもと〳〵市民の逍遥《しょうよう》の為に設けられたものだ。さりとて無制限に開放していたづら小僧の蹂躪に委《まか》しても構はぬといふわけにも行かない。いたづら者は遺憾なことだが何時の世にもある。之に荒さるゝのが癪に障るとて折角の公園を封ずるのも智慧のない話だ。と云ふ所から「現在の状況」を基礎として「如何の方法」で「如何なる程度」に公園を開放すべきやが、実に常識ある市公民の問題となる。公共問題の実際上の取扱は、斯くして常に感傷的開放主義と排外的閉鎖主義との中間に位する第三の立場を取るものである。

近頃世界列国の政治家に依つて屢〻《しばしば》問題とせらるゝ軍備縮小の如きも、正にこの第三の立場から取扱はるべきものであり又現に爾《しか》く取扱はれても居るのである。感傷的平和論者のやうに漫《みだ》りに謳歌してはいけない。同時にまた頑迷なる排外主義〔者〕のやうに無暗に猜疑の眼を光らすのも拙《まず》い。何処の国の政治家だつて直に全部軍備を撤せよとは云はない。併し漸を以て歩武を進め結局軍備を無用とするやうな時代を作りたいといふ熱情に燃えて居ることは極めて明白だ。具体的の細目の問題になれば、各国対峙《たいじ》の今日、自国の利害の上から忍ぶ可らざる所を頑強に主張することはある。さりとて之を一概に世界平和に誠意なきものと断じ去るは誣妄《ふぼう》である。我が日本として当今の形勢を土台としどれ丈の縮小を忍び得るやは、技術の問題として暫く当局者の研究を信頼しやう。只之に対する根本的態度を何れに樹《た》つべきやの一点に至ては、深く〳〵省量せられんことを希望せざるを得ない。

終りに吾人は此際わざ〳〵斯んなことを書き立てた趣旨を一言しておきたい。従来の例に徴するに、我国当局者は会議開催の招待には何時も快く応じて居る。其の癖民間に対《むか》つては斯かる催に由て達せんとする大国の魂胆の憎むべきを宣伝してやまなかつた。民間に反抗の輿論を起らしめて之を会議の掛引に利用するは、一見得策の如くにして実は極めて古い戦術だ。加之《しかのみならず》斯くして民心の正当穏健なる開発を妨ぐること実に忍ぶ可らざるものがある。願くは今度の会合に於てだけは、一つには日本の地歩を守ると同時に世界平和の進歩に貢献し、又一つにはこの重大問題に対する民心の理解を正しく誘導することに努め、以て内外両面に於てうるはしき効果を挙げたいものである。

〔『中央公論』一九二六年一月「巻頭言」〕

軍縮会議の提唱に関連して

軍縮会議の提唱に関しては別項の小篇に於て多少詳しく私の所見を書いて見た〔「軍縮問題の狙ひどころ」『中央公論』四月号〕。之を書き了《おわ》つてから後に新聞で軍縮提唱の米国の真意に警戒せよと云ふ様な説を読んだ。之についてまた斯んなことを考へる。

世の中の事は、之を発議した人の魂胆《こんたん》通りになることもあれば丸でその思惑の外れることもある。世上の大勢と個人の私意との交渉にはなかなか面白いものがある。

軍備縮少の要求が世界の大勢だとすれば、発議者たる米国大統領の隠し有《も》てる魂胆の如き深く顧慮する必要はあるまい。我々はこの大勢に巧に乗ることに由て、米国を引き摺《ず》り隠れたる魂胆を働かす余地なからしむることも出来よう。但し軍縮の要求が世界の大勢であるとしても、それに付ての研究が十分ならず従つて具体的には未だ何の定る所なしとすれば、当事者の個人的私意が強く働いて大勢の帰着の不当に枉《ま》げらるる恐れなしとせぬ。この限りに於て、噂がもし少しでも拠り所のあるものなら、所謂米国の底意なるものに多少警戒するの必要はあらう。

併しそれとても、斯の噂におぢて我から折角の催しに尻ごみする必要は毛頭ない。

所謂「大勢」なるものの社会的威圧は概して相当に強いと観てい丶。故に我々に一番大切なのは、一つには「大勢」の何であるかの洞察をあやまらざることであり、次にはその「大勢」を更に助長することを怠らざることである。軍縮提唱の参加は、会議そのものが仮令《たとい》失敗に終るとしても、之を必要とする大勢を助長促進する上に多大の貢献なしとせぬ。国際的にも国内的にも平和の風潮を興隆する絶好の機会として、色々の意味に之を利用したいものだと思ふ。

〔『中央公論』一九二七年四月〕

田中内閣の満蒙政策に対する疑義

一

田中内閣は近く満蒙に於ける従来の懸案を解決し該地域に於ける我国の特殊地位を確保し、支那在来の曖昧《あいまい》なる態度を推し切つて無理にも我が確乎不動の立場を承認せしめることに決めたと云ふ。之に就ては八月初旬以来の新聞にもちよい〳〵記事が見えて居るから読者諸君も既に御承知の事であらう。さてこの新政策に対して我々は果して如何なる態度を執るべきであらうか。

二

第一に注意を要するは、この政策の徹底的遂行の為には或は武力干渉を必要とすべきことである。新聞伝ふる所に依れば、我が政府では張作霖を満蒙に於ける主権者と見做《みな》し、彼が該地域内に於て治安維持の為にする努力に対しては極力援助する、若《も》し彼の力を以て治安を維持し得ざる場合には已《や》むなく我は我の力を以て之に当らうと云ふのださうである。政治上日本政府にこの位の権利がないとは云へぬかも知れぬが、併し斯うした声明は断乎たる武力干渉の覚悟なくては云へるものではない。我々日本人は衷心から支那の一日も早く平和を恢復せんことを冀《こいねが》ふ。豈《あに》ひとり満蒙とのみ云はんやだ。特に満蒙の治安を最先の急務とする理由如何に就て私に多少の考はあるが、それにしても、我が武力干渉を以て強《しい》てその進行を促すの得策なりやは大に疑ふ所である。之に就て我々はもつと慎重に考へて見たい。満蒙の治安は出来るだけ早く恢復したいとする。而も我々は之が為に武力干渉の危険をまで冒してもい丶ものかどうか。

三

第二に注意したいのは、この新政策は露骨な支那分割の端をひらくものなることである。当分支那は統一さるる見込はないと諦めて、せめて満蒙だけを別ものと見做し玆に独立の主権者を認めて有効なる外交関係を開かうといふのである。是れ事実に於て満蒙の独立を援助し支那の分割を承認するものではないか。満蒙の独立を必しも悪いと云ふのではない、支那の分割と聞いて今更飛んでもない大それたことと怖るるにも当るまい。現に支那は支那人自身に依て今日既に分割の勢をなして居るではないか。けれども我国の朝野は、従来斯かる勢を以て少数軍閥の野心の結果とするの立場を固守し、隣邦大衆の真の希望は平和なる統一的生存並に繁栄に在ることを確認し、この冀望《きぼう》の実現の努力に対しては徹頭徹尾満腔の好意と援助とを吝《おし》まなかつたのである。前若槻内閣が幾多の失政ありしに拘《かかわ》らず独りその対支非干渉主義に於て聊《いささ》か吾人の嘱望に副《そ》ふ所ありとせられしも之が為めであつた。然るに田中内閣はこの折角の好意と同情とを弊履の如く棄て、支那分割の端を開くの惧《おそれ》あるをも憚《はばか》らずして今や満蒙の独立に全幅の援助を辞せざらんとする。事の是非善悪、就中《なかんずく》帝国百年の大計としてその果して当を得たりや否やは姑《しばら》く別論として、我々は政策方針の変化の余りに急激なるに一驚を喫せざるを得ないのである。南を向いてゐたものが少しばかり東の方を向けと云はれるのなら格別驚きもしない、いきなり真北に向き返れと云はれて見ると、一寸どうしてい丶のか分らなくなる。それだけ我々はこの問題に対してはもつと慎重に考へて見たいと思ふ。満蒙に於ける治安の確立するとせざるとは無論大に我国の利害に関係がある。併し之を確立する為めに支那の分割に導いても構はぬものかどうか。

尤《もっと》も人に依ては我国のこの新政策は必しも支那の分割を導くと限らないと云ふかも知れぬ。成る程その通りだ。併し分割の勢に導くを避くる限り、我の満蒙に於て獲得するのは全然空名に終ることを知らなくてはならぬ。将来支那は何等かの形に於て統一されたとする。統一政府は、先きに満蒙官憲の日本政府と私議して定めたものをば、承認せぬに決まつて居る。無理に承認させても、今日の商租権の如く全然名あつて実なきものであるべきも想像に難くない。故に之をそんな曖昧なものにしたくないと云ふなら、どうしても満蒙をば中央政府統制の外に置かなければならないのだ。乃《すなわ》ち見るべし、満蒙を独立せしむるに非んば我の権利は現実永久のものとならず、支那分割の責任を避けんとせば必ずやその権利は遂に空名に終るべきを。この辺の事理を十分頭に入れた上でないと、我々国民は迂闊《うかつ》に政府の景気のいゝ新方針を裏書するわけには行かない。

四

私一己の考としては田中内閣の所謂満蒙新政策にはどうも賛成は出来ぬ。云々の権利を獲《え》又云々の立場を確保することに異議あるのではない。之を遂行するが為に執る所の方法が面白くない、殊にその時機が悪いと思ふのである。或人は今が丁度いゝ時機だと云ふ。今でなければ得られないと云ふそのやり方に私は反対なのだ。いつでも獲られる様なものを、いつでも出来る様な方法で、堂々と取つて貰ひたいと私は冀ふ。火事場泥棒的に利権を獲得する方法は欧洲戦争で終りを告げた筈だ、又斯うして獲物の永く我が掌中に残らぬといふ経験も近年我々は再三再四嘗《な》め尽した筈だ。いゝ加減に腹を改めたらと我々は思ふが、世間には今度こそ一と儲けと同じ過誤を二度も三度も繰り返すものが多いのでこまる。

支那の問題に対する無産階級の態度は、精密に調べて見たら所謂一にして足らぬものがあらう。併しその各分派を通じ何人にも異議のない出発点のイロハは、隣邦大衆の要望に対して満幅の好意を寄せ、従て之に対する我方の措置は飽くまで公正に始終するといふことである。この立場に立つて我々は、田中内閣の満蒙政策に対し玆に甚大の疑義を表明する者である。

〔『社会運動』一九二七年一〇月〕

露支紛争の合理的解決を望む

他国の領土内に広大な利権を擁有すると云ふは何と謂《いつ》ても不自然の状態たるを免れぬ。其国の民人が之を喜ばぬ時に於て最も然りとする。況《いわ》んや時勢は転回して今や寧ろ強者を制し弱者を扶掖《ふえき》せんとするに傾けるに於てをや。故に大勢の達観に於ては、斯種の不自然は終《つい》に到底矯正せられざるを得ざるものであらう。

但し他国領土内に広大なる利権を設定すると云ふ事も元と藪から棒に突如として起つたものではない。多くの場合之には相当の沿革がある、其外よかれ悪しかれ永く之を許容して置いた事実から別に生ぜる複雑な既成関係と云ふものもある。之を更に永く放任すれば不自然たりし状態も遂に自然の状態と変つてしまふが、否《しか》らずとするも、一図に原状の自然に復せんと急げば時として事後の既成関係を紛更すると云ふ第二の不自然を醸成せぬと〔も〕限らない。国際紛争の解決には兎角斯うした困難を伴ふ場合が多い。

而して斯かる場合には、其儘では両立し得ざる二つの原則が相対立することになる。一は根本的な抽象的正義の要求に基く主張である、二は既成の秩序の尊重を第一義とする主張である。今度の露支紛争に於て支那の拠《よ》るところは第一の立場であり、露西亜《ロシア》のは第二の立場である。本来根本的理論に偏執し現実の顧慮を醜陋《しゆうろう》と罵《ののし》り来りし露西亜が、一転して現状尊重の主義を執りその平素極力排斥する所の武力対抗策を以て飽くまで支那を強圧せんとするのは、亦近来の一奇観たるを失はぬ。

この紛争に於て支那が勝つか露西亜が勝つか。昔なら力の強い方の勝つに間違はなかつたが今日は必ずしも然《そ》うばかりは行かぬ。弱い方の言ひ分の通り難きは疑ないとして、流石《さすが》に時代の進運は強いからとて無理を推通すを許さず、争の解決に方《あたつ》て道理の口を利ける部分を著しく広めたことも認めざるを得ぬ。露支両国が今にも兵火を交へそうにして爾《し》かせざるは、必ずしも始めから戦意なかりしが為めとのみ観ることは出来ない。

我が日本は這《こ》の形勢に乗り、須《すべか》らく繋争両国の解決をして出来るだけ道理の所命に聴従せしめる様努めなくてはならぬ。単に利害の点から謂ても、我国は支那の此上不当に図に乗り来るを不利とし、又ソヴイエト露西亜の今日以上東亜に跳梁するを不快とする。満蒙の天地に深甚の利害関係を有する我が国として此際紛争国の一方に偏するは、宛《あたか》も前門虎を防いで後門狼を入るの嫌なしとせぬから、最も有利にして且つ正しい態度は、第一次に完全なる中立であり第二次には道理に由る解決の促進でなければならぬ。東洋平和の擁護者としての地位から謂ても、こは我国の当然の責務であらう。

露支両国の関係は或意味に於てまた日支両国の関係である。露国今日の受難を誰か能《よ》く他日我国も蒙ることなしと断言し得よう。私共は寧ろ、我々の近き将来に直面すべかりし難問題を露西亜が先づ処理して呉れることを喜ばなければならない。其意味に於ても露支両国の関係をして合理的の解決に到達せしむることが必要である。国際問題といへば――就中《なかんずく》満蒙問題の如きに於ては、動《やや》もすれば常規を逸した固陋の見に誘はれ勝な我国民に取て、露支両国の与へた先蹤《せんしょう》は確かに対外思想開拓の有力な助けとなるべきを以てである。故に両国の合理的解決の成功は、我国将来の対支外交の発展の上に必要であり、殊にまた国民思想の正しい開拓の為に大に必要である。

〔『中央公論』一九二九年九月「巻頭言」〕

リットン報告書を読んで

リットン報告書の要旨については、発表前の揣摩《しま》臆測《おくそく》時代から既に彼れ是れの批難が絶えなかつたが、先月はじめ其の全文の公表せらるるや論調が予想以上に我が国に不利だといふので朝野各方面の非議は一層手厳しい。併しそれ等の非難の中には随分見当を外づれたものもあるやうだ。例へば調査団が支那側に籠絡《ろうらく》されたとか又はリットン卿等が初めから一種先入の政治的偏見に捉へられてゐたとか云ふが如き是れである。形勢不利と見て審判者に文句をいふのがスポーツ界の醜陋《しゆうろう》事である如く、仮令《たとい》さうした形跡があつたとしても相手方の人身攻撃に類する言動をなすことは慎んで避くべきであらう。リットン報告書の是非は専ら書いてあるその内容によつてのみ批判さるべきである。

私はまだリットン報告書の原文を入手して居ないが、翻訳の方は世上に出ると直ぐ買つて読んでみた。読んでゆくうちに私は図らず私自身が二つの違つた立場で該報告書に接してゐることを発見した、即ち時としては甲の立場でまた時としては乙の立場でリットン報告書に応接してゐたのである。二つの立場とは何かといふに、一は該報告書から直接被告扱ひされてゐる日本国の一国民としての立場であり、二は原被両告並に裁判役を離れた第三者としての立場である。

満洲問題に対する日本帝国としての方針は既に定まつた。私一個人の意見としては決定された方針に付ても又これを定めた順序手続に付ても多少の異議を有《も》つ、併し今更これを繰返しても詮《せん》がない、一旦国是方針が斯うと定まつた以上国民の一人としては全然これに遵《したが》ひ飽くまで既定方針の完成に協力せなければならない。斯ういふ立場でリットン報告書を読むと、読みながらアレはさうでないコレは斯うだと一々弁解し議論して見たくなることが多い。今日世上に流行するリットン批判論の多くも実は概《おおむ》ねこの類のものではあるまいか。各政党は固より諸方の実業団体の如きに至るまで報告書排撃を決議してゐると新聞は報ずるが、これもお前の裁断には承服出来ないぞと断ずるのであつて畢竟《ひつきよう》被告的立場の表明に過ぎないものと思ふ。

日本人としては、斯ういふ態度を一貫してリットン報告書を迎ふるのは当然かも知れない。所が私が学究で専門として歴史に趣味を有つところから、動《やや》もすると身を第三者の地位におき冷静に事態の表裏を考へて見ようとするクセがある。今度の報告書を読んでも、一日本人として憤慨したかと思ふと、いつの間にかなか〳〵よく調べて居ると感心したりこれは傾聴に値する忠言だと讃歎したりする、つまり知らず〳〵第三者の立場に変つて歴史家的見識で物事を判断して居るのである。かういふ立場も事態の正当なる理解と問題の適切なる解決の為めには時として必要なことではある。

厳格にいふと日本は被告といふわけでもなく、リットン卿一行が裁判役といふのでもない。調査委員会の報告は国際聯盟理事会の参考に供するものに過ぎず、而してこれに基いて作らるる理事会の何等の提議といへども満洲問題の解決に対し最終的効果を有するものと限らない。日本の側では国際聯盟の極東の事態に対する認識不足を補ふの目的で新しく支那を調査するといふのが委員会の任務だと説明するから却つて支那が被告のやうでもある。いづれにしても委員会は受託の範囲内に於ては調査の自由があり日支両国の孰《いず》れからも見解の決定の上に何等の拘束を受けない。だからいよ〳〵報告書の公表を見てそれが著しく我れに不利だからとて、単にそれだけの理由で我々は彼等に文句をつけるわけには行かぬのである。されば単純に所謂《いわゆる》被告的立場を以て彼等に対抗するは、我々国民全般の不承服といふ消極的態度を広くはツきりさせるには役立つけれども、彼等に反省を促がすとか再考を促がすとか又は理事会が報告書を検討する際に一層周到なる注意を払はしめるとかの目的には、何の資《たす》くるところもない。これにはどうしても彼我の立場に通じて妥当する別個の根拠からの立論が向けられなければならない。是に於てどうしても第三者の立場よりの批判が重要となる。

満洲問題の解決に方《あた》り傍目《わきめ》もふらず××〔侵略〕でひた押しに押して行かうといふのならイザ知らず、矢張り国際協調といふを原則とし、外交的折衝に依つて極東に於ける日本の立場を有利に展開せんとならば、差当り目前のリットン報告書に対しても、少くとも第三者的立場の批判の重要性を閑却してはならない。

*

世間の批判のうちにはリットン報告書の価値を不当に軽く視るのがある。該報告書の内容自身の価値はしばらく別とするも国際聯盟を中心とする一外交文書としての権威は決してこれを無視することは出来ないと思ふ。無責任な新聞の評判では調査団の誰彼の人格につき忌はしき風評の伝へられたこともあるが、概していふに彼等はみな欧洲に在て知名の一流人物でありこれ以上の適任者を集めることは不可能とされて居たし、又出発から帰任にいたるまでの調査上の努力にも活潑真摯《しんし》なるものがあつたと云ふ。出来上つた成績から観てもその事は許されねばなるまい。加之《しかのみならず》国際聯盟に於て満洲問題の討議が今後如何に紛糾しても、再度同じやうな大掛りの調査委員を派遣するが如きは絶対にあり得ないと思ふから、調査報告書としてはこれが最終のものたるべきは言をまたない。して見ると今度の報告書は形式上は単に理事会の参考に供するに過ぎぬものではあるが、その実理事会(又は時として総会)が事毎に引援する唯一の金科玉条であり、凡《あら》ゆる方策乃至《ないし》提案の淵源たる典拠であると云はなければならない。それぱかりではない、一度公表されると少くともこれは極東問題の理解に関する欧洲人の常識となるに相違ない。欧洲人には無論極東の形勢については多々呑み込めぬ所がある筈だ、あの報告だつて完全なものではない、だから能く我々の言分をきけと幾ら我々日本人が声を高くして叫んでも、彼等としては、彼等のうちからあれだけの人物があれだけの努力を払つて調べあげたものだからとて、其の教ふる所に大した誤りもあるまいと速断するのは無理もないと思ふ。斯う考へるとリットン報告書のもつ外面的権威は決して馬鹿に出来ないのである。少くとも近き将来に於ける外交的折衝の場面における政治的重要さを軽視してはならない。

*

リットン報告書は出たばかりでまだ精読の暇がないから細かい批判は他日にゆづる。卒読した印象を大ざつぱにいふと、割合に調査が行届いて居ると思はれる。たゞ最後の一章「理事会に対する考察及提議」に見解の不徹底なるものあるを遺憾とする。

報告書は緒論の外十章に分れて居る。緒論は調査委員会成立の来歴並に調査日程を述べて居るに過ぎず、本文に入り「現在の紛争の完全なる了解」のためには事前の状態に関する知識が必要だとてその為めに始めの三章を捧げて居る。第一章は「支那に於ける近時の発展概要」と題し開国以来の政治史の大略を述べて居る。殊に近時紛乱相次ぎ秩序の確立や内部の整頓充実の事業甚だ遅延し、諸外国に許与せる権益の保護に無能なる所から種々の難局に面せる上に共産主義の脅威になやめる内部の事情を明にして居るが、それでも支那の前途を悲観せず、漸次進歩しつゝありとの同情的見解を吐露せるは頗《すこぶ》る示唆に富むものと謂《い》はねばならぬ。尤《もっと》も支那の前途を悲観せぬといふは現在の支那に国家としての完全なる責任能力ありといふ意味ではない、我国の論壇には斯うした軽卒な論断から満洲問題の正しき解決の歪《ゆが》められんことを恐れて烈しくこれを否とするの説をきくが、さりとて支那は今や自然的分裂解消の途上にありと断ずるのも早計であらう。

第二章には「満洲」を論じて居る。三節に分けてあるが最も力説につとめたのは次の六点である。(一)満洲は日本に依つて始めて治安が維持され、その結果たる支那他省の農民労働者の移住に依つて急速の発達を遂げしこと、この二つの要素が相待たなければ今日の発達を見ることは出来なかつた。(二)斯くて支那人は段々土地に固着しそこに新に緊密なる利害関係が生まれ、漸次主権に目ざめるの機運がはぐゝまれた、一九一七年のロシア革命は一層その機運を助長した。(三)張作霖は随分日本の庇蔭を蒙つたに拘《かかわ》らず、やがて満洲から北満に於ける露の勢力と併せて日本の勢力をも一掃せんことを期した。この政策は学良に踏襲されて一層露骨となり、南方国民政府と合体してからは国民党の宣伝が大手を振つて満洲に入り、就中《なかんずく》日本はその最も強き排撃をうけた。(四)加之学良父子は広大なる軍備を擁し暗に日本に対して相拮抗するの姿を呈してゐた。(五)張家の満洲は支那の他の部分に対して特別の区域を為し時にまた独立を宣言したこともある、併しこの「独立」たるや「支那を個々の国家に分割するが如き遣方《やりかた》にて為されたるに非ず」単に内乱の一現象と解すべきものである。「しかも支那の内乱は多くは真に強力なる政府の下に同国を統一せんとする何等かの大計劃に直接又は間接関係あるもの」にて、要するに満洲は「一切の戦争及独立の期間を通じて」終始支那の完全なる一部であつた。(六)日本は北方露の共産主義と南支の国民主義との間に板挿みとなり、せめて満洲を独立地帯として両者の便宜的提携を遮断せんと希望してゐた。以上六点のうち満洲が終始支那の一部であつたこと並に最近農民労働者の多数移入に依つてこの関係が一層強められつゝあるといふが最も重視すべき見解であらう。

第三章では「日支両国間の満洲に関する諸問題」を取扱つて居る。前後七節にわたり、日本の有する権益の性質に関する一般論から鉄道問題・二十一ケ条問題に続き、朝鮮人問題から最近の万宝山事件・中村大尉事件に及んで居る。先づ報告書は近時満洲と南支との結合の益々鞏固《きょうこ》になりつゝあるの事実を認め同時に日本の利益も増大しこゝに両者の利害の衝突する可能性を説き、一転して日本の特殊権益は「支那の主権と相容れざるが如きものである」と説いて居る。報告書は満洲に於ける日支両国間の政治・経済及法律関係の特殊性を説いてのち「此の如き事態は恐らく世界の何処にも其の例なかるべく、又隣邦人の領土内に此の如き広汎なる経済上及行政上の特権を有する国は他に比類を見ざるべし。若し此の如き事態にして双方が自由に希望し又は受諾し且つ経済的及政治的領域に於ける緊密なる協力に関する熟策の表現及具体化なりとせば、不断の紛争を醸することなく之を持続し得べきも、斯かる条件を欠くに於ては右は軋轢《あつれき》及び衝突を惹起するのみ」と述べたのは、或る意味に於ては事態の正しい見透しに基く見解といふべきである。要するに調査委員達は欧洲のやうな秩序立つた国際社会の常識により他国領土内に有するを得べき特殊権益につきては常に一定の限界を予定して居る。日本人の懐抱する特殊権益なるものが彼等の常識に合はぬのを観て、彼等は日露戦争の回顧その他の歴史的感情に捉へられ又最近に於ける企業的成功に陶酔して日本が知らず〱格外の意義をこの言葉に与へるのだらうなどと云つて居る。それも全然ないとは云はぬが、実はさうした格外の権益を外国に与ふるといふことは東洋には――特に支那には珍しくないのである。たゞ支那はこの事の間違であつたことに此頃気がついて来た、所謂利権回収は一般的の要求として到る処に叫ばれて居るが、満洲に対しては第一には国防の第一線として第二は穀倉として第三には季節的労働地として近頃頓《とん》とその重要性にめざめて来てゐる。そこで自《おのずか》ら日本の権益と衝突することになるのであるが、西洋人は立ちおくれの支那に同情して日本を抑へても支那の要望を伸ばしてやりたいらしく、日本としては…………………今更手を引き手を弛《ゆる》めるわけには行かなくなつたのである。これをどう裁くかは別論として、満洲に於ける日支両国の利害関係が根本的に衝突すると見た報告書の説明は間違でない。故に報告書は鉄道問題を論じても一九一五年の条約を論じても結局詮《せん》じつめて行けば国家政策に深く根をおろして居ることを発見するとて、一寸した技術的工夫などに依つて容易に解決し得べき問題でないことを断定して居る。斯う大局をつかまへて見れば、朝鮮人問題の如き況《いわ》んや万宝山事件や中村大尉事件の如き、恐らく問題の中心に座するものではない。故に報告書は「満洲に関する所謂三百の懸案は根本的に調和し得ざる政策に基く一層広汎なる問題より派生せる事態たり」と述べてこの項を結んで居る。

第四章と第五章とでは去年九月十八日以後「満洲に於て発生せる事件の概要」と「上海事件」とを取扱つて居る。上海事件は傍系の出来事だから触れずに置く。満洲の一件に付て報告書の主として明かにせんとせるは次の二点である。（一）日本軍はかねて支那軍との間に敵対行為の起り得べきことを予想し慎重準備せられた計劃を有つて居たが、それが九月十八日夜に迅速且つ正確に実行せられた鉄道破壊の程度は、その直後にそこを通過した列車の到着時間に些《いささか》の故障も与へなかつた程の軽微のものだつたからあれだけの軍事行動を正当とするものとは云ひ難い。（二）その後の軍事行動は錦州爆破並に其後同地の占拠にしても哈爾賓《ハルビン》占領にしても一時的軍事占領の必要に出でたるものとは許し難い、満洲国の創立といふが如き永続的な目的のために計劃されたものらしく見ゆる。この二点に就ては我が軍の公正なる態度を誣《しい》るものとして論壇が可なりやかましく反駁を試みて居るが、これも文字の末に拘泥して争ふのは野暮だ。我が国では頻《しき》りに自衛権の行動だといふ。そこまではいゝ。さて何を以て自衛権の範囲とするかは当事者がきめる、他者の容喙《ようかい》を許さないといふのでは……………………。自衛権の範囲内なら許すといふのは西洋の理論だ。この武器をかりて我が独特の立場を弁護せんとするからそんな苦しい議論になるのだ、寧《むし》ろ我には斯くせねばならぬ生存上の絶対必要ありとの理義を卒直に表明したなら如何だらう。同じやうな事件〔情〕は第六章の「満洲国」に付てもいへる。私は満洲国が満洲在住市民の自発的志望によつて出来たことを疑はない、けれども三千万民衆一人残らずの希望だなどといふは到底一つの××たるを免れまい。

民衆の志望などいふものは余程進んだ国でも漠然たる観測の許さるるのみで到底適確なる計数の分るものでない、況んや民衆大部分の無知蒙昧《もうまい》な国柄に於てをや。けれども何処の国にも指導階級といふものはある、これ等を普《あま》ねく動員することは左程むつかしい事ではない、而してこれ等の者の動きに依りて仮りに民衆の動向を定めるといふことは必ずしも無意義ではない。この意味に於て私は満洲国は満洲人の志望に出でたといふ説を否認しない。併しその…………………事実ありしことも否むことは出来ぬと思ふ。この点に於て報告書が「日本軍隊と日本文武官憲の活動なかりせば満洲国は起り得ざりし」と観るのも間違と思へない。たゞこれより一歩を進めて満洲国は日本人の作る所なりといふのは、仮令同国の現政府が事実日本人に依つて………一々……………指揮を仰ぐとの説が真であつたとしても、たしかに言ひ過ぎである。報告書が満洲各階級の人にきくに大多数は満洲政府に不満だといふのも本当だらう。大多数と云つても全部の人にきいたのではなからう、十人十色だ、遇つてしやべらせれば銘々勝手なことをいふ。真に不満なりや否やは今後数年間の事実に徴するの外あるまい。

第七章では「日本の経済的利益及支那のボイコット」を論じて居る。絶へず斯した紛争になやまされて居るに拘らず両国貿易の結局増加して熄《や》まざるは、政治的反感も妨げ得ざる底の基本的経済連鎖が両国の間に儼存《げんそん》するのだと観るのは面白い。それにしてもボイコットの損害の大なること並にそれが年と共に深刻になるのは憂ふべきである。ボイコットに就て報告書は国民党の指導に出づるを認め、政府としてはどれだけ責任を負ふべきかについては断定を避けて居る。いづれにしても…………に対する対抗的武器としてはその合法性を認めざるべか〔ら〕ざるも、友好関係に背く斯種紛争の存在は何とかして消滅せしめなければならないと説いて居る。

第八章の「満洲に於ける経済上の利益」に於て報告書は、政治上の理由により妨げられざる限り両者の経済的利害は融和せられ得べきものなるを説いて居る。併し満洲問題は本質的に単純なる経済問題ではない。

第九章の「解決の原則及条件」に於ては、満足なる解決の条件として十個条を挙げて居る。要は日支双方の利益と両立し第三国の利害にも考慮を払ひ現存諸条約と一致し、而して差当りては満洲に於ける日本の利益を承認し又満洲の自治を認めつゝ、日支間の国際関係を整ひ支那の安全・向上・改造を助くるものたるべしといふに帰する。原則として挙ぐる所のうち満洲国の独立を排する議論は特に我々の注目を要する点であらう。曰く、「日本がその経済的発達のため満洲に重大の利害関係を有し、その為めまた必要なる治安を維持し得べき安定せる政府の樹立を要求するはいゝ、併し斯の如きは人民の願望に合致し且つ彼等の感情及び要望を十分に考慮する政権により始めて確実且つ有効に保障せらるるだらう。又日本は人口増加に苦むといふに拘らず、移民に関する現存の便益を従来十分に利用せることなく、且つ満洲にその国民の大移住を計劃したることがない。而して日本は今や農業的危機及び人口問題に善処する方法として更にその工業化に希望をかけつゝある。斯の如き工業化は新なる経済的市場を要求するに至るべく、而してその唯一の拡大且つ比較的確実なる市場は亜細亜《アジア》殊に支那に於て見出さるるだらう。故に支那関係の一般問題より切離して満洲問題を別個に処分し、以て支那との友好を不可能ならしむるが如きは決して日本の得策であるまい。尤も日本が満洲を重大視するのは経済的考慮に出づるよりも寧ろ国防的見地よりするものであらう。日本の政治家及び軍部は常に満洲が日本の生命線なることを口にする。日本の領土に対する敵対行動の根拠地として満洲の利用されるを防止せんとする彼等の関心、又或る情勢の下に外国の軍隊が満洲の国境を越へ来るとき凡ゆる必要の軍事的手段を執ることを可能ならしめんとする彼等の希望はこれを諒とする。けれども満洲を無期限に占領し又これが為め当然必要となるべき巨額の財政的負担を為すことが果して真に外部よりする危険に対する最有効の保障なりや、将《は》た又右の如き方法で侵略に対抗する場合、日本軍隊が若し敵意をもつ支那の後援の下に不従順若くは反抗的なる民衆により包囲せらるる場合に甚しく困難を感ずることなきやは、なほ疑問とすべき所であらう」と。斯くて報告書は満洲独立国を作らない方がよからうといふのであるが、作る作らないの問題ではない、満洲国はもはや既に出来あがり又承認済となつた、今となりては折角の忠言御親切ありがたうとお返しする外はない。但しこの忠言は一日の長を以て我が国が新興の独立国を指導するに方り心掛くべき幾多の教訓に富むことはいふまでもない。

第十章は先きにも述べた通りいさゝか不徹底の嫌を免れない。そは日支両国の満洲に於ける利害の衝突を両国の根本的政策に根ざす融和すべからざるものと認めながら、融和の可能なる問題と同様両国の協定に依つて解決せしめんとして居るからである。日本が一旦声明したる態度を一点一劃も改めざる限り妥協は不可能だ。調査団の報告の指示する意見が事実上理事会にも総会にも重きを為すべきは勿論ながら、いよ〳〵となれば政治的考慮が中に這入《はい》つて来て多少の修正が見られぬとも限らない。それでも日本の主張を鵜呑《うの》みに採択するといふ見込は絶対にないから、日本は結局独自の見解を強調して遂に聯盟脱退を決行するの外なきに至るのだらう。脱退の利害得失は自ら別問題だ。たゞ日本の固持する立場は、リットン報告書の公表された今日、聯盟の一員たる地位と絶対に両立せぬものたることは明白だと思ふのである。(一九三二、一〇、一三)

〔『改造』一九三二年一一月〕

初出及び再録一覧 〔標題の下の数字は本巻収録ページ〕

国際聯盟は可能なり　3
『六合雑誌』一九一九年一月
文末に「(文責在記者)」とある(目次と本文冒頭に吉野作造の署名)。

世界の大主潮と其順応策及び対応策　14
『中央公論』一九一九年一月(小特集「世界の大主潮と其順応策・対応策」)
のち『吉野作造評論集』(岡義武編、岩波文庫、一九七五年)、『近代日本思想大系17　吉野作造集』(松尾尊兊編、筑摩書房、一九七六年)に収録。

講和会議に提言すべき我国の南洋諸島処分案　21
『中央公論』一九一九年一月

人種的差別撤廃運動者に与ふ　26
『中央公論』一九一九年三月

講和会議に対する国民の態度　32
『中央公論』一九一九年三月

帝国主義より国際民主主義へ　35
『六合雑誌』一九一九年六月・七月、二回連載
のち『資料大正デモクラシー論争史　上』(太田雅夫編、新泉社、一九七一年)に収録。
なお、本編は著者の校閲を経ていない講演筆記であるためか本文の乱れが目立つので、誤記の類いは積極的に正し、また編者による改行を施した。

独逸の将来と講和の前途　71
『中央公論』一九一九年七月

対支借款団加入の是非　76
『中央公論』一九一九年八月「小題小言九則」のうち。

何の点に講和特使の成敗を論ずべき　78
『中央公論』一九一九年九月「巻頭言」

満蒙除外論を排す　80
『中央公論』一九一九年九月「小題小言十則」のうち。

駐兵論の先決問題　82
『中央公論』一九二〇年二月(小特集「西伯利亜駐兵是非」)

国際問題に対する米国の態度の矛盾　86
『中央公論』一九二〇年二月

国際聯盟と民衆の輿論　90

『中央公論』一九二〇年二月
委任統治に関する日本の主張に就て　93
『中央公論』一九二〇年二月「小題小言五則」のうち。
独逸反動革命の観察　95
『中央公論』一九二〇年四月
独逸の将来を判ずべき二つの観点　100
『中央公論』一九二〇年六月（小特集「新独逸の研究」）
原題は「独逸の将来を判すべき二つの観点」。
我国現下の三大外交問題　106
『中央公論』一九二〇年七月
波蘭問題の教訓　119
『中央公論』一九二〇年九月
加州排日立法の対策　124
『中央公論』一九二〇年一〇月
日米両国間の懸案　129
『中央公論』一九二〇年一一月
加州土地法の合法性　136
『国際法外交雑誌』一九二〇年一一月
過激派の世界的宣伝の説について　145
『中央公論』一九二一年二月
ヤップ島問題　150
『中央公論』一九二一年五月
ハーディング成功の要因　158
『国家学会雑誌』一九二一年六月
米国の世界政策構成の主要素　164
『中央公論』一九二一年六月（小特集「米国の対世界的態度の批判」）
日米交渉の一問題としての山東問題　172
『中央公論』一九二一年七月
国際平和思想　180
『新人』一九二一年七月・九月、二回連載
軍備縮小会議に就いて　192
『中央公論』一九二一年八月
吉野作造著『二重政府と帷幄上奏』（文化生活研究会、一九二二年）に「軍備縮少論」の第三章（一）として、「軍備縮少会議に就いての世論」と改題のうえ収録。のち『吉野作造博士民主主義論集　第四巻　世界平和主義論』（新紀元社、一九四七年）、『吉野作造評論集』（前掲）に収録。
石井・ランシング協約と太平洋会議　199
『中央公論』一九二一年八月「小題小言四則」のうち。
太平洋会議に対する米国の正式招待　201
『中央公論』一九二一年九月
国際会議に於ける形式上の成功と道徳的の成功　206
『中央公論』一九二一年九月

軍備縮小の徹底的主張　209
『中央公論』一九二一年一〇月「巻頭言」
『二重政府と帷幄上奏』(前掲)に「軍備縮少論」の第三章(二)として収録。のち『吉野作造博士民主主義論集　第四巻　世界平和主義論』(前掲)に収録。

愛蘭問題の世界的重要意義　212
『中央公論』一九二一年一〇月

国際協働的精神に徹せざる我操觚界　217
『中央公論』一九二一年一一月「巻頭言」
吉野作造著『斯く信じ斯く語る』(「主張と閑談第三輯」文化生活研究会、一九二四年)に収録。

重ねてヤップ島問題に就いて　220
『中央公論』一九二一年一一月

平和思想徹底の機正に熟せり　226
『中央公論』一九二二年一月(小特集「平和の思想の普及と徹底の為めに」)

四国協商の成立　232
『中央公論』一九二二年一月

外交に於ける国民的示威運動の価値　236
『中央公論』一九二二年一月

政治家の料理に委かされた軍備制限案　238
『中央公論』一九二二年一月「小題小言六則」のうち。

『二重政府と帷幄上奏』(前掲)に「軍備縮少論」の第三章(三)として収録。のち『吉野作造博士民主主義論集　第四巻　世界平和主義論』(前掲)に収録。

華府会議成績批判の標準　240
『中央公論』一九二二年二月(小特集「華府会議成績批判」)

愛蘭問題解決の側面観　244
『中央公論』一九二二年二月

華府会議協定の側面観　248
『中央公論』一九二二年三月
のち『吉野作造評論集』(前掲)に収録。

YMCA万国大会に於ける話題　253
『新人』一九二二年三月
翌四月の『開拓者』に、「国際問題及び人種問題に対する考察――万国学生北京大会に於ける話題」の標題で、文末の九行を削除した上で、ほぼ同文が再録された。

青年将校の観たる西伯利出征軍の実状　261
『中央公論』一九二二年五月
のち『近代日本思想大系17　吉野作造集』(前掲)に収録。

国際問題の処理に関する驚くべき無智と無責任　283
『中央公論』一九二二年一二月「巻頭言」

日露交渉の前途　286
『婦人公論』一九二四年一一月

近く開かるべき軍縮大会議　289

『中央公論』一九二六年一月「巻頭言」

吉野作造著『現代憲政の運用』(一元社、一九三〇年)に「軍縮大会議の噂に接して」の標題で収録。

軍縮会議の提唱に関連して　292

『中央公論』一九二七年四月「社会時評」欄

『現代憲政の運用』(前掲)に収録。

田中内閣の満蒙政策に対する疑義　294

『社会運動』一九二七年一〇月

露支紛争の合理的解決を望む　298

『中央公論』一九二九年九月「巻頭言」

吉野作造著『現代政局の展望』(日本評論社、一九三〇年)に収録。

リットン報告書を読んで　300

『改造』一九三二年一一月

〈解説〉吉野作造の国際民主主義論

酒井哲哉

はじめに

本巻は、一九一九(大正八)年から一九三二(昭和七)年までの吉野作造の国際政治論を収録したものである。ただし、吉野の外交論の中心的関心を占めていた朝鮮ならびに中国に関する論説は、第九巻に別に収録されており、本巻では、吉野の国際政治についての原理的考察を含む論考をはじめとし、講和会議、ワシントン会議、日米関係などに関する外交論が採録されている。したがって、この時期の吉野の国際政治論の全容を知るためには、第九巻をあわせて参照することが望まれる。

本巻に採られた吉野の論説を読むとき、まず気づくことは、吉野の議論の驚くべき一貫性である。人間性についての考察から始まって、国際平和の理想の鼓舞にいたるまで、すべて吉野の筆は、民本主義の普遍性と必然性の認識に還っていく。一見すると平明な叙述でなされた時事的議論のなかに、吉野の普遍主義的関心は、むしろ強く反映されているのである。それ故、ここでは先ず、国際政治一般について比較的抽象度の高い議論を展開した論説から考察をはじめ、ついで個別的争点について、吉野の原理的関心がいかに表れているかを検討することにしたい。そして最後に、満州事変の勃発に伴う国際協調主義の崩壊が、いかなる意味で吉野の平和論に対する挑戦であったかを論ずることにする。

一　帝国主義より国際民主主義へ

第一次大戦後の吉野の国際政治論の支柱をなしたのは、帝国主義から国際民主主義への移行の歴史的必然性に関する認識であった。一九世紀は、個人間の関係において自由平等の精神が実現していった世紀であった。けれども、こうした精神は、国際関係においてすぐに実現したわけではない。一九世紀の国際関係は、武力による競争を勢力範囲で抑制していたものにすぎず、このような勢力範囲の確定は一歩間違えると熾烈な市場・原料・領土をめぐる競争へと転化せざるをえない。個人間に妥当する道徳は、国際関係では遵守されるとは限らず、ここに一九世紀の文明は、「非常な煩悶」を抱えざるをえない。

ところで、こうした国内における自由平等の精神と国際関係における帝国主義との落差は、米露両国のイニシャティヴによる第一次大戦の講和条件の提示に際して、普遍主義的原則が適用されるに及んで、転換を見ることになった。すなわち、米露両国は、交戦国の利害調節を中心とする従来の講和に代えて、非併合・無賠償・民族自決を掲げた抽象的原則による講和を提唱した。このような三大原則を貫く原理を、吉野は、自由平等の原則が国際関係に適応される国際民主主義と名付けている(「帝国主義より国際民主主義へ」一九一九年六月・七月、本巻所収)。

国際民主主義の前提条件が、個人間に適用される規範を、漸次国際関係に拡大適用していくことであるならば、国際関係における正義公道、すなわち国際法の果たす役割は自ずから重要なものになる。吉野には実は、かねてから、国際平和運動に対する強い関心があった。吉野は、東京帝国大学法科大学助教授に就任してからまもなく、ドイツを中心に活躍していたオーストリア出身の著名な平和運動家、アルフレッド・H・フリート(Alfred H. Fried)の著書の内容を紹介した書評論文「近世平和運動論」を『国家学会雑誌』(第二十三巻第九―第十二号、第二十四巻第一―第二号)に連載しており、一八九九年の第一回ハーグ平和会議の背景的要因をなした国際平和運動について、詳しく論じている。また吉野は、一九〇六年に設立された大日本平和協会の会員でもあった(三谷太一郎「吉野作造の平和論」、同『新版・大正デモクラシー論』一九九五年、東京大学出版会、所収)。イギリスの著名な平和運動家で、相互依存論に基づく平和論の先駆的存在として知られるノーマン・エンジェル(Norman Angell)の名前が引かれているのも(「国際聯盟は可能なり」一九一九年一月、本巻所収)、こうした関心の延長上にあるものと、見るべきであろう。

従って、大戦後に設立された国際連盟に、国際法の実効性を高める役割を吉野が期待したことは、極めて自然なことであった。吉野は国際連盟の設立を、従来弱小国の主張にすぎなかった国際法強制組織の樹立が、英米政治家によって真剣に取り上げられたところに、国際正義の確立と永久平和の実現の努力の実際的表明を見る。国際法強制組織については、国際上の絶対主権者の不在を理由に、これに懐疑的な見解もあるが、吉野は一種の法共同体の進化説によってこれを退ける。すなわち、文明の進歩とともに経済・交通が発展すると、個人の生活は相互依存的なものへと変化し、統一的制裁力が要請されざるをえない。封建時代から近代への移行は、こうした統一的制裁力が全国に及ぼされ、個人が共通の規範の下に置かれていく過程である。このような制裁力は漸進的ではあっても、国際社会における相互依存の進展とともに、国際関係においても実現されるであろう。国際連盟は、こうした統一的制裁力を保障する機構としてその役割を果たすべきである。

かくして、アメリカの対独参戦も、国際制裁力の行使という文脈で位置付けられる。中立国として好況を享受していたアメリカの参戦は、単なる利害計算によって説明されるものではない。「米国の参戦は人類幸福の根本なる崇高なる原則の為めである。近代に於て政治上や経済上の争ひを外にして、純然たる主義又は理想の為めに国運を賭して戦争したのはたゞ米国あるのみである。即ち米国は戦争に対して、新紀元を劃したものである」(前掲「国際聯盟は可能なり」)。こうして吉野の国際民主主義論は、それが依拠したウイルソン主義の論理に従って、戦争概念の転換にまで行き着く。第一次大戦前の国際法において一般に認められていたのは、戦争原因の正当性を問わない無差別戦争概念とよばれるものであったが、吉野は、米国の参戦に、戦争目的の抽象化と普遍化を読み取ることで、これを制裁のための戦争として、強く肯定したのである(「国際平和思想」一九二一年七月・九月、本巻所収)。吉野の正戦論を、ここに読むことができよう。

こうした議論が、勢力均衡を準則とした古典外交の批判であることは、いうまでもない。吉野は、第一次大戦前の国際社会において適用されていた「既成の事実」の原則と「勢力平均」の原則を、厳しく批判している(「平和思想徹底の機正に熟せり」一九二二年一月、本巻所収)。このような古典外交批判は、限られた特権的勢力による専管事項として公開性を持たなかった秘密外交に対する批判を当然含むものであり、外交の公開性の要求に至るものである。本選集第五巻に収録された「秘密外交より開放外交へ」(一九一八年七月)は、吉野がこの問題をどのように考えていたかを知りうる論説である。吉野はここで、民主主義と外交の関係について、「デモクラシーは外交に向つて国民的利害に立脚すべき事を要求する事」と、「デモクラシーの盛んになるの結果として、国民自身がもはや外交其物に対して無関心なる事を得ないといふ事」の二点を挙げている。この両方の要素は、内政上の参政権要求のように、人民の外交に対する関与を求めるものであるが、吉野がここで重視するのは、制度改革よりも寧ろ外交に関する民智の開拓、すなわち世論の啓発である。こうして啓発された国民世論による政府の外交政策の道徳的牽制こそが、これまでともすれば道徳の外にあった国際政治を道徳の下に置くのである。「正義は国民の輿論となつて、到底之を蹂躪することが出来ない様に厳然たる制裁力となるのである。……それ故社会的には国際的制裁力は社会全体の確信がなければ行はれぬ。確信が制裁の根本である」(前掲「国際聯盟は可能なり」)と語られる所以である。

吉野の国際民主主義論は、このように自由平等の原則を国際関係に適用した、すぐれて普遍主義的なものであった。吉野はこの原則を、大国にも小国にも等しく適用することを求めた。後述するように吉野は、講和会議に際して、人種平等の要求を掲げた政府に対して、朝鮮人に対する不平等を放置しながら人種平等を主張する二重基準を厳しく批判したが、こうした態度はまさに吉野の普遍主義の現れであった。およそあらゆる政治理論は人間性に関する考察を内に含んでいる。吉野の国際民主主義に対する深い関心も、その根底にある彼の人間観と深くかかわりをもつものであった。「平和思想の徹底は人間の本性を理想主義的方面に立つる人生観とのみ相伴ふものである。人の本性は無限に発達するもの、相信じ相扶け得るものと観るに非ざる限り、本統の平和を前途に期待する事は出来ない」(前掲「平和思想徹底の機正に熟せり」)。吉野の普遍主義を根底で支えていたのは、このような人間性の発展への無限の信頼であった。この意味で吉野は、ウイルソン主義の知的前提であった個人の完成能力に基礎をおいた一九世紀の自由主義的国際政治観を、その本質において継承していたのである。

二　パリ講和会議から四国借款団結成へ

第一次大戦終結をめぐるパリ講和会議に際しての吉野の基本的態度は、この会議が持つ戦後の民主主義への意義についての吉野の自覚に基づいていた。吉野にとって、「今次の講和会議は、単に利害の調節を協定するといふに止まらず、実に一理想的原理に依て指導さると云ふ点に於て、全然従来のと其面目を異にする」ものだったのである(「何の点に講和特使の成敗を論ずべき」一九一九年九月、本巻所収)。従って、吉野にとって講和会議の主要問題は、戦後世界の理想を如何に築くかという世界改造の問題に他ならなかった。講和会議に対する国民の態度に関する批判として吉野がまず掲げたのが、海老名弾正や新渡戸稲造を除けば思想家が殆ど講和会議に派遣されていないことであったことは、こうした吉野の関心を物語っている。実際、パリ講和会議の開催された同じ月に発表された「世界の大主潮と其順応策及び対応策」(一九一九年一月、本巻所収)では、世界の大勢をなす大主潮として、内政における民本主義の徹底、外政における国際的平等主義の確立が挙げられたうえで、こうした世界の大勢に順応していくことが説かれている。すなわち吉野においては、戦後世界において民主主義原理は内政外政ともに不可避的に貫徹していくものであり、日本における民本主義は、こうした世界史的展開のうちにあるものとして位置付けられていたのである。

複雑な欧州の戦後処理問題を扱う講和会議において、日本の全権代表の態度が沈黙に終始しがちであったことはよく知られているが、そのなかで日本が唯一積極的に問題を提起したのが、人種平等要求であった。普遍主義を装ったこの要求の背後には、日本人移民排斥問題など国家的威信の問題が横たわっていた。吉野はまさにその普遍主義的観点から、この要求の二重基準を鋭く指摘した。この要求は、中国人や朝鮮人に対する日本人の態度の自己批判を含まないかぎり、利己的動機に基づくものと言わざるをえない。中国における排日思想の根本原因は日本の対中政策にあり、日本の法制は朝鮮人に対して著しい差別待遇を行なっている。日本人学童差別をサンフランシスコ当局に向かって論難しつつ、朝鮮においては日本人学童を別扱いすることは、正義と公正に反する行為であり説得力を持たない、というのが吉野の論旨である(「人種的差別撤廃運動者に与ふ」一九一九年三月、本巻所収)。この論説からも明らかなように、吉野は日本の朝鮮統治に対する同時代における最も仮借ない批判者でもあった。吉野の朝鮮統治批判は、その基本方針たる同化主義への批判にむけられており、朝鮮民族は古来独自の文明を発達させた民族であり、日本人と対等な民族であることを認めることから出発すべきことを主張するものであった(松尾尊兊、本選集第九巻「解説」参照)。人種問題一般を論じた別の論説で、吉野は、同化と結合とを区別しつつ前者を不可能としたうえで、民族自決主義と人類の世界的結合との両立可能性を説いているが(「YMCA万国大会に於ける話題」一九二二年三月、本巻所収)、これは単なる抽象論ではなく、極めて実践的な課題設定として意識されていたのである。

なお吉野は、第一次大戦後の欧州情勢にも深い関心を示し、講和会議の成果が欧州でどのように定着していくのかを、しばしば論じている。こうした関心の一つに、第一次大戦後のドイツの政情不安を論じたものがある。吉野の診断は、ドイツは左右両翼の極端派を抱えつつも、基本的には政治の安定化がもたらされるだろうというものであり、この診断は一九二〇年三月極右によるカップ一揆が生じた直後においても貫かれている(「独逸反動革命の観察」一九二〇年四月、本巻所収)。吉野はドイツの戦後復興は順調に進むと見ており、その理由を、大戦後の国防軍縮小による軍事費削減によって「国民的精力の不生産的費用が著しく減ずる」所に求めている。大戦前のドイツは、内政上においては形は保守専制でありながら、実態は「相当に国利民福を親切に図つた善政主義の好模範」であったが、対外政策においては名実ともに「侵略的帝国主義」であった。戦後は、自由主義勢力の台頭とともにドイツは文化の先進国となっていくのだ、と吉野は述べている。官僚主導の善政主義と侵略的帝国主義というドイツ像の造形に、吉野の民本主義の攻撃対象であった寺内内閣批判を読み込むことができよう(「独逸の将来を判ずべき二つの観点」一九二〇年六月、本巻所収)。また一九二〇年春に開始されたポーランド＝ソヴィエト戦争に際してのポーランド批判にも、吉野のシベリア出兵批判を背後に見ることができる(「波蘭問題の教訓」一九二〇年九月、本巻所収)。こうして大戦後の欧州政治も、また民本主義の枠組のなかで説明を与えられたのであった。

ところで、第一次大戦後の東アジア国際政治における顕著な特質の一つは、中国に対する接近方法を、これまでの列国の単独主義的接近方法から協調主義的接近方法に置き換える試みが見られた点にあった。経済面におけるこうした方向を示したのが、一九二〇年五月に結成された英米日仏による四国借款団である。この借款団は、中国に対する借款供与を包括的に国際借款団の管轄下におくことで、特定国の単独借款による中国内政干渉を抑制し、中国における門戸開放原則を貫こうとしたものであった。借款団の結成の背景にあったのが、寺内正毅内閣の段祺瑞政権に対する援助借款をてこにした日本の中国内政干渉の先例であったことは言うまでもない。日本の借款団加入に際して問題になったのは、国際借款団の包括的管轄権と満蒙における日本の既得権益との調整であったが、吉野は、借款団加入の条件に満蒙除外要求を掲げることには、批判的であった(「満蒙除外論を排す」一九一九年九月、本巻所収)。借款団の存立根拠は、あくまでも近代国家建設途上にある中国の利益に適うか否かに置かれるべきである、というのが吉野の主張であった。各国の競争に借款供与を委ねることは、一見中国に最も有利な条件で借款が得られるようにみえるが、軍閥混戦状態の現在、これは反って借款供与と軍閥操縦による内政干渉を誘発する点で好ましくないと、吉野は判断する(「対支借款団加入の是非」一九一九年八月、本巻所収)。結局日本政府は、借款団加入に際して、借款団の対象から除外される満蒙の既得権益を列挙することでこの問題の解決をはかった。原敬内閣によるこの決定は、陸軍の包括主義的な満蒙除外要求を、具体的に除外の対象となる権益を特定することで、抑制するものであった(三谷太一郎『日本政党政治の形成』第二部、一九六七年、東京大学出版会)。吉野の眼から見れば、これすらも批判の対象と成り得るものであったかもしれないが、ともかくも東アジアにおける国際協力体制は、開始されたのである。

三　ワシントン体制の成立

四国借款団によって経済面における端緒をひらかれた東アジアにおける国際協調体制は、一九二一年一一月に開催されたワシントン会議によって政治・軍事面においても確立されることになった。この会議では、日英同盟に代わる四カ国条約、海軍軍縮に関する五カ国条約、中国における門戸開放原則を確認した九カ国条約が締結され、これ以後の東アジア国際政治の枠組が整備された。このような枠組に基づく国際協調体制は、通常、会議の名をとってワシントン体制と呼ばれている。

吉野は元来、日英同盟の継続には消極的であった。第一次大戦後の世界においては、同盟の対象となるべき露独両国の脅威は最早考えられず、英米関係の緊密さからいっても、日英の仮想敵として米国が想定される事態は考えにくい。唯一考えられる同盟の適用範囲は中国であるが、同盟と勢力均衡に依拠した旧外交が転換を迫られている今日、中国の平和維持にこのような同盟が有効に機能するか否かは疑問である。問題は、同盟の継続・非継続というよりも、同盟が将来どういう精神で運用されるかである(「我国現下の三大外交問題」一九二〇年七月、本巻所収)。

従ってワシントン会議の招請は、何よりもこうした勢力範囲の確定に基づく既成事実そのものを問う新たな国際協調体制の必然性の観点から、吉野によって歓迎された。吉野はまず、米国からの会議への招待状を紹介しながら、米国の意図が、特殊利害を対象外におく従来の国際会議と異なり、きわめて包括的な討議内容をもつものであることに注意を促している(「太平洋会議に対する米国の正式招待」一九二一年九月、本巻所収)。四カ国条約成立の報が入るとすぐに吉野は、「四国協商の成立は……華府会議の当初から既に予期せられた産物」としてこれを肯定し、この条約の意義を、東洋問題とりわけ中国問題における列国共同行動を可能にした点に求めた。四カ国条約の条文そのものが完全な理想的要求に合致するか否かは明白でないと留保をおきつつも、吉野は、東洋問題を胸襟を披いて協議するという所に、道理に基づく問題の解決の可能性を見ている(「四国協商の成立」一九二二年一月、本巻所収)。

主力艦制限に関する五カ国条約は、軍事面における国際協調の成果であった。第一次大戦期の軍拡は、既に大戦後の反動恐慌にあった日本経済にとって大変な負担となっていたのである。吉野が「産業教育等を等閑に附して軍備の充実拡張を説く軍閥者流の言」を論難するのも(「軍備縮小の徹底的主張」一九二二年一〇月、本巻所収)、もとよりこうした事情が背景にある。さらに吉野にとって、軍縮は国内民主化のために不可欠な条件をなすものであった。実際、大戦後の吉野の国内政治論のうち最も異彩を放つものの一つは、帷幄上奏論を始めとする統帥権の独立を批判した論説である。ワシントン会議の閉会に直面して吉野が、来るべき条約批准の際に統帥権独立論の観点から内閣の軍縮条約締結を非難する動きがでてくることを牽制しているのも、吉野のこうした関心の表われとみることができよう(「華府会議協定の側面観」一九二二年三月、本巻所収)。

ワシントン会議の背景にあったのは、いわば第一次大戦の負の遺産処理、すなわち、山東問題・ヤップ島問題といったドイツ利権の継承にからむ問題やシベリア撤兵問題があった。このうち後二者については、次項で触れることにし、ここでは山東問題をとりあげる。日本の山東省のドイツ利権継承については、既にパリ講和会議の時点で、中国国民から猛烈な反発を受けていた。なかでも顧維鈞を始めとする米国留学組は、その語学力を生かして講和会議で舌鋒鋭く日本を糾弾していたのである。吉野はこうした動向を見た上で、山東問題での中国政府の強硬態度は背後に中国国民のナショナリズムがあることを指摘し、日本政府が相手とすべきは、このナショナリズムの体現者である親米派である、と断言している。吉野はこうした中国青年のナショナリズムと日本青年の民本主義に、同時代的精神の息吹を感じていたのである（前掲「我国現下の三大外交問題」）。

それ故吉野は、中国側の山東権益還付要求を正当なものとみなしていた。日本のドイツ利権継承の合法性を主張する議論を念頭において、吉野は法律・条約を楯に取った形式論ではなく、道義に基づく主張こそが外交交渉には優先すべきことをしばしば強調している（「国際会議に於ける形式上の成功と道徳的の成功」一九二一年九月、本巻所収）。吉野の立場は、講和会議以後の米国におけるウイルソンの不人気の原因の一つを、山東問題の解決について日本の要求に屈したことで米国の正義を踏み外した印象を米国国民に与えたことに求めていることからも明らかである。山東問題は、形式的には会議の外で、米英がオブザーバーの資格で参加した日中間の直接交渉によって討議されたが、吉野はこのような二国間交渉方式には、批判的であったようである（「日米交渉の一問題としての山東問題」一九二一年七月、本巻所収）。

吉野は、この会議の閉幕に際して、東洋における従来の日本の地位を論じて、これを「強者の悲哀」と名付けている。日本の東洋における地位は、親戚の子供を預かった叔父のようなもので、子供たちの成長に気付かずいつまでも強者としての力にしがみついている。このために、生長しつつある子供達から非難をうけているのが現状であると吉野は言う。従って、「今度の華府会議では日本は或る意味に於て被告の地位にあつた。此の事を吾々は忘れてはならない」（前掲「華府会議協定の側面観」）。こうした「強者の悲哀」を噛み締めることから、吉野の朝鮮・中国論における深い洞察は生まれていったのである。

四　シベリア撤兵問題・ヤップ島問題・カリフォルニア州土地法問題

寺内内閣の手によって断行されたシベリア出兵は、次第に泥沼と化していった。吉野はシベリア出兵論が台頭した時点において既に出兵に対して批判的であったが(「所謂出兵論に何の合理的根拠ありや」一九一八年四月、本選集第五巻所収)、出兵が現地住民との紛争を招きいたずらに長期化していくにつれ、吉野の苛立ちは募っていた。吉野にとって、革命政権の対外政策の動機は、あくまでも思想的・イデオロギー的影響力の拡大という点にあり、したがってシベリア出兵のようにこれに軍事的手段で対応することは、無意味であるとされたのである(「過激派の世界的宣伝の説について」一九二一年二月、本巻所収)。吉野は、セミョーノフやコルチャックのような民間に人望のない反動的保守勢力を親日派とみなして援助を続けることによって、かえって現地住民の反発が拡大していることに警鐘を鳴らしている。また一九二〇年三月から五月にかけてニコラエフスクにおいて日本人居留民が多数殺害された所謂尼港事件に際しても、この事件によって火を点けられた国民の排外主義が軍部によって利用されることを恐れて、冷静にこの事件に対処することを呼び掛けている(前掲「我国現下の三大外交問題」)。

シベリア出兵がこのような事態に陥ったのは、それが持つ戦争形態上の特質による所が大きかった。シベリアの広大な空間を舞台にした出兵は、自ずから正規軍の衝突による古典的な陸戦とは形態を異にしたものとなり、戦線は現地住民からなるパルチザンとの抗争と化していったのである。この意味でシベリア出兵は、後の日中戦争の泥沼化を先取りした事件であった、ということができよう。吉野はこのような状況を、シベリア出征軍の一青年将校の立場に託しながら、出兵の大義名分の無さがいかに現地軍の士気喪失につながっているか、非戦闘員とパルチザンの区別のつかない戦線の状況がいかに指揮の混乱を生んでいるかを、詳細に論じている。こうした事態を招いたのも、現地軍の行動が検閲制度によって国民の監視の下に置かれていないからであり、この惨憺たる事態は、取りも直さず国内民主化の不徹底故の事態だと考えたのである(「青年将校の観たる西伯利出征軍の実状」一九二一年五月、本巻所収)。なおロシア革命以後途絶した日ソ両国の国交は、一九二五年一月に締結された日ソ基本条約によってようやく回復した。ここに至るまでは、緩衝国たる極東共和国との交渉、後藤新平によるヨッフェ招請、北京における芳沢謙吉とカラハンとの交渉など、長い道程があった。吉野はいたずらに利権獲得を求めて交渉を遅延させる日本政府の立場には批判的であった(「日露交渉の前途」一九二四年一一月、本巻所収)。

ドイツ利権の継承には先に述べた山東問題のほか、ヤップ島を含む赤道以北の旧独領諸島の委任統治問題があった。パリ講和会議では、赤道以北の旧独領諸島のすべてを日本の委任統治に委ねることが決定されたが、米国側は一九二〇年一〇月ワシントンで開かれた国際通信予備会議で、ヤップ島を通過する三つの海底電線の帰属が問題となると、ヤップ島を日本の委任統治より除外することを主張した。米国の主張は、やがてヴェルサイユ条約の批准が議会によって拒否されると、ヴェルサイユ条約そのものの拘束性如何に及んできたのである。吉野のこの問題に対する判断は、米国の要求の真意は通信機関の国際化という点にあり、日本の委任統治権そのものへの反対ではないのだから、大局的見地からこの問題を考察すべきだ、というものであった(「ヤップ島問題」一九二一年五月、本巻所収)。この判断の背後には、そもそも委任統治を民族自決原理の適用として捉える吉野の認識があり(「講和会議に提言すべき我国の南洋諸島処分案」一九一九年一月、本巻所収)、ヤップ島問題も単純にこれを既得権益の擁護という文脈から扱うべきではない、とされたのである。

ところで、この時期の日米関係の争点の一つに、カリフォルニア州土地法問題があった。一九二〇年一一月に成立したカリフォルニア州外国人土地法は、米国市民となりえない帰化不能外国人の借地権をいっさい禁止するなどの規定をもった法案であった。これは同州在住の日本人移民にとって、農地の取得を禁じることを意味するものであった。吉野はこの土地法の合法性を詳細に検討しているが(「加州土地法の合法性」一九二〇年一一月、本巻所収)、土地法は州憲法には抵触せず、またこれを合衆国憲法違反とも日米通商航海条約違反とするのも根拠が薄弱である、というのが吉野の判断であった。この判断の背景には、州の権限の強い合衆国の統治構造があり、一旦州議会で可決された法案を覆すのは不可能であるのみならず、連邦政府の圧力によってこの法案の成立を阻止することも事実上困難という吉野の醒めた認識があったのである。総じてこの問題についての吉野の論説は、この問題の解決困難性を理詰めに説くことで、国民の興奮を鎮める点に狙いが置かれているように思われる。

とはいえ吉野は、米国外交の将来については、概して楽観的であった。ウイルソン政権末期からハーディング政権にかけての米国外交に関する一つの可能な解釈は、孤立主義への回帰というものであるが、吉野の解釈はこれとは異なっている。国際連盟規約の批准を米国議会が拒絶した際に、吉野が下した診断は、ブルジョア階級の懐疑的社会観に民衆の人道的社会観を対置させ、後者の前者に対する最終的優位を確認するというものであった(「国際聯盟と民衆の輿論」一九二〇年二月、本巻所収)。この確信は、ハーディング政権に至ってもますます強まった。吉野は米国の対外態度の本質を世界主義に求め、この傾向が漸次強まっていく所に歴史の趨勢を見ていた。表面的にはナショナリズムの復活に見える米国の国際連盟に対する態度も、根本的には、欧州諸国の連盟を自国の利益実現の手段として用いる態度への不信に原因があり、それはナショナリズムに仮託された世界主義である。それ故、米国のこのような態度は、対独賠償問題にみるように欧州諸国の行動を牽制しているのである。米国の世界政策は、知識階級、実業家、労働者の三者によって構成されているが、知識階級と労働者の結合により実業家の主張が押さえられることによって、吉野は米国の世界主義が今後も拡大していくと考えていたのである。こうして民本主義の発展というテーゼは、それを生み出す源になったウイルソン主義の論理的帰結を米国自身の政治発展のなかに読み込むことで、新たに確認されていったのである(「米国の世界政策構成の主要素」一九二一年六月、本巻所収)。

五　満州事変の勃発と国際協調主義の崩壊

吉野によって弁証された国際民主主義は、ワシントン会議によって枠組を与えられた国際協調体制が機能することで、順調に発展していくかに思えた。吉野はワシントン会議の総括として、「会議の成績其物に就いては大体に於て世界全体にも、又日本にも有利な効果を将来に持ち来すべきものだと信じて居る」と述べているが(「華府会議成績批判の標準」一九二二年二月、本巻所収)、このような評価は、吉野の国際政治の将来に対する希望を物語っている。一九二七年六月に開催されたジュネーヴ軍縮会議に関する論説においても、吉野は「所謂「大勢」なるものの社会的威圧は概して相当に強いと観てい丶」と、楽観的姿勢を崩していない(「軍縮会議の提唱に関連して」一九二七年四月、本巻所収)。

ワシントン会議以降の吉野の国際政治論は、主として中国論、すなわち中国ナショナリズムの台頭を前にいかに日中間の協調的関係を築くか、という問題にむけられた。これらの論説の多くは本選集第九巻に採録されているが、いずれも中国ナショナリズムの必然性と中国に対する日本の内政不干渉の必要性を訴える点で共通している。従って吉野は、中国に対する内政不干渉主義を掲げてきた幣原外交を批判するなかで登場してきた田中義一政友会内閣に対しては、警戒の念を隠さなかった。「田中内閣の満蒙政策に対する疑義」(一九二七年一〇月、本巻所収)は、田中内閣成立数カ月後に決定された所謂満蒙新政策に対する論評であるが、吉野の態度は非常に厳しい。張作霖に対する援助政策は、それを徹底するためには武力干渉を必要とするものであり、またこの新政策は露骨な中国分割の端緒をひらくことになる、というのが吉野の批判である。中国の中央政権は、日本側と現地政権とが私議して定めたものを承認するはずがなく、強いてこれを求めるならば、満蒙を中央政府の統制外に置かねばならない。けれども火事場泥棒的に利権を獲得するのは、欧州大戦で終わったはずではないか、との批判である。こうした田中内閣の満蒙政策が、張作霖爆殺事件を誘発したことは、言うまでもない。

田中内閣は張作霖爆殺事件処理をめぐって辞職し、一九二九年七月浜口雄幸内閣が成立し、幣原外交が復活した。内閣発足直後中国では、中国による東支鉄道の強行回収が実行され、これは中ソの国交断絶と軍事衝突にまでやがて発展した。吉野はこの問題をめぐる中ソ間の対立を、根本的な抽象的正義の要求に基づく主張と、既成の秩序の尊重を第一義とする主張との対立である、と見なした上で、日本の取るべき立場は、第一に完全な中立、第二に道理に由る解決の促進でなければならない、としている。満蒙に既得権益を抱える日本にとって、まさに「露支両国の関係は或意味に於てまた日支両国の関係」であり、そのためにも「露支両国の関係をして合理的の解決に到達せしむることが必要」とされたのである(「露支紛争の合理的解決を望む」一九二九年九月、本巻所収)。後の満州事変を考えたとき、この言葉は予言的ですらある。

一九三一年九月一八日の関東軍による満鉄線爆破に端を発する満州事変は、吉野の国際政治論の前提条件を、一挙に掘り崩した。それはこれまで、吉野が弁証してきた国内民主主義と国際民主主義との連係を打ち砕いたのである。本選集第九巻に採録された「民族と階級と戦争」(一九三二年一月)は、満州事変の本質が、帝国主義的侵略以外の何ものでもないことを主張した痛烈な時代批判であるが、こうした批判は、既に当時において少数になっていた。この論説のなかで、吉野が「最も遺憾とし同時にまた最も意外とした」二つのことのうちの一つが、新聞論調の急激な変化であったことは、そのことをよく示している。実際、満州事変期の新聞論調は、事変の二カ月前に生じた二つの事件、すなわち中国及び朝鮮農民の衝突による万宝山事件と中村大尉殺害事件による排外主義的気運を割り引いたとしても、極めて急激な変化を示しており、吉野の衝撃は大きかったものと思われる。

国際連盟は、同年一二月いわゆるリットン調査団を現地に派遣し、調査団は翌年一〇月に報告書を発表した。「リツトン報告書を読んで」(一九三二年一一月、本巻所収)は、この報告書についての、吉野の所見を述べたものである。この論説の底に流れるのは、日本の将来に対する吉野の深い憂愁である。吉野はこの論説の冒頭で、二つの立場から自分はこの報告書に接したと述べている。一つは、この報告書から被告扱いされている日本国の一国民としての立場であり、もう一つは原被告並びに裁判役を離れた第三者としての立場である。けれども、国際協調を原則として日本の外交を進めるならば、第三者的立場の批判の重要性を閑却してはならない。世間には報告書を軽くみるものもあるが、国際連盟を中心とする一外交文書としての権威は決してこれを無視できないからである。

それでは、第三者的立場からみたとき、リットン報告書はどのように読まれるのか。吉野の診断は暗い。報告の各章は、概して日本の主張を排している。例えば、第二章「満洲」では、「満洲が終始支那の一部であつたこと並に最近農民労働者の多数移入に依つてこの関係が一層強められつ丶ある」ことが、最も重視すべき見解とされる。第九章「解決の原則及条件」の原則として挙げられるうち、注目を要するのは、満州国の独立を排する議論である。第十章は、いささか不徹底である。日中両国の利害対立を、両国の根本的政策に根ざす融和すべからざるものと認めながら、融和の可能なる問題と同様に、両国の協定によってそれを解決しようとしているからである。しかるに、日本が一旦声明した態度を何らかの形で改めない限り、両国の妥協は不可能である。調査団の報告書は、最終段階では政治的考慮により多少の修正はなされるかもしれないが、いずれにせよ、「日本の主張を鵜呑みに採択するといふ見込は絶対にない」。かくして、吉野の結論は、「日本は独自の見解を強調して遂に聯盟脱退を決行するの外なきに至るのだらう」という点まで進む。脱退の利害得失は別にして、日本の固持する立場は、「リットン報告書の公表された今日、聯盟の一員たる地位と絶対に両立せぬものたることは明白」である、と診断がくだされるのである。

リットン報告書公表の時点で、日本の国際連盟脱退の不可避性を見て取った晩年の吉野は、日本外交の将来に暗澹たる思いがしたものと思われる。吉野の行き場のない憤りは、「リットン報告書を読んで」のなかでも、例えば、自衛権に基づく行動として満州事変を正当化するくらいなら、生存上の絶対必要ありとの理義を率直に表明したらどうだ、という皮肉に、よく表れている。また、吉野への挑戦者たちには、吉野の愛弟子たちも含まれていた。先にふれた「民族と階級と戦争」のなかで、吉野が「最も遺憾とし同時にまた最も意外とした」いま一つのものは、無産政党の時局への迎合であったが、このように満州事変の全面的支持に踏み切っていった者たちのなかには、かつて東大新人会の一員として、直接的にも間接的にも吉野の薫陶をうけた学生たちも名を連ねていた。この論説のなかで名前の挙げられている赤松克麿は、東大新人会の設立者の一人でもあり、吉野の女婿でもある。恐らく晩年の吉野にとっての最大の衝撃は、民本主義の未来を託すものとして期待を寄せていた若い世代から、はっきりとした拒絶の意思を示されたことにあったのではあるまいか。それは、人間本来の善性と自己陶冶によるその開花に限りない信頼を置いていた、真の意味での教育者であった吉野にとって、最も辛い真実であったように思われる。こうして、人格の絶えざる向上と、国内民主化の必然性と、国際正義の実現とを、ウイルソン主義の影響をうけた普遍主義のもとに統合させた吉野の国際政治論は、まさにその普遍主義への挑戦であった満州事変の勃発によって、蹉跌を余儀なくされたのであった。

■岩波オンデマンドブックス■

吉野作造選集 6　大戦後の国際政治

1996年2月26日　第1刷発行
2016年6月10日　オンデマンド版発行

著　者　吉野作造《よしのさくぞう》

発行者　岡本　厚

発行所　株式会社　岩波書店
〒101-8002　東京都千代田区一ツ橋2-5-5
電話案内　03-5210-4000
http://www.iwanami.co.jp/

印刷／製本・法令印刷

ISBN 978-4-00-730424-8　Printed in Japan